国家社科基金后期资助一般项目(19FJLB023)：贸易政策不确定性下中国外贸转型升级的劳动力市场效应研究

贸易政策不确定性下
中国外贸转型升级的劳动力市场效应研究

The Labor Market Effect of China's Foreign Trade
Transformation and Upgrading under the
Uncertainty of Trade Policy

李宏兵 等 著

人民出版社

国家社科基金后期资助项目
出版说明

后期资助项目是国家社科基金设立的一类重要项目，旨在鼓励广大社科研究者潜心治学，支持基础研究多出优秀成果。它是经过严格评审，从接近完成的科研成果中遴选立项的。为扩大后期资助项目的影响，更好地推动学术发展，促进成果转化，全国哲学社会科学工作办公室按照"统一设计、统一标识、统一版式、形成系列"的总体要求，组织出版国家社科基金后期资助项目成果。

全国哲学社会科学工作办公室

序

　　改革开放以来,以中国加入世界贸易组织(WTO)作为关键节点的贸易自由化不仅是21世纪以来全球经济最为重要的特征之一,也是推动中国自身及其贸易伙伴进口关税大幅下降、贸易政策不确定性有效防控的中坚力量。但随着新冠疫情持续演进、地缘政治冲突此起彼伏和"逆全球化"浪潮逐步兴起,全球贸易政策不确定性面临进一步加大的风险。作为全球最为重要的双边关系之一,中美经贸摩擦及其引致的政策不确定性,自然引发了对中国对外贸易转型升级及国内劳动力市场的担忧。事实上,贸易政策不确定性冲击不仅影响中国贸易发展方式转变,也是影响劳动力市场迁移、就业和工资调整的重要推动力。一方面,贸易政策不确定性通过影响要素配置的约束条件和总价格指数,改变了劳动力市场竞争环境和福利水平;另一方面,贸易政策不确定性也会影响劳动力市场供求调整和劳动力在城际、部门间迁移。更为重要的是,不仅贸易政策不确定性和劳动力迁移会独立地影响劳动力市场调整,二者还相互交织并与迁移成本、迁移制度摩擦相融合,对劳动力市场产生极为重要且十分复杂的影响效应。

　　那么,在当前国际政治经济形势深刻变革的特殊情境下,如何理解近年来中国贸易开放进程中的劳动力市场调整及迁移摩擦下的动态效应,并从贸易政策不确定性冲击和劳动力迁移约束视角,建立起贸易政策不确定性表征的外生冲击、迁移摩擦与劳动力市场调整间的理论联系,进而提出以外贸转型升级促进中国劳动力市场高质量发展的政策建议。这不仅回应了贸易政策不确定性与外贸转型升级如何共同影响劳动力市场调整的重大理论问题,还就如何化解外部贸易风险、落实"十四五"时期"实现更高质量和更充分就业"的就业优先战略和促进劳动力市场高质量发展提出针对性的应对之策。

　　新发展格局下对于上述问题的澄清势必要求加快理论和政策研究,对此,本书基于贸易政策不确定性的独特视角,刻画了贸易政策不确定性、外贸转型升级和劳动力市场调整的同期发展进程及其内在关联,在清晰界定并科学构建相关指标基础上,细致测算并描绘了城市层面贸易政策不确定性和迁移摩擦的空间分布特征及其影响劳动力市场调整的典型事实。此后,将迁移摩擦纳入贸易政策冲击与劳动力市场的理论分析框架,通过拓展一般均衡模型探讨了基于劳动力供求和价格调节效应的理论机制,并利用国别—城市—产品—企业—个体层面的多维数据样本,实证检验了城市、异质性企业和微观个体等层面贸易政策不确定性影响劳动力市场调整的机制识别与影响效应,并利用双重差分法(Difference in Differences,DID)、合成工具变量法和反事实分析,重点剖析了就业、技能和收入分解、教育与就业决策及家庭调整等更细微层面的影响效应。最后,提出协同推进以化解贸易政策不确定性风险为基础的外贸转型升级和以促进人口自由流动、劳动力优化配置为抓手的劳动力高质量发展,区域、产业和企业多方联动的政策建议。

本书得到国家社会科学基金后期资助一般项目"贸易政策不确定性下中国外贸转型升级的劳动力市场效应研究"(19FJLB023)的资助。围绕相关选题,本书作者及研究团队在 Open Economies Review、Energy Economics 和《中国工业经济》《国际贸易问题》《财经研究》《北京师范大学学报(社会科学版)》等刊物发表了论文数十篇,进一步支撑了国家社会科学基金后期资助一般项目等科研课题的研究,并形成了系列科研成果。本书大纲由李宏兵起草,并由各位作者反复讨论定稿。相关合作者分别来自北京邮电大学、北京师范大学、国际关系学院和首都经济贸易大学等单位,其中除绪论、第一章和第八章外,北京邮电大学博士生孙丽棠参与了第二章和第七章部分内容的撰写,首都经济贸易大学文磊副教授参与了第三章部分内容的撰写;北京师范大学赵春明教授、国际关系学院谷均怡博士和北京邮电大学李震副教授参与撰写了第五章至第七章的部分内容。中国农业大学博士生赵路犇参与了书稿的排版和修订。

感谢人民出版社郑海燕主任辛勤且卓有成效的工作。当然文责自负,限于作者的水平和精力有限,不妥之处敬请各位读者批评指正。

目　　录

绪　　论

第一节　研究背景及意义

一、研究背景及问题提出

回顾对外开放 40 多年发展历程,以中国加入世界贸易组织作为关键节点的贸易自由化不仅是 21 世纪以来全球经济最为重要的特征之一(Facchini 等,2018)[①],也是推动中国自身及其贸易伙伴进口关税大幅下降、贸易政策不确定性有效防控的中坚力量。但随着全球化深入发展和全球价值链分工细化带来的分配矛盾不断累积,"逆全球化"浪潮逐步兴起,全球贸易政策不确定性面临进一步加大的风险(佟家栋等,2017[②];Handley 和 Limão,2017a[③];张明等,2019[④])。上述两方面的事实表明,中国对外贸易发展及内部经济运行与全球政治经济环境动荡引致的贸易政策不确定性风险密切相关。据估算,2015 年至 2016 年全球贸易增幅下降的 0.8% 中有 0.6 个百分点是由政策不确定性所导致的(Constantinescu 等,2017)[⑤]。不仅如此,根据美国加征 45% 关税的模拟研究,也显示中国制造业产值和就业会下降 0.13%,进出口下降 0.45% 和 7.574%(李春顶等,2018)[⑥]。当然,作为全球最为重要的双边关系之一,中美经贸摩擦及其引致的政策不确定性,不仅吸引各方关注,也引发了对中国出口产业发展及国内劳动力市场的担忧。

① G.Facchini,M.Y.Liu,A.M.Mayda,et al.,"China's 'Great Migration':The Impact of the Reduction in Trade Policy Uncertainty",*IZA Working Paper*,2018.

② 佟家栋、谢丹阳、包群等:《"逆全球化"与实体经济转型升级笔谈》,《中国工业经济》2017 年第 6 期。

③ K.Handley,N.Limão,"Policy Uncertainty,Trade,and Welfare:Theory and Evidence for China and the United States",*American Economic Review*,Vol.107,No.9,2017.

④ 张明、程实、张岸元等:《如何渡过中美贸易摩擦的不确定水域?》,《国际经济评论》2019 年第 1 期。

⑤ C.Constantinescu,A.Mattoo,M.Ruta,"Trade Developments in 2016:Policy Uncertainty Weighs on World Trade",Global Trade Watch,World Bank,Washington D.C.,2017.

⑥ 李春顶、何传添、林创伟:《中美贸易摩擦应对政策的效果评估》,《中国工业经济》2018 年第 10 期。

事实上,贸易政策不确定性冲击是影响劳动力市场迁移、就业和工资调整的重要推动力。贸易政策不确定性主要是基于不确定性和进入成本的贸易政策变动所引致的贸易成本上升或下降的可能性。一方面,贸易政策不确定性冲击通过影响要素配置的约束条件和总价格指数,改变了劳动力市场竞争环境和福利水平(Pierce 和 Schott,2016a[①];Handley 和 Limão,2017a)。另一方面,贸易政策不确定性也会影响劳动力市场供求调整和劳动力在城际、部门间迁移。更为重要的是,不仅贸易政策不确定性和劳动力迁移会独立地影响劳动力市场调整,二者还相互交织并与迁移成本、迁移制度摩擦相融合,对劳动力市场产生极为重要且十分复杂的影响效应(Tombe 和 Zhu,2019[②];Yuan,2016[③])。

已有研究基于发达国家经验事实构筑的理论分析框架,从发达国家自身视角初步回答了贸易政策不确定性的劳动力市场调整效应及其影响程度。但其忽略了广大发展中国家尤其是中国现阶段的特殊国情和特殊制度,无法有效解释中国当前的经济现象和典型事实。

一是中国面临的贸易政策不确定性与全球重大事件和经济波动密切相关且高度一致,并成为制约中国外贸转型发展最为重要的外部因素。根据项目组的测算,在 2001 年中国加入世界贸易组织前后、2008 年国际金融危机前后、2012 年出口大幅下滑前后及 2016 年后美国特朗普政府上台之后与中国发生了诸多贸易摩擦这四个时间段,中国贸易政策不确定性指数呈现明显的上升波动,这在一定程度上反映出在应对重大经济贸易事件或出现贸易摩擦时,贸易政策往往具有更强的不确定性(见图 0-1),且与全球政治经济波动一致。同期,中国对外贸易发展也正经历由"大进大出"的规模型发展向"优进优出"的质量型转变。这也为本书分别从贸易政策外部不确定性和贸易政策国内不确定性,综合考察对劳动力市场调整的影响提供了现实基础。

二是中国贸易部门调整(扩张或收缩)引致的劳动力迁移,不仅受市场供求关系指引,更受劳动力等迁移摩擦制约。劳动力迁移作为改革开放的鲜明特征和重要贡献力量,是推动中国对外贸易腾飞的重要要素支撑。以2012 年为例,我国当年加工贸易直接吸纳和带动的总就业人数在 4000 万

---

①　J.R.Pierce,P.K.Schott,"The Surprisingly Swift Decline of US Manufacturing Employment", *American Economic Review*,Vol.106,No.7,2016.

②　T.Tombe,X.Zhu,"Trade,Migration,and Productivity:A Quantitative Analysis of China", *American Economic Review*,Vol.109,No.5,2019.

③　Z.Yuan,"Trade Liberalization and the Great Labor Reallocation",Etsg,2016.

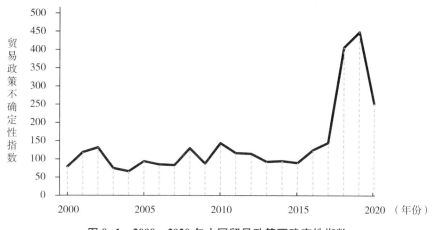

图 0-1　2000—2020 年中国贸易政策不确定性指数

资料来源:课题组根据数据测算所得。

人左右(商务部,2013)[1],其中大多是以农民工为主的流动人口。但是大量没有城市户籍的劳动力涌向城市贸易部门,由于其通常获得较低的收入水平和不健全的社会保障及公共服务,不仅影响本地劳动者的就业选择和城市内的劳动力结构调整,也考验当地政府决策者的城市发展思维。

更为重要的是,贸易政策不确定性和迁移摩擦不仅作为现实政策冲击影响劳动力市场,而且其互动机制也会改变劳动力市场调整及其福利效应。已有研究表明,贸易自由化使福利改善 0.63%,关税降低则改善 2%(Yuan,2016),而迁移摩擦变化可以解释出口冲击影响人口迁移的 17% 及影响贸易增长的 9%—15%(Tian,2022)[2]。因此,在贸易政策不确定性和迁移摩擦双重约束下,劳动力市场不能按照供求关系充分调整,造成了显著的福利损失和资源浪费(刘修岩和李松林,2017)[3];并导致无法协同发挥贸易开放与劳动力高质量发展的政策优势。

那么,基于中国的特殊情境,如何理解近年来中国贸易开放进程中的劳动力市场调整及迁移摩擦下的动态效应?能否将贸易政策不确定性冲击和劳动力迁移约束作为该问题的一种解释,从而建立起贸易政策不确定性表征的外生冲击、迁移摩擦与劳动力市场调整间的理论联系?如何有效识别

[1]　http://interview.mofcom.gov.cn/detail/201605/20032.html.

[2]　Y.Tian, "International Trade Liberalization and Domestic Institutional Reform:Effects of WTO Accession on Chinese Internal Migration Policy", *The Review of Economics and Statistics*,2022.

[3]　刘修岩、李松林:《房价、迁移摩擦与中国城市的规模分布——理论模型与结构式估计》,《经济研究》2017 年第 7 期。

二者的互动机制对劳动力市场调整的影响效应,并提出应对之策?

针对上述问题,本书基于贸易政策不确定性的独特视角,刻画了贸易政策不确定性、外贸转型升级和劳动力市场调整的同期发展进程及其内在关联,在清晰界定并科学构建相关指标基础上,细致测算并描绘了城市层面贸易政策不确定性和迁移摩擦的空间分布特征及其影响劳动力市场调整的典型事实。此后,将迁移摩擦纳入贸易政策冲击与劳动力市场的理论分析框架,通过拓展一般均衡模型探讨了基于劳动力供求和价格调节效应的理论机制,并利用国别—城市—产品—企业—个体层面的多维数据样本,实证检验了城市、异质性企业和微观个体等层面贸易政策不确定性影响劳动力市场调整的机制识别与影响效应,并利用双重差分法和反事实分析,重点剖析了就业、技能和收入分解、教育与就业决策及家庭调整等更细微层面的影响效应。这不仅回应了贸易政策不确定性与外贸转型升级如何共同影响劳动力市场调整的这一重大问题,也描绘了协同推进以化解贸易政策不确定性风险为基础的全方位对外开放和以促进劳动力自由流动、就业优先为导向的劳动力高质量发展双重战略目标下的政策图景。

二、研 究 意 义

(一) 理论意义

一是拓展了考虑迁移摩擦的贸易政策不确定性影响劳动力市场调整的理论框架。现有理论研究分别探讨了异质性企业贸易理论框架下,贸易政策不确定性对劳动力市场的解释(Kovak,2013)[①];以及空间均衡模型下迁移摩擦对人口迁移和劳动力市场的影响(Bosker 等,2018[②];韩其恒等,2018[③]);但却忽略了劳动力迁移政策与贸易政策相互作用对劳动力市场调整的影响。且长期以来,两支文献分别遵循国际贸易理论与劳动力迁移的经济地理模型并行发展。但无论是近来的经济现实,还是相关理论发展,都更加清晰地体现出贸易理论与经济地理学、劳动经济学的加速融合。基于单一视角的研究,越来越难以有效解释复杂外部冲击下,劳动力就业和工资

---

① B.K.Kovak,"Regional Effects of Trade Reform:What is the Correct Measure of Liberalization?", *American Economic Review*,Vol.103,No.5,2013.

② M. Bosker, U. Deichmann, M. Roberts,"Hukou and Highways the Impact of China's Spatial Development Policies on Urbanization and Regional Inequality", *Regional Science and Urban Economics*,Vol.71,2018.

③ 韩其恒、苗二森、李俊青:《农村劳动力迁移摩擦影响农民工数量与工资结构吗?》,《管理科学学报》2018年第1期。

调整、区域迁移和家庭调整等劳动力市场调整问题,尤其是贸易政策不确定性与迁移摩擦的内在关联及其对劳动力市场的综合影响,对现有理论分析提出了挑战。因此,本书拓展了考虑迁移摩擦的贸易政策不确定性影响劳动力市场调整的一般均衡模型,进一步丰富和拓展了该领域的研究。

二是重新构建并测算了贸易政策不确定性和迁移摩擦指标,有助于精准窥探和全面考察其影响劳动力市场调整的理论机制及效果。对于贸易政策不确定性的识别和测算,一直以来是国际贸易领域理论和实证研究的难题。贸易理论家多以贸易政策波动(Sudsawasd 和 Moore,2006)[①]和基于新闻的贸易政策不确定性指数(Handley 和 Limão,2017b)衡量贸易政策不确定性。而近年来,备受推崇的基于关税差额方法,由于其具有一定的理论基础且可操作性强,得到学者的广泛使用(Handley 和 Limão,2017b[②];毛其淋和许家云,2018[③];周定根等,2019[④])。与上述不同的是,本书分别基于关税差额法和新闻指数测量法,重新构造更为细致的地区城市层面的贸易政策外部不确定性和贸易政策国内不确定性指标,在一定程度上克服了数据可得性差和对关税及国内外宏观经济环境波动的忽视。同时,现有文献多采用落户限制政策来间接刻画,由此带来的最为直接的问题是无法精准识别不同政策背景下各地区迁移摩擦的量化对比分析。因此,本书在利用关键词检索相关迁移政策基础上,利用大数据处理和文本分析方法,构建了城市层面的迁移摩擦指数。此举极大丰富了指标的概念内涵和度量维度,对进一步精准识别理论机制与影响效应,具有重要意义。

三是采用有效的微观调查数据考察了长期视角下的劳动力就业技能结构演变和工资增长效应。贸易开放对区域劳动力市场的就业和工资造成冲击的同时,劳动力也会相应地在劳动力市场内部或者不同区域之间进行重新配置,而贸易开放对区域劳动力的影响存在一定的持续性,即贸易冲击可以影响区域劳动力存在的动态变化(Dix-Carneiro 和 Kovak,2017[⑤];Caliendo

① S.Sudsawasd,R.E.Moore,"Investment under Trade Policy Uncertainty:An Empirical Investigation",*Review of International Economics*,Vol.14,No.2,2006.

② K.Handley,N.Limão,"Trade under TRUM.P.Policies",*in Economics and Policy in the Age of Trump*,CEPR Press,2017.

③ 毛其淋、许家云:《贸易政策不确定性与企业储蓄行为——基于中国加入 WTO 的准自然实验》,《管理世界》2018 年第 5 期。

④ 周定根、杨晶晶、赖明勇:《贸易政策不确定性、关税约束承诺与出口稳定性》,《世界经济》2019 年第 1 期。

⑤ R.Dix-Carneiro,B.K.Kovak,"Trade Liberalization and Regional Dynamics",*American Economic Review*,Vol.107,No.10,2017.

等,2019①)。与以往文献多关注中短期视角下的劳动力市场问题实证研究不同的是,我们将长期视角下的劳动力就业技能结构改善与工资变化纳入贸易政策不确定性的福利效应分析框架,提供新的分析思路,拓展了我们对劳动力市场调整问题的研究视野,提升了研究深度和政策效应识别的精准度。

（二）现实意义

一是,有助于理解近年来贸易政策不确定性演变与贸易开放进程中劳动力市场调整的伴生现象及内生关联。后危机时代,全球政治经济形势波诡云谲,"黑天鹅"事件频频发生,大大增加了国际贸易的不确定性。在此背景下,全面而详细地梳理我国对外贸易和劳动力迁移的发展历程、典型事件和有关重要政策,从就业、工资、区域迁移、部门转换及家庭调整等多个维度动态描述中国劳动力市场调整的典型事实,并统计分析同期贸易政策不确定性的演变规律、区域差异及应对措施;有利于理解贸易政策不确定性风险犹存的当下,贸易政策与劳动力市场调整的同期发展及内在逻辑。

二是,为从贸易开放与劳动力迁移视角解释劳动力市场变革提供启示。对于政策制定者,清晰阐释贸易政策不确定性、迁移摩擦对劳动力市场的影响路径,有利于准确判断劳动力迁移在区域转移、社会保障、就业和工资调整等方面存在的问题及演变趋势,从而制定科学合理的对外开放政策,促进劳动力合理流动,优化配置并实现高质量发展。对企业而言,阐释贸易政策不确定性冲击的形成机理及其不利影响,有利于引导企业对外贸易合理布局,有效应对外部风险,提前布局产业结构调整,降低外部风险对劳动力市场的传导。对劳动者而言,梳理贸易政策不确定性与迁移摩擦对劳动力市场变革的影响路径,有利于引导劳动力合理流动,构建更为顺畅的劳动力流动机制,有助于增强抵御外部风险的能力。

三是,有助于为"推动全方位对外开放"和"就业优先政策"促进劳动力高质量发展的战略目标实现,提供理论参考和政策支持。近年来,源于高校毕业生等城镇新成长劳动力规模急剧提升等环境不确定性因素增多和国内经济增速减缓等因素叠加,就业形势不容乐观。2019年的中央经济工作会议及后续的系列文件中,就业优先政策首次被置于宏观政策层面,重视就业、支持就业的导向被进一步强化;也提出加快改革落地步伐,抓好农业转移人口的落户工作。而以就业为缩影的劳动力市场高质量发展,需要对外

---

① L.Caliendo, M. Dvorkin, F. Parro, "Trade and Labor Market Dynamics: General Equilibrium Analysis of the China Trade Shock", *Econometrica*, Vol.87, No.3, 2019.

开放、职业教育培训、劳动力流动及收入分配改革等多管齐下，形成"组合拳"效果。因此，本书的研究基于贸易政策不确定性和劳动力迁移视角切入，不仅对上述问题提供了新的解释，也为"全方位对外开放"的贸易强国建设和"就业优先"的劳动力高质量发展协同推进提供了可行的理论参考和政策支持，并回应了国家战略需要和重大关切。

第二节　理论演进及文献回顾

一、贸易政策不确定性的理论演进及指标测度研究

自美国著名经济学家奈特（Knight，1921）①提出不确定性的现代定义以来，学者们对宏观和微观经济活动中的不确定性问题展开了持续且富有成效的探索，并在不断拓展不确定性概念的经济学内涵和外延的同时，进一步有效识别和测度了较为抽象的不确定性指标，尤其是关于贸易政策不确定性的拓展研究，为系统考察经济政策不确定性和多变的贸易实践，提供了新的视角。

（一）贸易政策不确定性的理论演进

学界对贸易政策不确定性的理论认识主要集中在不确定性和市场沉没成本两方面，经典的理论研究主要包括基于奈特（Knight，1921）和哈特（Hart，1942）②的信息不确定性、伯南克（Bernanke，1983）③的随机动态优化和迪克西特（Dixit，1989）④的沉没成本理论（龚联梅和钱学锋，2018）⑤。其中，奈特（Knight，1921）较早地提出不确定性是对于未来收益和损失等经济状况分布范围和状态不能确知的风险状态，其根源于经济活动参与人的一种无法判断未来趋势的心理，并放大他们自身的一些行为所形成的宏观现象（鲁晓东和刘京军，2017）⑥。基于上述基础文献，学者们开始将研究视角延伸至经济政策不确定性，以及其对贸易的影响上，并将其界定为经济主体

① F.H.Knight，"Risk，Uncertainty and Profit"，New York：Houghton Mifflin Company，1921.
② A.G.Hart，*Risk，Uncertainty and the Unprofitability of Compounding Probabilities*，University of Chicago Press，1942.
③ B.S.Bernanke，"Irreversibility，Uncertainty，and Cyclical Investment"，*Quarterly Journal of Economics*，Vol.98，No.1，1983.
④ A.Dixit，"Entry and Exit Decisions under Uncertainty"，*Journal of Political Economy*，Vol.97，No.3，1989.
⑤ 龚联梅、钱学锋：《贸易政策不确定性理论与经验研究进展》，《经济学动态》2018年第6期。
⑥ 鲁晓东、刘京军：《不确定性与中国出口增长》，《经济研究》2017年第9期。

无法准确预见政府是否、什么时间及何种力度和方向对现行经济政策进行调整,从而引起的不确定性(Gulen 和 Ion,2016)[1]。对此,鲍尔温和克鲁格曼(Baldwin 和 Krugman,1989)[2]、罗伯茨和塔伯特(Roberts 和 Tybout,1997)[3]较早地分析了汇率不确定性对企业进入和退出决策、出口的影响。此后,随着梅里兹(Melitz,2003)[4]异质性企业贸易理论的建立,关于经济政策不确定性的研究逐步拓展至贸易领域,并进入新新贸易理论的研究范畴。杰罗伊和梅里兹(Ghironi 和 Melitz,2005)[5]较早地把国际贸易和真实经济周期模型结合起来,对国际贸易规模的周期波动进行了探讨分析。在此基础上,贸易理论家对贸易政策不确定性的理论分析主要包括两类:

第一类文献,主要探讨贸易政策不确定性影响企业出口决策的理论机制。对此,汉德利(Handley,2014)[6]的代表性研究首先基于异质性企业框架,构建了贸易政策不确定性影响企业出口动态的理论模型,为后续研究提供了理论和实证的范本。与此类似,汉德利和利蒙(Handley 和 Limão,2017a)在迪克西特(Pixit,1989)和英普利蒂等(Impullitti 等,2013)[7]企业进入退出模型基础上,将未来贸易政策不确定性引入分析框架,更为细致地通过推导出贸易政策确定和不确定状态下的成本临界值,进而分析贸易政策不确定性是如何影响企业进入和退出出口市场的决策(Handley 和 Limão,2015[8];Shepotylo 和 Stuckatz,2017)[9]。在此基础上,相关研究也从宏观层

①　H. Gulen, M. Ion, "Policy Uncertainty and Corporate Investment", *Review of Financial Studies*, Vol. 29, 2016.

②　R. Baldwin, P. Krugman, "Persistent Trade Effects of Large Exchange Rate Shocks", *Quarterly Journal of Economics*, Vol. 104, No. 4, 1989.

③　M. J. Roberts, J. R. Tybout, "The Decision to Export in Colombia: An Empirical Model of Entry with Sunk Costs", *American Economic Review*, Vol. 87, No. 4, 1997.

④　M. J. Melitz, "The Impact of Trade on Intra‑industry Reallocations and Aggregate Industry Productivity", *Econometrica*, Vol. 71, No. 6, 2003.

⑤　F. Ghironi, M. J. Melitz, "International Trade and Macroeconomic Dynamics with Heterogeneous Firms", *Quarterly Journal of Economics*, Vol. 120, 2005.

⑥　K. Handley, "Exporting under Trade Policy Uncertainty: Theory and Evidence", *Journal of International Economics*, Vol. 94, No. 1, 2014.

⑦　G. Impullitti, A. A. Irarrazabal, L. D. Opromolla, "A Theory of Entry into and Exit from Export Markets", *Journal of International Economics*, Vol. 90, No. 1, 2013.

⑧　K. Handley, N. Limão, "Trade and Investment under Policy Uncertainty: Theory and Firm Evidence", *American Economic Journal: Economic Policy*, Vol. 7, No. 4, 2015.

⑨　O. Shepotylo, J. Stuckatz, "Quantitative Text Analysis of Policy Uncertainty: FDI and Trade of Ukrainian Manufacturing Firms", https://www.researchgate.net/publication/317498936, 2017.

面的生产率、就业率、储蓄等方面(Handley 等,2014①;Pierce 和 Schott,
2016a,2016b②;Facchini 等,2018;毛其淋和许家云,2018)和微观经济产品
和质量层面逐步展开(Feng 等,2017③;汪亚楠和周梦天,2017④;刘竹青和
佟家栋,2018⑤;周定根等,2019)。

　　第二类文献,主要基于中间品进口和采购方式的存货管理机制来解释
贸易政策不确定性对贸易决策的动态影响。诺维和泰勒(Novy 和 Taylor,
2014)⑥构建了不确定性条件下的中间品贸易模型,认为当不确定性增加
时,企业会降低库存,并减少中间投入品进口。亚历山德里亚等(Alessandria
等,2010)⑦研究发现,在国际贸易中,因为存在交货滞后和交易层面的规
模经济效应,企业会通过存货管理来应对不确定性冲击。与此不同,谢波
提尔和斯图卡茨(Shepotylo 和 Stuckatz,2017)通过将中间品进口引入到
企业生产函数,分析进口中间品贸易政策确定和不确定时的成本临界值
对贸易决策的影响。当不确定性增加时,进口中间品生产成本临界值降
低,企业会减少中间品进口,反之亦然。不仅如此,海泽等(Heise 等,
2017)⑧分析了贸易政策不确定性对企业采购方式的影响,当面临贸易政
策不确定性时出口企业也可通过调节存货管理来有效应对。因此,贸易
政策不确定性与基于中间品进口和采购方式的企业存货管理选择,为理
解企业出口的动态行为提供了一个崭新的理论视角(龚联梅和钱学锋,
2018)。

　　(二) 贸易政策不确定性的指标测度研究
　　对于贸易政策不确定性的识别和度量是研究其对经济活动影响的基础

---

① K.Handley,N.Limão,R.Ludema,"Policy Credibility and Firm Performance:Theory and Evidence from Chinese Trade Reforms",*Working Paper*,2014.

② J.R.Pierce, P. K. Schott, "Trade Liberalization and Mortality: Evidence from U. S. Counties", *NBER Working Paper*,No.22849,2016.

③ L.Feng,Z.Li,D.L.Swenson,"Trade Policy Uncertainty and Exports:Evidence from China's WTO Accession",*Journal of International Economics*,Vol.106,2017.

④ 汪亚楠、周梦天:《贸易政策不确定性、关税减免与出口产品分布》,《数量经济技术经济研究》2017 年第 12 期。

⑤ 刘竹青、佟家栋:《内外经济政策不确定对中国出口贸易及其发展边际的影响》,《经济理论与经济管理》2018 年第 7 期。

⑥ D.Novy,A.M.Taylor,"Trade and Uncertainty",*NBER Working Paper*,No.19941,2014.

⑦ G.Alessandria,J.P.Kaboski, V.Midrigan, "Inventories, Lumpy Trade, and Large Devaluations", *American Economic Review*,Vol.100,No.5,2010.

⑧ S.Heise, J. R. Pierce, G. Schaur, P. K. Schott, "Trade Policy Uncertainty and the Structure of Supply Chains",*Mimeo*,Vol.202,2017.

和前提,也是该领域理论和实证研究的难题(Rodrik,1991)[1]。长期以来,贸易理论家多借鉴布鲁姆(Bloom,2017)[2]测度经济政策不确定性方法,以贸易政策波动(Sudsawasd 和 Moore,2006)和基于新闻的贸易政策不确定性指数(Handley 和 Limão,2017a)衡量贸易政策不确定性,但考虑到前者因数据可得性及可操作性差,并没有得到广泛使用。而近年来,备受推崇的关税差额方法和新闻指数测量法,由于具有一定理论基础且可操作性强,得到学者们的广泛使用(Groppo 和 Piermartini,2014[3];Handley 和 Limão,2017a;毛其淋和许家云,2018;周定根等,2019)。

1. 关税差额法

该方法的基本背景是加入世界贸易组织前,中国的出口企业面临很大程度的贸易政策不确定性,且其主要源自贸易伙伴所采取的各种限制性关税(佟家栋和李胜旗,2015)[4],而其中最为典型的无疑是美国这一重要的贸易伙伴。在 1980 年之前,美国对从中国进口的产品征收"非正常贸易关系关税"(Non-NTR Tariff)或二类关税。而在同时期,美国对与其建立正常贸易关系(Normal Trade Relation,NTR)的国家(如世界贸易组织成员)所出口的产品则征收最惠国(Most Favored Nation,MFN)待遇关税或一类关税。尽管美国自 1980 年开始就给予了中国最惠国待遇(或正常贸易关系地位),但只是临时性的;直至 2001 年中国加入世界贸易组织,美国才给予了中国永久性的最惠国待遇,极大地降低了此前针对中国最惠国待遇的年度审查所引起的贸易政策不确定性(Handley,2014;Pierce 和 Schott,2016a)。

对于具体指标的构造,学界也演化出不同的测算方式。其中,皮尔斯和肖特(Pierce 和 Schott,2016a)利用"非正常贸易关系关税"与正常贸易关税差额来衡量行业层面的贸易不确定性指数:$NTRGap_j = Non\ NTRRate_j - NTRRate_j$;而刘和马(Liu 和 Ma,2020)[5]基于中美贸易现实,改进了上述设定,将行业层面的贸易不确定性指数设定为两类关税比值的对数。在此基础上,汉德利和利蒙(Handley 和 Limão,2017b)则通过异质性企业模型和垄断竞争的市场

---

[1]　D.Rodrik,"Policy Uncertainty and Private Investment in Developing Countries",*Journal of Development Economics*,Vol.36,No.2,1991.

[2]　N.Bloom,"Observations on Uncertainty",*Australian Economic Review*,Vol.50,No.1,2017.

[3]　V.Groppo,R.Piermartini,"Trade Policy Uncertainty and the WTO",*WTO Staff Working Paper*,No.1437,2014.

[4]　佟家栋、李胜旗:《贸易政策不确定性对出口企业产品创新的影响研究》,《国际贸易问题》2015 年第 6 期。

[5]　Q.Liu,H.Ma,"Trade Policy Uncertainty and Innovation:Firm Level Evidence from China's WTO Accession",*Journal of International Economics*,Vol.127,2020.

结构,推导出用中国加入世界贸易组织前二类关税与最惠国关税的差异,来表示行业层面的贸易政策不确定性指数。

　　与此不同的是,在此前的研究中,汉德利(Handley,2014)认为世界贸易组织的约束关税与最惠国关税间的差额,增加了出口企业面临的不确定性,并就此推导出两类关税下的贸易政策不确定性。考虑到世界贸易组织对成员关税约束的不全面性,部分国家开始寻求其他双边或多边贸易协定来补充承诺优惠关税。在此背景下,汉德利和利蒙(Handley 和 Limão,2015)基于上述方法拓展了优惠关税和最惠国关税下贸易政策不确定性的度量。此后,格罗波和皮耶尔马丁尼(Groppo 和 Piermartini,2014)、奥斯纳戈等(Osnago 等,2015)①和冯等(Feng 等,2017)则继续利用关税上限和关税之间的差额来测量贸易政策不确定性。该方法尽管只考虑了关税逆转的幅度,并没有考虑关税逆转的可能性,但包含了世界贸易组织框架和优惠关税协定,更具有一般性。

　　2. 新闻指数测量法

　　借鉴贝克等(Baker 等,2012②、2016③)基于新闻报道频率构建经济政策不确定性指标的做法,汉德利和利蒙(Handley 和 Limão,2017a)构建了贸易政策的不确定性指数,并以"贸易""政策""不确定性""关税"等关键词作为检索依据,统计文章篇数作为贸易不确定性频数 X_{it};此后通过选定标准化的时间间隔,计算一定时间间隔的不确定性频数来刻画贸易不确定性指数。与此类似,黄和卢克(Huang 和 Luk,2020)④利用"贸易政策""贸易摩擦""贸易壁垒""反倾销"等关键词检索编制了 2000—2018 年中国月度的贸易政策不确定性指数。该方法覆盖面广,且可供经济、金融、贸易和投资等多个领域使用;但其也存在诸如主观性、工作量大、样本重复和未能涵盖关税和非关税壁垒等明显弊端。

　　因此,在综合考虑关税差额法对关税政策波动的有效捕捉和新闻指数测量法中对国内政治冲击及国际宏观环境波动的有效识别,以及两者的互补优势,本书在实证研究中结合研究情景,分别采用关税差额法和新闻指数测量法来刻画贸易政策不确定性。

①　A.Osnago,R.Piermartini,N.Rocha,"Trade Policy Uncertainty as Barrier to Trade",*WTO Staff Working Paper*,No.ERSD-2015-05,2015.

②　S.R.Baker,N.Bloom,S.J.Davis,"Has Economic Policy Uncertainty Hampered the Recovery?",*SSRN Electronic Journal*,2012.

③　S.R.Baker,N.Bloom,S.J.Davis,"Measuring Economic Policy Uncertainty",*Quarterly Journal of Economics*,Vol.131,No.4,2016.

④　Y.Huang,P.Luk,"Measuring Economic Policy Uncertainty in China",*China Economic Review*,Vol.59,No.2,2020.

二、基于贸易开放视角对劳动力市场调整的解释

关于国际贸易与劳动力市场的早期研究,多基于经典的赫克歇尔—俄林(Hecksher-Ohlin)理论和斯托尔帕—萨缪尔森(Stolper-Samuelson)定理出发,阐释国际贸易通过要素收入分配效应来调节一国要素报酬和就业变动。而近年来的研究,学者们则基于异质性企业框架和贸易自由化的政策冲击将研究的视角进一步触及当地劳动力市场调整及其再配置,极大地丰富了现有对劳动力市场调整的理论解释。相关研究从就业(Autor 等,2013①;邵敏和包群,2011②;张川川,2015③)、贫困(Topalova,2010)④、工资与收入(Kovak,2013;赵春明和李宏兵,2014⑤;Dix-Carneiro 和 Kovak,2015⑥)、就业与收入的动态调整(Dix-Carneiro 和 Kovak,2017;Dix-Carneiro 和 Kovak,2019⑦)等方面展开。其中,托帕洛娃(Topalova,2010)根据地区间行业就业人口结构差异将行业层面的贸易自由化构建至地区层面,研究了 1991 年印度贸易自由化对印度国内不同地区贫困的影响。该研究的重要意义不仅在于系列重要结论的发现,还在于为后续学者基于行业—地区层面贸易自由化指标构建提供了有益的借鉴。

基于此启发,科瓦克(Kovak,2013)构造了一个包含地区经济特征的特定要素模型,在理论上论证了地区层面的工资变化与行业层面因贸易所导致的价格冲击之间的关系,并实证发现进口关税削减幅度越大的地区工资增长得越缓慢。不仅如此,来自特定部门价格或行业关税结构的变化也会通过行业技能结构引致技能溢价变动(Attanasio 等,2004⑧;Gonzaga 等,

① D.H.Autor, D.Dorn, G.H.Hanson, "The China Syndrome: Local Labor Market Effects of Import Competition in the United States", *American Economic Review*, Vol.103, No.6, 2013.

② 邵敏、包群:《出口企业转型对中国劳动力就业与工资的影响:基于倾向评分匹配估计的经验分析》,《世界经济》2011 年第 6 期。

③ 张川川:《中等教育陷阱? ——出口扩张、就业增长与个体教育决策》,《经济研究》2015 年第 12 期。

④ P.Topalova, "Factor Immobility and Regional Impacts of Trade Liberalization: Evidence on Poverty and Inequality from India", *American Economic Journal Applied Economics*, Vol.2, No.4, 2010.

⑤ 赵春明、李宏兵:《出口开放、高等教育扩展与学历工资差距》,《世界经济》2014 年第 5 期。

⑥ R.Dix-Carneiro, B.K.Kovak, "Trade Liberalization and the Skill Premium: A Local Labor Markets Approach", *American Economic Review*, Vol.105, No.5, 2015.

⑦ R.Dix-Carneiro, B.K.Kovak, "Margins of Labor Market Adjustment to Trade", *Journal of International Economics*, Vol.117, No.3, 2019.

⑧ O.Attanasio, P.K.Goldberg, N.Pavcnik, "Trade Reforms and Wage Inequality in Colombia", *Journal of Development Economics*, Vol.74, No.2, 2004.

2006①）。对此,迪克斯·卡内罗和科瓦克(Dix-Carneiro 和 Kovak,2015、2017)通过构建一个地区—行业特定要素模型,发现贸易自由化会导致技能工资溢价减小,且贸易自由化程度较高的地区正式部门的就业和收入相对于其他地区增长更加缓慢。两位学者的最新研究(Dix-Carneiro 和 Kovak,2019)进一步发现差异化的区域关税削减水平会对劳动力迁移产生差异化的影响,也会对正式员工还是非正式员工产生差异化的影响,同时以上影响还存在贸易部门与非贸易部门之间的差异。进一步地,阿尔森和查特吉(Ahsan 和 Chatterjee,2017)②基于印度"就业—失业"家庭调查,证实了贸易自由化通过增加市场对高技能劳动力的需求和提高教育回报率两种渠道,不仅提高了家庭向上层流动的可能性,而且对向下层流动没有显著影响。与此类似,阿特金(Atkin,2016)③也发现墨西哥不同地区 1986—2000年的辍学率,随着当地出口导向型产业的扩张而上升。郭东杰和邵琼燕(2012)④基于产业内贸易、张彬斌(2016)⑤基于贸易自由化视角也分别论证了贸易开放对劳动力调整的影响。

由此可见,学者们基于贸易开放视角对劳动力市场调整和再配置的研究并未得出一致结论,且部分工作才刚刚起步,例如当前对贸易自由化的刻画由国家层面或行业层面的单一维度向地区—行业层面多维度的精准测算和识别,以及对宏观贸易变量与微观家庭及劳动者个体间影响机制及效应的估计,这也为本书及后续学者的研究提供了更为广阔的空间。

三、贸易政策不确定性对劳动力市场调整的影响研究

关于贸易政策不确定性与劳动力市场调整的研究,除前文提及的迪克斯·卡内罗和科瓦克(Dix-Carneiro 和 Kovak,2015、2017、2019)基于巴西、阿尔森和查特吉(Ahsan 和 Chatterjee,2017)基于印度和阿特金(Atkin,2016)基于墨西哥的研究与之接近外,大多数相关文献以中国加入世界贸

① G. Gonzaga, N. M. Filho, C. Terra, "Trade Liberalization and the Evolution of Skill Earnings Differentials in Brazil", *Journal of International Economics*, Vol.68, No.2, 2006.

② R.N. Ahsan, A. Chatterjee, "Trade Liberalization and Intergenerational Occupational Mobility in Urban India", *Journal of International Economics*, Vol.109, No.11, 2017.

③ D. Atkin, "Endogenous Skill Acquisition and Export Manufacturing in Mexico", *American Economic Review*, Vol.106, No.8, 2016.

④ 郭东杰、邵琼燕:《中国制造业细分行业就业创造能力与比较优势研究》,《经济学家》2012年第1期。

⑤ 张彬斌:《贸易自由化与劳动力市场调整:研究进展及启示》,《经济与管理评论》2016年第2期。

易组织的准自然实验作为研究样本,实证检验贸易政策不确定性的下降对中国劳动力市场重新调整的影响。

程和波特洛贾(Cheng 和 Potlogea,2015)①的研究发现,贸易政策不确定性下降对中国当地经济的好处,得益于可贸易部门内部以及从可贸易部门到非贸易部门的显著溢出效应,但通过贸易政策不确定性下降渠道对当地工资的影响较小。在此基础上,埃尔滕和雷特(Erten 和 Leight,2017)②研究发现贸易政策不确定性下降越大的地区,其出口、外商直接投资增加越快,通常会有更高的经济发展规模和人均国内生产总值;并且当地农业劳动力会向制造业或服务业转移。此后,为数不多的国内文献也对该问题进行了探讨,李胜旗和毛其淋(2018)③基于企业层面数据研究发现,贸易政策不确定性下降可以通过"提高就业创造"效应,以及"降低就业破坏"效应来促进企业就业净增长,提高企业平均工资,并有效缩小工资差距。陈虹和徐阳(2018)④同样发现,贸易政策不确定性下降可以通过扩大产品范围,显著增加企业就业人数,且出口国内附加值越高,这种影响效应越大。李宏兵等(2022)⑤基于中国加入世界贸易组织的关税冲击,构造了城市层面的贸易政策不确定性指标,并利用人口普查的微观个体数据,实证考察了地区层面贸易政策不确定性降低对该地区就业调整效应的影响。

四、贸易政策不确定性、劳动力迁移影响劳动力市场的研究

针对贸易政策不确定性、劳动力迁移与劳动力市场的研究,学者们结合国际贸易理论、经济地理学和劳动经济学的交叉研究,进行了富有成效的探索,相关成果正逐步呈现。首先,雷丁(Redding,2016)⑥在伊顿—科特姆(Eaton-Kortum)贸易模型基础上融入劳动力区域间迁移因素,从理论上论证了贸易福利不仅来自各地区的家庭偏好,还与劳动力地区间的重新配置

① W.Cheng,A.Potlogea,"Trade Liberalization and Economic Development:Evidence from China's WTO Accession",*Working Paper*,2015.

② B.Erten,J.Leight,"Exporting out of Agriculture:The Impact of WTO Accession on Structural Transformation in China",*Working Paper*,2017.

③ 李胜旗、毛其淋:《关税政策不确定性如何影响就业与工资》,《世界经济》2018 年第 6 期。

④ 陈虹、徐阳:《贸易政策不确定性会增加企业就业人数吗——来自中国加入 WTO 的企业微观数据》,《宏观经济研究》2018 年第 10 期。

⑤ 李宏兵、李震、孙丽棠:《贸易政策不确定性、出口技术复杂度与劳动力技能偏向——基于全国人口普查数据的微观证据》,《国际贸易问题》2022 年第 7 期。

⑥ S.J.Redding,"Goods Trade,Factor Mobility and Welfare",*Journal of International Economics*,Vol.101,2016.

有关。事实上,衡量一国的贸易福利往往取决于该国资源重新分配的难易程度。来自中国的经验也同样如此,由于国内面临较高的区域间贸易成本(Young,2000①;Poncet,2006②)和迁移摩擦,极大地阻碍了劳动力等要素重新配置,也在一定程度上抑制了贸易福利的提升。而即便如此,我们对上述摩擦在评估贸易政策效应时所起的作用却知之甚少。对此,汤贝和朱(Tombe 和 Zhu,2019)③构建了一个包含贸易和迁移摩擦的一般均衡模型,基于中国贸易和人口流动数据估计了地区间人口迁移摩擦,发现中国整体的迁移摩擦较大,且迁移摩擦的减小促进了人口流动、降低了地区间收入差距,但是由于其整体水平处于高位运行,所以其减小对贸易和经济总体福利的改善有限。接下来,袁(Yuan,2016)分析了关税下降对中国劳动力区域间重新配置的影响,并发现贸易自由化使福利改善 0.63%,关税降低使福利改善 2%。与之类似,李振等(2016)④、孙一平等(2016)⑤也得出贸易开放与劳动力迁移对流动人员个体就业和工资调整的积极意义。

与本书联系较为密切的是法奇尼等(Facchini 等,2018)以中国加入世界贸易组织作为准自然实验,参照巴迪克(Bartik,1991)⑥的研究思路构建了地区层面的贸易政策不确定性指标,研究发现面对贸易政策不确定性下降程度大的地区,其人口迁移比例增加了 18%,且主要是由非本地户籍人员和技术人员等驱动的。田(Tian,2022)则进一步研究了贸易自由化如何影响中国劳动力迁移及调整。研究发现,加入世界贸易组织后出口冲击对鼓励人口流动的法规有正向显著影响,且迁移摩擦变化可以解释出口冲击对人口迁移影响的 17% 以及对贸易增长影响的 9%—15%。上述新近的研究,在指标构建和实证方案设计上拓展了现有文献,尤其是对贸易政策不确定性、迁移摩擦的指标设计及其影响劳动力市场调整的机制识别,为本书的研究提供了有益的借鉴。

---

① A.Young, "The Razor's Edge: Distortions and Incremental Reform in the People's Republic of China", *Quarterly Journal of Economics*, Vol.115, No.4, 2000.

② S.Poncet, "Provincial Migration Dynamics in China: Borders, Costs and Economic Motivations", *Regional Science and Urban Economics*, Vol.36, No.3, 2006.

③ T.Tombe, X.Zhu, "Trade, Migration and Productivity: A Quantitative Analysis of China", *American Economic Association*, Vol.109, 2019.

④ 李振、向鹏飞、王开玉等:《贸易开放与劳动力迁移对中国劳动者个体就业的影响研究——基于本地与外来户口的对比分析》,《宏观经济研究》2016 年第 3 期。

⑤ 孙一平、李振、王开玉:《贸易开放和劳动力迁移对中国个体收入影响的实证研究——基于本地户口和外来户口的二元分析》,《宏观经济研究》2016 年第 7 期。

⑥ Bartik, Timothy J., Who Benefits from State and Local Economic Development Policies? Kalamazoo, MI: *W.E.Upjohn Institute for Employment Research*, 1991.

当然,本书与上述研究有极大的不同:首先,研究视角上,法奇尼等(Facchini等,2018)和田(Tian,2022)均是相对孤立的研究,前者重点考察贸易政策不确定性、人口迁移对劳动力市场调整的影响,并未明确涉及迁移摩擦的作用;而后者则探讨贸易自由化、劳动力管理制度和迁移摩擦的影响,对劳动力市场配置的研究并不深入。其次,内容设计上,本书不仅研究了基于关税差额的外部贸易政策不确定性,还考察了基于新闻指数法的国内对外贸易政策不确定性,并将其分解到地区层面,细致探讨了存在迁移摩擦情境下内外政策不确定性对劳动力市场调整的影响效应。最后,方法设计上,本书基于大数据的文本分析及基于现实数据和反事实的结构式估计思路,纾解了上述文献在指标构建和机制识别中的困境。

第三节　研究方法及结构安排

一、研　究　方　法

本书坚持规范研究与实证研究相结合、定性研究与定量研究相结合、理论建模与计量分析相结合。具体研究方法和工具主要包括:

（一）一般均衡的理论分析方法

鉴于劳动力迁移机制在贸易政策不确定性与劳动力市场研究中的重要纽带作用,本书将迁移摩擦纳入贸易政策与劳动力市场的分析框架,拓展了贸易政策不确定性与迁移摩擦影响劳动力市场调整的一般均衡模型。与已有文献多从贸易政策不确定冲击和空间均衡模型下迁移摩擦视角相对独立地考察劳动力市场调整的研究现状不同,本书结合汤贝和朱(Tombe和Zhu,2019)及雷丁(Redding,2016)的研究,将拓展一个包含厂商生产、劳动力迁移和当地政府三个经济代理者的异质性模型,通过求解一般均衡条件,得到了当地劳动力迁移相关政策与贸易政策相互作用对劳动力重新配置的影响机制。此后,通过劳动力供求、价格冲击等机制,更为细致地论证了地区层面贸易政策不确定性作为引起价格变化的外生冲击来研究国际贸易的劳动力市场调整效应,即劳动力市场调整如何对贸易政策不确定性作出反应;同时也阐述了迁移摩擦对劳动力市场调整的影响。此举,不仅详细剖析了迁移摩擦在上述中扮演何种角色,也为寻求劳动力等要素误置和贸易政策风险的有效应对提供理论解释。

（二）离散时间生存分析方法（Cloglog）

本书参照戈格等（Gorg 等，2012）[①]的做法，构建企业 i 在 t 时期的离散时间生存分析模型：

$$\ln\left[h_v(t,X)\right] = \gamma_t + X'\beta + \mu \qquad (0\text{-}1)$$

其中，协变量 X 是解释变量的集合；$h_v(t,X)$ 表示给定协变量 X 的企业在时间 t 的危险率；β 为相应的待估系数；γ_t 是非给定的随时间变化的基准危险函数；误差项 $\mu = \ln(v)$ 用于控制企业不可观测的异质性，假设它服从正态分布；v 表示企业不可观测的异质性。

对式（0-1）进行扩展，可得到本部分的生存分析模型：

$$\ln\left[h_v(t,X)\right] = \alpha_0 + \alpha_1 quality_{it} + \alpha P + r_t + v_j + v_d + \mu \qquad (0\text{-}2)$$

其中，协变量 P 为企业层面其他特征变量包括企业全要素生产率、企业规模、企业年龄、企业融资约束能力以及企业初始出口贸易额；v_j 和 v_d 分别表示行业和地区固定效应；其他变量与（0-1）相同。由于被解释变量为出口风险率的对数，因而如果系数为正，则表明对应解释变量会增加企业的出口风险，如果系数为负，则表明对应解释变量会降低企业的出口风险。

（三）文本分析方法

近年来随着大数据和人工智能的发展，这种把非结构化的文本信息，转化为结构化的定量信息，从而实现量化分析的文本分析方法，广泛应用于经济学领域的问题研究（Tian，2022；李兵等，2022）。基于此，本书在基于新闻指数法的贸易政策国内不确定性和迁移摩擦的指标构建中，采用了关键词检索和语义识别的文本分析方法。对于贸易政策国内不确定性指标，采用中国具有代表性的 114 份报纸为样本，以每月包含条件①中任意关键词的文章数量为基准，衡量了同时包含条件①、②和③中任意关键词的文章数量，再用 2000 年 1 月至 2018 年 12 月的数据标准差，对时间序列进行标准化。每个月计算上述报纸的简单平均值，最后将其进行标准化。具体检索关键词包括：①经济/金融；②不确定/不明确；波动/震荡/动荡；不稳/未明/不明朗/不清晰/未清晰；难料/难以预料/难以预测；难以预计/难以估计/无法预料/无法预测/无法预计/无法估计/不可预料/不可预测/不可预计/不可估计；③贸易政策；关税及贸易总协定/关税总协定/GATT；世界贸易组织/WTO；自由贸易协定/FTA；投资协定；贸易摩擦；贸易顺差/贸易盈余/贸易逆差/贸易赤字；关税；贸易壁垒；反倾销；进口许可/出口许可进出

---

① H.Gorg, K. Richard, M. Balazs, "What Makes a Successful Exporter? Evidence from Firm-product-level Data", *Canadian Journal of Economics*, Vol.45, No.4, 2012.

口许可;进口禁令/出口禁令/进出口禁令;进口配额/出口配额/进出口配额。除此之外,在检索中我们对关键词前后段语义进行识别,试图更为精准地识别关键词所要表达的意涵。

（四）双重差分（DID）方法和广义倾向得分匹配模型（GPS）

首先,本书将中国加入世界贸易组织后,美国给予中国永久性的最惠国待遇地位作为准自然实验,采用双重差分的方法进行实证分析。中国加入世界贸易组织前,以二类关税与最惠国关税的差额来构造连续处理组,由于在1930年的斯穆特·霍利法案中就已经设定了二类关税及最惠国关税,因此具有较强的外生性,进而可以有效准确地识别贸易政策不确定性对当地劳动力市场的影响效应。

其次,采用广义倾向得分匹配模型对贸易政策不确定性、迁移摩擦影响劳动力市场调整的效应进行估计。借鉴希拉诺和因本斯（Hirano 和 Imbens,2004）[1]的做法,我们放松变量离散性假设,其有两个好处:一是可以避免离散化处理过程中的信息遗失问题;二是可以详细阐释每一具体位置处理变量（贸易政策不确定性、迁移摩擦）影响结果变量（企业数量和产出）的边际效用。利用该方法估计主要步骤有:

第一步:控制匹配变量 X 中所有要素后,利用极大似然估计的方法计算连续型处置变量的条件分布 $E(G_i \mid X_i) = \alpha_0 + \alpha_1 X_1$,利用该式的估算结果,我们可以得到广义倾向得分 M_i。

第二步:建立结果变量 Y 与连续型处理变量 G、广义倾向得分 M_i 之间关系的函数,并利用最小二乘法（OLS）进行估计。

$$E(Y_i \mid G_i, M_i) = \beta_0 + \beta_1 G_i + \beta_2 G_i^2 + \beta_3 M_i + \beta_4 M_i^2 + \beta_5 G_i M_i \quad (0-3)$$

第三步:利用上式的估计结果,就可计算连续型处置变量对结果变量的影响效应。

（五）实地调研方法

本书将根据前文指标测算并结合实际现状,调研受贸易政策不确定性冲击不同程度的城市劳动力调整和企业用工情况,分别选择不确定性指数最高的地区（北京市、上海市、江苏省、广东省等省市）、最低的地区（新疆维吾尔自治区、云南省、青海省、四川省等省份）和居中的地区（湖北省、河南省、江西省等）等省（自治区、直辖市）的企业和劳动力、家户调研,组织5个团队至少50人次分赴各地进行人员访谈、问卷调查和小组座谈等方式的实

---

① K.Hirano,G.W.Imbens,"The Propensity Score with Continuous Treatments",Applied Bayesian Modeling and Causal Inference from Incomplete-data Perspectives,No.226164,2004.

地调研获取来自企业的第一手数据资料和案例,形成企业—劳动力相关资料。一手数据资料和案例可以修正对理论文献的认识、充实和丰富理论模型的内涵,更好解释现实问题。

二、结 构 安 排

本书围绕贸易政策不确定性背景下中国外贸转型升级的劳动力市场效应展开研究,具体结构框架见图 0-2。

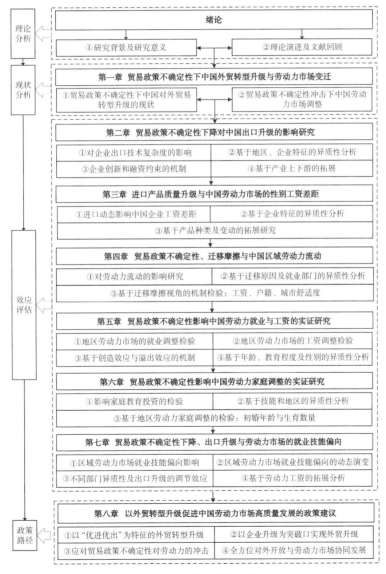

图 0-2　本书的结构框架

第一章 贸易政策不确定性下中国外贸 转型升级与劳动力市场变迁

基于前述文献回顾及述评,本书梳理了贸易政策不确定性与外贸转型升级影响劳动力市场调整的基本逻辑,而如何论证并识别出各因素的影响效应显然是下一步工作需要着力解决的问题。在此之前,我们首先要测算出核心变量——贸易政策不确定性指标,进而考察其影响中国劳动力市场调整的典型事实。

第一节 贸易政策不确定性指标的构建及典型事实

一、贸易政策不确定性的指标构建及测度

对于贸易政策不确定性的识别和度量是研究其对经济活动影响的基础和前提,也是该领域理论和实证研究的难题(Rodrik,1991)。长期以来,贸易理论家多借鉴布鲁姆(Bloom,2017)测度经济政策不确定性方法,以贸易政策波动(Sudsawasd 和 Moore,2006)和基于新闻的贸易政策不确定性指数(Handley 和 Limão,2017a)衡量贸易政策不确定性,但考虑到前者因数据可得性及可操作性差,并没有得到广泛使用。而近年来,备受推崇的关税差额方法,由于具有一定理论基础且可操作性强,得到学者们的广泛使用(Groppo 和 Piermartini,2014;Handley 和 Limão,2017b;毛其淋和许家云,2018;周定根等,2019)。

(一)基于关税差额法的外部不确定性指标构建

根据关税差额法的基本思想,本书以中国加入世界贸易组织后获得美国授予的永久正常贸易关系(PNTR)作为准自然实验,借鉴皮尔斯和肖特(Pierce 和 Schott,2016a)、王等(Wang 等,2018)①的方法,利用中国加入世界贸易组织前"非正常贸易关系关税"(Non-NTR Tariff)与最惠国关税(MFN)的差异信息来构造行业层面的贸易政策不确定性指数(即 TPU 指

---

① Z.Wang,S.J.Wei,X.D.Yu,K.F.Zhu,"Re-examining the Effects of Trading with China on Local Labor Markets:A Supply Chain Perspective",*NBER Working Paper*,No.24886,2018.

数）。对此,皮尔斯和肖特(Pierce 和 Schott,2016a)利用"非正常贸易关系关税"与正常贸易关税差额(NTR)来衡量行业层面的贸易不确定性指数:$NTRGap_j = NonNTRRate_j - NTRRate_j$。在此基础上,利用王等(Wang 等,2018)的方法,采用 HS8 位码产品的二类关税与最惠国关税的比值,来衡量产品层面的贸易政策不确定性。

　　考虑到由沿海及内陆的区域开放差异性和本书基于城市劳动力迁移与调整的研究目标,与李胜旗和毛其淋(2018)不同的是,我们继续构造了地区城市层面的贸易政策不确定性。同样以中国加入世界贸易组织作为准自然实验,本书采用巴迪克合成工具变量的构造思路(Goldsmith-Pinkham 等,2020)①,参照皮尔斯和肖特(Pierce 和 Schott,2016b)的方法,将行业层面的贸易政策不确定性指标根据不同地区初始就业结构为权重构建成地区层面的贸易政策不确定性指标:

$$TPU_c = \sum_j \frac{emp_{c,j,2000}}{\sum_j emp_{c,j,2000}} \times NTRGap_j \qquad (1-1)$$

　　其中,TPU_c 为城市层面的贸易政策不确定性,$emp_{c,j,2000}$ 为 2000 年 c 地区 j 行业的就业规模,$NTRGap_j$ 为 j 行业的贸易政策不确定性。此举的合理性主要源于两方面的差异:一是全国进口产品层面的贸易政策不确定性指数存在差异;二是各地区初始年份的行业就业结构存在差异。

　　(二) 基于目的国经济政策不确定性指数的外部不确定性指标构建

　　贝克等(Baker 等,2016)运用文本分析法,从报纸新闻信息、专家预测报告中提取经济政策不确定性(EPU)指数,并对其有效性进行了严格证明。基于该指数对中国的出口、企业投资、投融资决策、企业创新等进行了系列研究,并具有广泛影响(鲁晓东和刘京军,2017;顾夏铭等,2018②)。本章根据贝克等(Baker 等,2016)开发的各国经济政策不确定性指数,以中国各个地区对不同国家的出口为权重,将其他国家发生的经济政策不确定性构建成中国各个地区的贸易政策冲击,并将地区贸易政策不确定性指数表述为:

$$TPU_{r,t} = \sum_c \frac{\exp_{r,c,t_0}}{\sum_c \exp_{r,c,t_0}} \times EPU_{c,t} \qquad (1-2)$$

---

① P. Goldsmith-Pinkham, I. Sorkin, H. Swift, "Bartik Instruments: What, When, Why, and How", *American Economic Review*, Vol.110, No.8, 2020.

② 顾夏铭、陈勇民、潘士远:《经济政策不确定性与创新——基于我国上市公司的实证分析》,《经济研究》2018 年第 2 期。

其中，$EPU_{c,t}$ 表示中国的贸易伙伴（或地区）面临的经济政策不确定性，$TPU_{r,t}$ 表示中国各地区面临的贸易政策不确定性，权重为初始年份 t_0 期，r 地区对国家 c 的出口占 r 地区出口总值的比重。该思路隐含的假设是中国的贸易伙伴的经济政策不确定性，通过对该国的出口渠道对中国产生影响，因为这种影响依赖于该国在中国特定地区的出口比重，所以本书假定其他国家发生的经济政策不确定性也可反映中国各地区出口企业所面临的贸易政策不确定性。

（三）基于新闻指数法的国内不确定性指标构建

根据黄和卢克（Huang 和 Luk，2020）的文本分析方法，采用中国具有代表性的 114 份报纸为样本，以每月包含条件（1）中任意关键词的文章数量为基准，衡量了同时包含条件（1）、（2）和（3）中任意关键词的文章数量，再用 2000 年 1 月到 2018 年 12 月的数据标准差对时间序列进行标准化。每个月计算上述报纸的简单平均值，最后将其进行标准化。除此之外，在检索中我们对关键词前后段语义进行识别，试图更为精准地识别关键词所要表达的意涵（见表 1-1）。根据黄和卢克（Huang 和 Luk，2020）编制的中国每月贸易政策不确定性指数，首先简单平均到每年，其次以中国各个地区出口占全国总出口的比重作为权重，将中国每年的政策不确定性指数构建成各个地区的贸易政策冲击。地区贸易政策不确定性指数的构建：

$$TPU_{r,t} = \frac{\exp_{r,t_0}}{\sum_r \exp_{r,t_0}} \times TPU_t \qquad (1-3)$$

其中，TPU_t 表示中国面临的贸易政策不确定性，$TPU_{r,t}$ 表示中国各地区面临的贸易政策不确定性，权重为初始年份 t_0 期，r 地区出口占全国总出口的比重。

表 1-1 贸易政策不确定性指数搜索关键词

定位条件	检索关键词
（1）经济	经济/金融
（2）不确定性	不确定/不明确;波动/震荡/动荡;不稳/未明/不明朗/不清晰/未清晰;难料/难以预料/难以预测/难以预计/难以估计/无法预料/无法预测/无法预计/无法估计/不可预料/不可预测/不可预计/不可估计
（3）贸易政策	贸易政策;关税及贸易总协定/关税总协定/GATT;世界贸易组织/WTO;自由贸易协定/FTA;投资协定;贸易摩擦;贸易顺差/贸易盈余/贸易逆差/贸易赤字;关税;贸易壁垒;反倾销;进口许可/出口许可/进出口许可;进口禁令/出口禁令/进出口禁令;进口配额/出口配额/进出口配额

资料来源：笔者根据相关资料整理所得。

二、贸易政策不确定性的典型事实

首先,针对贸易政策外部不确定性。本书使用芬斯特拉等(Feenstra等,2002)①的美国原始的进口产品关税数据,参照王等(Wang等,2018)构建行业层面的贸易政策不确定性指数,进而使用不同地区在2000年特定行业就业人数占该地区就业总人数的比重,得到地区层面贸易政策不确定性指数 TPU_c。统计来看,按照2000年人口普查数据中的地区划分和变动,共得到310个地区的贸易政策不确定性指数,平均值为0.0743、最小值为0.0040、最大值为0.6118。最低的五个地区为西藏自治区昌都市、青海省海北藏族自治州、青海省黄南藏族自治州、云南省迪庆藏族自治州、甘肃省陇南市;最高的五个地区为广东省东莞市、广东省深圳市、广东省中山市、广东省佛山市、江苏省苏州市。表明贸易政策不确定性越高的地区,在中国加入世界贸易组织后,贸易自由化进程程度越高,且其出口因贸易政策不确定性下降而快速发展,这与中国贸易发展实践相吻合。

其次,基于目的国经济政策不确定性指数的贸易政策外部不确定性。根据贝克等(Baker等,2016)测算的涵盖1996—2018年的143个国家世界不确定性指数(WUI),本书使用2000—2010年中国海关产品进出口数据构建权重,即某个地区向特定国家的出口占该地区总出口的比重,然后与上述国家不确定性指数匹配;进而将中国的贸易伙伴(或地区)面临的政策不确定性加权平均到国内地区层面,形成贸易政策不确定性指数。

根据中国海关产品进出口数据中邮政编码与行政区划进行匹配,形成310个地级以上城市层面的数据指标。统计发现,2000年贸易政策不确定性指数的平均值为0.4917、最小值为0.0309、最大值为3.5073。最低的五个地区为新疆维吾尔自治区吐鲁番市、四川省雅安市、西藏自治区拉萨市、云南省迪庆藏族自治州、甘肃省天水市;最高的五个地区为广东省东莞市、广东省中山市、河北省保定市、河北省石家庄市、黑龙江省哈尔滨市。2005年贸易政策不确定性指数平均值为0.7101、最小值为0.0251、最大值为4.010。最低的五个地区为新疆维吾尔自治区喀什地区、西藏自治区拉萨市、云南省怒江傈僳族自治州、四川省攀枝花市、新疆维吾尔自治区乌鲁木齐市;最高的五个地区为广东省东莞市、广东省中山市、河北省保定市、河北省石家庄市、上海市。2010年贸易政策不确定性指数平均值为0.8342、最

① R.C.Feenstra, J. Romalis, P. K. Schott, "U.S. imports, Exports and Tariff Data, 1989－2001", *NBER Working Paper*, No.9387, 2002.

小值为 0.0433、最大值为 5.4713。最低的五个地区为四川省雅安市、四川省甘孜藏族自治州、西藏自治区拉萨市、湖北省随州市、甘肃省天水市；最高的五个地区为广东省东莞市、广东省中山市、河北省石家庄市、河北省保定市、江西省赣州市。总体来看，基于目的国经济政策不确定性指数的贸易政策外部不确定性呈现逐年增加趋势；从空间分布看，由贸易开放程度高的东部沿海地区向中部及内陆开放试点地区以及西部地区逐次递减的趋势。

最后，针对贸易政策国内不确定性。根据前文的关键词检索和文本分析方法，本书测算了贸易政策国内不确定性的指标。统计发现，在 2001 年中国加入世界贸易组织前后、2008 年美国次贷危机前后、2012 年出口下滑前后以及 2016 年后美国特朗普政府上台之后这四个时间段，我国贸易政策不确定性指数在 100 上下波动，且整体呈现上升趋势；这在某种程度上也反映出在出现重大经济贸易事件或出现贸易时，贸易政策往往具有更强的不确定性。此后，本书根据地区出口权重继续将上述指标分解到地区层面，进一步分析不同开放程度地区受到政策不确定性冲击的差异及其对劳动力市场的传导效应。

第二节　贸易政策不确定性下中国对外贸易转型升级的现状

一、出口质量与出口附加值率

对于出口产品质量的测算，本章主要参照施炳展和邵文波（2014）[①]、施炳展和曾祥菲（2015）[②]的做法。其中，出口产品质量的测算公式为：

$$\ln q_{fhct} = \alpha_h - \sigma \ln p_{fhct} + \alpha_{ct} + pgdp_{ft} + \varepsilon_{fcht} \qquad (1\text{-}4)$$

其中，f、h、c、t 分别代表企业、产品、出口目的国和年份，q、p 分别代表产品的出口数量与出口价格，$pgdp$ 代表企业所在省份的 gdp，α_h 和 α_{ct} 分别代表企业和国家—年份固定效应，ε 为随机扰动项。

此后，通过对各个企业每年从每个国家出口的每种产品质量指数化和加总处理，得到企业层面的出口质量。对于出口附加值率的测算，本部分基

---

① 施炳展、邵文波：《中国企业出口产品质量测算及其决定因素——培育出口竞争新优势的微观视角》，《管理世界》2014 年第 9 期。

② 施炳展、曾祥菲：《中国企业进口产品质量测算与事实》，《世界经济》2015 年第 3 期。

于吕越等(2015)①的测算框架,考虑进口资本品在贸易增加值中的份额,构建测算方程,具体见第三章的测算公式。根据上述方法的测算可得,2000—2009 年,我国出口产品质量不断上升,但提升相对有限,从 2000 年的 0.50 上升到 2009 年的 0.52,仅提高了 4%。这与施炳展(2014)②的结论较为接近,也说明加入世界贸易组织以后我国对外贸易转型升级效果不断显现。区分贸易方式的结果表明,加工贸易的进口质量明显高于一般贸易,这是因为加工贸易主要是从国外进口零部件,然后再加工出口到发达国家,进口零部件来源地大多是发达国家或者新兴经济体,并且其最终产品需求也集中在欧美高收入国家,所以进口产品质量高于一般贸易。就变化趋势而言,2000—2009 年,加工进口和一般进口的产品质量呈下降趋势,尤其是 2007 年以后,下降的幅度不断加大。针对这一现象,凯和唐(Kee 和 Tang,2016)③认为加入世界贸易组织以后中国进口替代能力不断增强,逐渐减少了国外高质量产品的进口。2008 年国际金融危机以后,我国进口产品的质量梯度发生了明显变化,进口中等质量产品数量减少,进口低质量产品和高质量产品数量增加。

图 1-1 描绘了 2000 年和 2009 年区分贸易方式下进口产品质量的核密度分布图,我们发现进口产品的质量阶梯发生了明显改变;即 2000 年进口产品以中等质量为主,但到了 2009 年,进口产品的质量分布却出现了"极化"的趋势,即中等质量的进口产品逐渐减少,低质量和高质量的进口产品逐渐增多。这一现象对一般贸易和加工贸易都成立,尤其在一般贸易中更加明显。图 1-2 描绘了 2000 年和 2009 年出口产品质量和出口国内增加值的核密度分布图,左图进一步印证了图 1-1 的结论,即 2009 年的出口产品质量较 2000 年有小幅上升。同时,与进口产品质量类似,我们发现出口质量也出现了"极化"的趋势,这说明加入世界贸易组织以后我国出口质量的提升主要是由高质量产品出口增加所拉动的。右图则表明,总体上我国出口产品国内增加值率的分布表现出右偏形态,其中 2000 年分布表现为右偏左厚尾形态,表明我国低出口增加值率企业数量较多。2007 年分布表现为右偏尖峰形态,密集区域增幅从 1.8 增长到 4.2,表明 2000 年部分低出口国内增加值率的出口企业在 2007 年已经转变为高出口国内增加值率企业。

---

① 吕越、罗伟、刘斌:《异质性企业与全球价值链嵌入:基于效率和融资的视角》,《世界经济》2015 年第 8 期。
② 施炳展:《中国企业出口产品质量异质性:测度与事实》,《经济学(季刊)》2014 年第 1 期。
③ H.L.Kee,H.Tang,"Domestic Value Added in Exports:Theory and Firm Evidence from China",*American Economic Review*,Vol.106,No.6,2016.

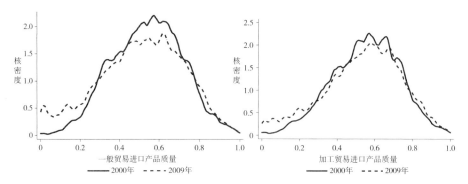

图 1-1　一般贸易进口产品质量和加工贸易进口产品质量的核密度分布

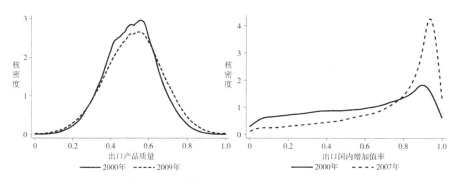

图 1-2　出口产品质量和出口国内增加值率的核密度分布

此后,通过变量描述性统计发现,出口产品的平均质量为 0.515,且在不同类型的企业之间存在明显差异,资本密集型企业的平均出口质量明显高于劳动密集型,研发强度高的企业比研发强度低的企业平均出口质量要高 4.27%。[①] 进口产品质量与之类似,但不同贸易方式的进口产品质量存在较大差异,即加工进口的产品质量明显高于一般进口,这一现象在资本/劳动密集型企业和研发强度高/低的企业间均存在。进一步地,我们统计分析了竞争性一般贸易进口产品质量和加工贸易进口产品质量对同类出口产品质量的影响。研究发现,随着进口产品质量上升,出口产品质量也逐渐上升。

---

① 根据企业研发投入占总产值比重的均值区分企业高低研发强度。

二、进口中间品质量

对于进口中间品质量（$quality$），本部分参照坎德瓦尔（Khandelwal, 2010）[1]的方法进行测算，具体方法为：

$$\log(s_{cht}) = \lambda_{1,ch} + \lambda_{2,t} + \alpha\log(p_{cht}) + \beta\log(ns_{cht}) + \lambda_{3,cht} \qquad (1-5)$$

其中，s_{cht} 为中间品 ch 的市场份额，为中间品在 t 年进口数量与中间品所属整个行业 k 的市场规模的比值。市场规模采用行业层面进口数量除以行业层面的进口渗透率来表示。进口渗透率借鉴钱学锋等（2016）[2]的研究，以行业进口额与行业产出额之比度量。ns_{cht} 是中间品 ch 在同一产品类别 h 中的进口份额。p_{cht} 为中间品 ch 在 t 年的单位价值，$\lambda_{1,ch}$ 和 $\lambda_{2,t}$ 分别是中间品 ch 和年份 t 的固定效应。通过估计模型（1-5）所得系数得出进口中间品质量为：

$$\widehat{\lambda}_{cht} = \widehat{\lambda}_{1,ch} + \widehat{\lambda}_{2,t} + \widehat{\lambda}_{3,cht} \qquad (1-6)$$

式（1-6）表示进口中间品质量是市场份额中不能被价格和进口份额解释的部分。由于本章所采用的是企业层面的进口中间品质量，以进口中间品 ch 贸易额占企业进口中间品总贸易额的比重作为权重，进而加权得到企业层面的进口中间品质量（$quality_{it}$）。

$$quality_{it} = \sum_{chi \in i} \frac{m_{chit}}{\sum\limits_{chi \in i} m_{chit}} \widehat{\lambda}_{cht} \qquad (1-7)$$

本部分基于海关数据库测算得到我国进口中间品质量，不同行业的进口中间品质量大多介于 0.65—0.79 之间，2000—2006 年的变化趋势与施炳展和曾祥菲（2015）得出的结果一致。可以看出在整个样本期间，中国企业的进口中间品质量在 2000—2005 年有小幅度波动，从 2006 年开始下降至 2009 年的 0.61，后又上升至 2011 年的 0.63，呈现先波动再下降后上升的趋势，但整体而言下降了约 17.1%，表明中国企业进口中间品质量在样本期内有所下降。具体如表 1-2 所示，可以看出企业进口中间品质量在不同样本中存在差异。列（2）和列（3）分别报告了基于不同所有权得到的内资企业和外资企业的进口中间品质量，整体而言外资企业的进口中间品质量普遍要大于内资企业，且内资企业与外资企业进口中间品质量差距呈扩大趋势，这可能与外资企业的自身生产条件有关。列（4）至列（6）基于不同

---

①　A.Khandelwal, "The Long and Short Quality Ladders", *Review of Economic Studies*, Vol.77, 2010.

②　钱学锋、范冬梅、黄汉民：《进口竞争与中国制造业企业的成本加成》，《世界经济》2016 年第 3 期。

行业要素密集度得到的资本密集型行业、技术密集型行业和劳动密集型行业的进口中间品质量。比较三列数据可以看出，技术密集型行业进口中间品质量均值大于劳动密集型行业、大于资本密集型行业。原因可能是技术密集型行业和劳动密集型行业对高质量进口中间品中物化了的知识和技术需求更为强烈，企业试图通过进口高质量中间品完成出口产品升级的作用。列（7）和列（8）中，高市场分割地区进口中间品质量的总体均值略大于低市场分割程度的总体均值，可能的原因在于高市场分割地区更倾向于开展国际贸易。

表 1-2   2000—2011 年进口中间品质量的特征事实

序号	回归列序号							
	（1）	（2）	（3）	（4）	（5）	（6）	（7）	（8）
	总样本	不同所有权		不同行业要素密集度			不同市场分割程度	
年份		内资企业	外资企业	资本密集型	技术密集型	劳动密集型	高市场分割	低市场分割
2000	0.75860	0.75857	0.75885	0.73213	0.78929	0.76768	0.75278	0.76150
2001	0.75257	0.75001	0.76400	0.73933	0.76091	0.75890	0.75600	0.75054
2002	0.74524	0.74367	0.75130	0.73231	0.76411	0.74837	0.74483	0.74552
2003	0.76882	0.76592	0.76963	0.76629	0.77946	0.76707	0.76779	0.76972
2004	0.74258	0.73469	0.74573	0.72885	0.76649	0.74533	0.74071	0.75382
2005	0.75262	0.74812	0.75408	0.74831	0.773261	0.75144	0.75057	0.76483
2006	0.73066	0.72659	0.73201	0.72714	0.73608	0.73457	0.72930	0.73920
2007	0.67950	0.63748	0.69853	0.66911	0.68404	0.68068	0.68119	0.67002
2008	0.65535	0.64228	0.65535	0.64091	0.66101	0.65677	0.66237	0.64496
2009	0.60359	0.57113	0.60359	0.58765	0.61008	0.60541	0.60487	0.59527
2010	0.62925	0.59315	0.64569	0.63216	0.63407	0.61538	0.63045	0.62196
2011	0.62835	0.58822	0.64769	0.60701	0.63543	0.63350	0.63102	0.59357
总体	0.67366	0.64397	0.70393	0.65590	0.68122	0.67337	0.68243	0.67104

资料来源：笔者整理所得。

第三节   贸易政策不确定性下中国劳动力市场调整

上述统计性描述刻画了以加入世界贸易组织作为关键节点的中国贸易

自由化进程中贸易政策不确定性的变迁及其对贸易发展的影响。来自贸易开放的实践也表明,随着非加权关税水平从 20 世纪 80 年代早期的 55% 下降至 2018 年的 7.5%,中国的对外贸易也在加入世界贸易组织后实现了飞速增长。与之伴随的是,中国人口迁移政策改革也逐步推进,人口流动日渐频繁且增长迅速,流动规模从 1982 年的 657 万人增加到 2017 年的 2.44 亿人。由此可见,两部分政策改革进程时有交集且多同步推进,共同形成了深化改革的政策组合效应。如为顺应加入世界贸易组织后进出口贸易快速发展,国家计委、财政部颁布了《关于全面清理整顿外出或外来务工人员收费的通知》,进一步降低了流动人口的进城门槛。

　　针对上述冲击,接下来本部分将进一步通过考察不同贸易政策不确定性下降程度的地区之间劳动力市场变化情况。具体地,表 1-3 行(A)呈现了中国加入世界贸易组织前关税税率差异最大的 20 个城市,即贸易政策不确定性下降幅度最大的 20 个城市主要被解释变量在 2000—2005 年的变化情况,可以看出,从贸易政策不确定性下降幅度最大的 20 个城市的平均结果而言,可贸易部门就业率上升,制造业部门就业率上升,地区劳动力迁入率上升、在业劳动力工作时长下降以及适龄人口高中入学率上升。相应地,行(B)的贸易政策不确定性下降幅度最小的 20 个城市的平均结果显示可贸易部门就业率、制造业部门就业率、地区劳动力迁入率和在业劳动力工作时长均出现了下降,而适龄人口高中入学率上升。本章进一步得到主要被解释变量在正常贸易关系关税差额最高的 20 个城市与正常贸易关系关税差额最低的 20 个城市之间的差异,得到相对于贸易政策不确定性降低幅度小的地区,贸易政策不确定性降低幅度大的地区有更高的可贸易部门就业率、更高的制造业部门就业率、更高的地区劳动力迁入率和在业劳动力工作时长的增加,这符合本章的理论预期,但适龄人口升学率出现了下降,出现这一结果的可能原因一方面是就业机会的增多使教育机会成本增加,使人们在升学与就业之间进行选择时更倾向于就业;另一方面存在高低技能就业岗位增加对人们的升学或就业选择存在异质性影响,这需要计量实证的进一步检验。类似的方法,本部分进一步考察了贸易政策不确定性下降幅度最大的 10 个省和下降幅度最小的 10 个省之间主要被解释变量的变化差异,得到了城市层面类似的结果。

表1-3　不同正常贸易关系关税差额的地区对应于主要被解释变量的变化

指标变化 分类标准	2000—2005 年变化				
	可贸易 部门就业	制造业 部门就业	劳动力 迁入率	工作时长	高中 入学率
A. 正常贸易关系关税差额最高的 20 个城市	0.0095	0.0092	0.0303	−0.0064	0.0220
B. 正常贸易关系关税差额最低的 20 个城市	−0.0116	−0.0080	−0.0087	−0.0472	0.0839
差值(A−B)	0.0211 (+)	0.0172 (+)	0.0390 (+)	0.0408 (+)	−0.0619 (−)
C. 正常贸易关系关税差额最高的 10 个省份	0.0030	0.0028	0.0246	−0.0122	0.0416
D. 正常贸易关系关税差额最低的 10 个省份	−0.0103	−0.0100	−0.0098	−0.0842	0.0629
差值(C−D)	0.0133 (+)	0.0128 (+)	0.0344 (+)	0.072 (+)	−0.0213 (−)

资料来源:笔者整理所得。

　　通过上述统计分析,本部分厘清了贸易政策不确定下中国进口中间品质量、出口质量和出口国内增加值率的变动情况,并分析了贸易政策不确定性冲击下的中国劳动力市场调整。因此,受迪克斯·卡内罗和科瓦克(Dix-Carneiro 和 Kovak,2019)的启发,接下来首先将劳动力市场调整定义为包括劳动力在地区之间的迁移、可贸易部门与非贸易部门就业之间的转变、在正规就业、非正规就业和非就业之间的转变、在继续接受教育和进入劳动力市场之间进行选择。我们以此为研究对象,基于全球贸易自由化面临重大调整和中国全方位对外开放的历史及现实,结合中国的迁移摩擦,全面而详细地梳理我国对外贸易和劳动力迁移的发展历程、典型事件和有关重要政策,通过城市、行业、企业和个体层面的数据,从就业、工资、区域迁移、部门转换及家庭调整等多个维度动态描述中国劳动力市场调整的典型事实,发现劳动力迁移政策在区域转移、职业培训、社会保障、就业和工资调整等方面存在的问题,并重点关注贸易政策不确定性冲击下不同地区迁移摩擦的差异性及其可能给劳动力市场调整带来的影响,为实地调研建立宏观和基本认识,也为理论分析和实证研究部分构建事实背景。

第二章 贸易政策不确定性下降对中国出口升级的影响研究

第一节 贸易政策不确定性下降与中国出口升级的基本事实

21世纪以来,以中国加入世界贸易组织作为关键节点的贸易自由化,不仅是全球经济最为重要的特征之一,也是推动中国自身及其贸易伙伴进口关税大幅下降、贸易政策不确定性有效防控的中坚力量。尤其是正式加入世界贸易组织以后,美国给予我国永久性正常贸易伙伴关系(PNTR)地位加之世界贸易组织关税约束条款,为我国提供了一个相对稳定的对外贸易环境。此举在推动贸易政策不确定性降低的同时,也促使中国出口美国的产品数量和种类大幅提升。但2008年国际金融危机以来,随着单边主义、逆全球化思潮不断涌现,全球化进程遭遇挫折,也在一定程度上加剧了我国对外贸易面临的不确定性。尤其是美国自2018年开始,多次单方面挑起贸易争端,对中国输美商品,特别是重要工业技术商品加征关税,导致我国供应链安全和商品国际竞争力受到较大冲击,也给我国产业转型和出口技术升级造成一定障碍。为缓解上述困境,于2020年11月印发《国务院办公厅关于推进对外贸易创新发展的实施意见》,提出要优化进出口商品结构,提高出口产品质量,努力推动我国出口产业升级。国内外贸企业也不得不在"穷则变,变则通,通则久"的动态市场竞争环境下,逐渐放弃了传统"薄利多销"、依靠低质量出口谋求短期利益的贸易模式,转而依靠产品质量提升和核心竞争力增强来对冲外部贸易政策风险。

鉴于此,如果说出口升级是应对贸易环境波动的有力武器,另一个问题却经常被忽略,即贸易环境波动引发的贸易政策不确定性是否以及如何影响出口转型升级。尤其是考虑到21世纪以来,伴随中国加入世界贸易组织、国际金融危机及中美贸易摩擦等外部冲击,我国对外贸易面临的不确定性经历了先下降再上升的转变。那么,在此过程中,贸易政策不确定性对外贸转型升级的影响是否也发生了变化? 如果产生了变化,导致变化的可能因素是什么? 这种影响在不同地区、不同行业以及不同企业中的表现是否一致? 对于上述问题的回答,不仅有利于进一步厘清贸易政策不确定性在出口转型升级中所发挥的作用,为实现外贸高质量发展提供政策指引,也能够帮助寻求转型升级企业建立风险意识和坚守底线思维,防范并及时化解重大风险。

据此,本书首先利用世界贸易数据库数据测算了出口产品的技术复杂度,然后通过合并 CPEII-BACI 数据库数据和中国海关进出口数据得到出口企业的技术复杂度,并以此来衡量我国出口企业的转型升级。接下来,本书将 2000—2013 年的中国工业企业数据和海关进出口数据进行匹配,以中国加入世界贸易组织作为一项准自然实验,采用双重差分法考察贸易政策不确定性对企业出口升级的影响效应。不仅如此,本书还基于 1999—2019 年的行业数据,从产业关联视角进一步探讨贸易政策不确定性下降对行业出口升级的长期效应。与已有研究相比,本书的创新点可能在于:第一,现有研究多从融资约束、中间品进口、产业集聚等方面考察对出口企业转型升级,对贸易政策的关注不够,本书则从贸易政策不确定性视角系统检验了其对制造业出口升级的影响。第二,本书从创新、融资约束等角度构建了贸易政策不确定性与企业出口升级的理论关联,并利用中介效应模型对可能的影响因素进行实证检验,从而深化了现有文献对二者关系的理解。第三,更为重要的是,本书将研究视角由企业—产品转向行业—企业—产品,通过行业投入—产出表构建了上游行业贸易政策不确定性指数(TPU^{up})和下游行业贸易政策不确定性指数(TPU^{down}),从产业关联的角度深入考察了贸易政策不确定性对产业升级的影响。

第二节   贸易政策不确定性下降影响中国 出口升级的研究假设

已有国际经济的理论和经验研究表明,出口升级是促进经济可持续发展的有效路径(Gnangnon,2019)[1],而贸易自由化、对外直接投资、政府补贴、产业集聚、进口中间品等则是影响出口升级的重要因素(Manova 和 Zhang,2012[2];施炳展和邵文波,2014;Bas 和 Strauss-Kahn,2015[3];苏丹妮等,2018[4];张营营

[1]   S.K.Gnangnon, "Effect of Export Upgrading on Financial Development", *Journal of International Commerce Economics and Policy*, Vol.10, No.3, 2019.

[2]   K.Manova, Z. Zhang, "Export Prices Across Firms and Destinations", *Quarterly Journal of Economics*, Vol.127, No.1, 2012, pp.379-436.

[3]   M.Bas, V.Strauss-Kahn, "Input-trade Liberalization, Export Prices and Quality Upgrading", *Journal of International Economics*, Vol.95, No.2, 2015.

[4]   苏丹妮、盛斌、邵朝对:《产业集聚与企业出口产品质量升级》,《中国工业经济》2018 年第 11 期。

等,2020①）。在众多影响因素中,现有文献并未对贸易政策给予足够的关注,尤其是当不同经济体所面对的内外环境存在不确定性时,其出台的贸易政策也呈现出较大的不确定性,进而会增加经济运行的不可预期性,并对贸易关系及企业的出口行为造成影响。

从理论上看,贸易政策不确定性是经济政策不确定性的重要内容,其内涵主要是基于不确定性和进入成本的贸易政策变动所引致的贸易成本上升或下降的可能性。自汉德利（Handley,2014）将贸易不确定性引入异质性企业模型,研究了其对出口的影响后,与其相关的研究逐渐丰富起来。现有研究表明,贸易政策不确定性可以通过影响企业的生产率临界值、利润和储蓄率等（毛其淋和许家云,2018;汪亚楠,2018②;Handley,2014）,激励企业进入出口市场,从而提升企业出口规模（Osnago,2015）。冯等（Feng 等,2017）认为,贸易政策不确定性下降发挥了资源配置的作用,使以低价提供高质量产品的企业进入出口市场,而以高价提供低质量产品的企业退出出口市场,因此贸易政策不确定性降低显著提高了出口产品质量。汪亚楠等（2020）③将贸易政策不确定性引入异质性模型发现,贸易政策不确定性的降低显著提升了企业出口规模和出口产品价值,外商直接投资（OFDI）是其中重要的影响机制。与上述研究不同,部分文献发现贸易政策不确定性的下降反而降低了出口产品质量,因而会对产业升级产生抑制效应。例如,苏理梅等（2016）④发现,贸易政策不确定性降低会促使更多提供低质量产品的企业进入出口市场,而原本就存在于出口市场的企业也没有及时进行相应的质量调整,因此贸易政策不确定性下降短期内会使出口产品的整体质量下降。韩慧霞和金泽虎(2019)⑤则将中美贸易摩擦视为贸易政策不确定性的一个特定事件,发现贸易政策不确定性上升短期内对我国外贸产业升级进程产生负面影响,但长期的影响效应则正好相反。

经典的梅里兹（Melitz,2003）模型认为,企业在作出是否出口的决策

① 张营营、白东北、高煜:《生产性服务业集聚促进中国高技术产业出口升级了吗?》,《经济经纬》2020 年第 5 期。

② 汪亚楠:《贸易政策不确定性与出口企业利润变动——基于中美贸易的实证分析》,《当代财经》2018 年第 5 期。

③ 汪亚楠、王海成、苏慧:《贸易政策不确定性与中国产品出口的数量、质量效应——基于自由贸易协定的政策背景》,《审计与经济研究》2020 年第 1 期。

④ 苏理梅、彭冬冬、兰宜生:《贸易自由化是如何影响我国出口产品质量的? ——基于贸易政策不确定性下降的视角》,《财经研究》2016 年第 4 期。

⑤ 韩慧霞、金泽虎:《贸易政策不确定性对中国外贸产业升级影响作用机制分析:基于中美贸易政策博弈的检验》,《商业研究》2019 年第 10 期。

时,需要在预期利润和出口固定成本之间进行权衡。这种成本—收益的比较会产生生产率临界值,即只有生产率高于临界值的企业才会选择出口,生产率低于临界值的企业则主要专注于国内市场。而贸易政策不确定性将提升企业进入出口市场的生产率临界值,因为不确定性的存在,会降低企业出口后的利润预期,即只有利润水平更高或者成本更低的企业才能克服不确定性而进入出口市场。在此情形下,只有那些生产高质量或者高技术含量产品的高生产率企业才能进入出口市场,那些生产低质量或者低技术含量的低生产率企业将退出出口市场。同时,临界生产率提高进入出口市场的企业数量减少,在位企业除通过扩大生产规模争夺空余的市场份额外,还可能产生促进企业加大研发投入的激励效应,而研发投入增加显然有助于促进企业出口升级。因此,贸易政策不确定性将有助于企业出口升级。

但也有学者认为,即使企业因贸易政策不确定性下降将更多资金用于产品研发或技术革新,但由于产品质量升级是一个长期的过程,短期内也难以根本改变企业产品的质量调整(苏理梅等,2016)。同时,企业的技术升级同样需要支付一定的固定成本,如用于产品研发或者寻找高质量中间投入品。不仅如此,企业用于扩大生产或者新产品研发的资金在一定时期内是有限的,贸易政策不确定性因为提高了企业出口固定成本,将对企业用于技术研发的资金产生挤压效应,从而不利于企业出口产品的技术升级。此时,贸易政策不确定性可能对企业出口升级产生负面影响。汉德利等(Handley 等,2018)①以多产品出口企业为例引入了一种特殊的情形,发现贸易政策不确定性变化对不同产品的成本临界值会产生不同的影响,因而企业将会重新考虑每种产品是否进入出口市场。由于企业出口升级是产品层面的加总,最终表现为贸易政策不确定性变化下不同质量或技术含量产品加总得到的企业层面技术升级指标变化并不确定。结合上述分析,本书提出第一个研究假设:

H1:贸易政策不确定性下降对企业出口升级的影响并不确定,既可能因更多低生产率企业进入出口市场而不利于出口升级,也可能因企业将更多资金向产品研发倾斜而促进出口升级。

贸易政策不确定性加剧了贸易政策变动的不可预测性,给企业生产经营增加了额外的外部风险,将会对其国际化经营和竞争力产生不利影响。众所周知,现实中的企业千差万别,在所属地区、经营领域、生产规模、所有

---

① K. Handley, N. Limão, R. Ludema, Z. Yu, "Policy Credibility and Firm Imports: Theory and Evidence from Chinese Trade Reforms", *Working Paper*, 2018.

制等方面存在明显差异,这些差异也导致企业在面临贸易政策不确定性时的反应不同。例如,沿海地区市场化程度较高,在基础设施、资金条件、人力资本和科技等方面也比内陆地区更有优势,因而当面临贸易政策不确定性下降时,更有可能借助技术研发或生产技术革新来应对随之而来的竞争加剧,并有助于实现出口升级。此外,相对于非国有企业和中小企业而言,国有企业和大型企业生产经营稳定性更强,其内部组织框架和制度结构更有助于应对外部风险,在国家补贴、资金融通等方面的优势也使它们对贸易政策变动引发的不确定性风险感知较弱,因而不会轻易改变其产品的技术结构。结合上述分析,本书提出第二个研究假设:

H2:贸易政策不确定性对企业出口升级的影响存在异质性,对沿海地区、国有企业和中小企业影响更加明显。

由前文可知,贸易政策不确定性首先影响企业进入出口市场的生产率门槛,这将从两个方面对企业的技术创新产生影响:第一,贸易政策不确定性的下降降低了企业进入出口市场的生产率门槛,更多企业将有机会出口,为争夺有限的国际市场,企业可能增加创新投入,如更换机器设备、增加研发投入或者雇佣更高技能水平的劳动力;第二,贸易政策不确定性下降降低了企业的进口固定成本,企业可利用国外高质量中间投入品代替国内质量较低但可能价格更高的投入品,不仅能促使企业将过去用于进口的资金向产品研发倾斜,因而能间接促进企业技术创新,还因为进口的高质量投入品含有更多的知识和技能要素,通过进口主体的模仿、学习效应能直接促进进口企业的技术创新能力。

而企业技术创新能力的提升,不仅能直接提升其所生产的产品质量和技术含量,还能进一步提高企业生产效率,降低企业生产成本,因而能促使企业将更多的资金用于新产品研发与设计,从而间接促进企业技术升级。另外,贸易政策不确定性下降降低了企业出口固定成本,出口机会增多有助于提升企业利润水平,因而能直接扩大企业的流动资金规模(毛其淋和许家云,2018)。此外,出口规模扩张拓展了企业融资市场,不仅包含以前较为单一的国内市场融资,且将国际金融市场纳入融资范围(Tornell 和 Westermann,2003[①];邵帅和辛晴,2015[②]),有效解决了企业贷款难的问题(韩剑和王静,2012)[③]。

---

① A.Tornell, F.Westermann, " Credit Market Imperfections in Middle Income Countries ", *NBER Working Paper*, No.9737,2003.

② 邵帅、辛晴:《出口对我国企业融资约束影响的异质性分析》,《南方经济》2015 年第 12 期。

③ 韩剑、王静:《中国本土企业为何舍近求远:基于金融信贷约束的解释》,《世界经济》2012年第 1 期。

据此,本书认为,贸易政策不确定性的降低可以有效缓解企业的融资约束。而融资约束较大的企业面临的经营压力和市场风险往往也较大,其有限的资金将优先配置在运营维持和债务偿还上,导致企业在进口高质量投入品和新产品研发等方面缺乏资金支持,因而不利于其产品的技术升级;反之,融资约束的改善将有利于促进企业的出口技术升级。结合上述分析,本书提出第三个研究假设:

H3:贸易政策不确定性的下降能够通过促进企业创新和缓解融资约束的渠道,推动企业出口升级。

第三节　计量模型构建与数据说明

一、计　量　模　型

鉴于制造业中每个行业出口产品种类以及不同比重,出口企业面临的贸易政策不确定性具有较强的异质性。基于此,本书将中国加入世界贸易组织后获得美国授予的永久性正常贸易关系(PNTR)作为准自然实验,初步构建双重差分模型如下:

$$\ln firm\_prody_{ct} = \beta_1 treat_c \times post_t + \delta X_{ct} + \lambda_t + \lambda_c + \varepsilon_{ct} \quad (2-1)$$

其中,$\ln firm\_prody_{ct}$ 表示企业 c 在 t 年的出口技术复杂度的对数,用以表示企业的出口升级程度。核心解释变量 $treat_c$ 为城市 c 在中国加入世界贸易组织之后,因美国给予我国的永久性正常贸易伙伴关系所导致的贸易政策不确定性下降程度。$post_t$ 为时间虚拟变量,其中 2002 年及其之后的年份取值为 1,否则取值为 0。我们最为关注的是交互项 $treat_c \times post_t$ 的系数,其刻画了贸易政策不确定性变化对企业出口升级的影响,即如果估计系数 $\widehat{\beta_1} > 0$,则表明行业层面贸易政策不确定性的降低促进了企业出口升级。X_{ct} 是企业层面的控制变量,λ_t 为时间固定效应,λ_c 为企业固定效应,ε_{ct} 为残差项。

二、变量测度与说明

(一) 贸易政策不确定性(TPU)

本书参考皮尔斯和肖特(Pierce 和 Schott,2016a)的直接差分法,首先以二类关税和最惠国关税的差值测算得到产品层面的贸易政策不确定性指数,然后将产品层面的贸易政策不确定性指数对应到中国行业分类代码中,通过加权得到行业层面的贸易政策不确定性指数。表 2-1 报告了贸易政策不确定性下降幅度最大的五个行业和下降幅度最小的五个行业。

表 2-1 贸易政策不确定性下降的行业分布

行业代码	行业名称	贸易政策不确定性下降幅度
贸易政策不确定性下降幅度最小的五个行业		
3313	镍钴冶炼业	0.0025813
2512	人造原油生产业	0.0052405
3112	石灰和石膏制造业	0.0136443
2621	氮肥制造业	0.0183750
1492	冷冻饮品及食用冰制造业	0.0195296
贸易政策不确定性下降幅度最大的五个行业		
2673	口腔清洁用具制造业	0.8636220
1510	酒精制造业	0.8141147
4216	抽纱刺绣工艺品制造业	0.7529166
2672	化妆品制造业	0.7295882
3060	塑料包装箱及容器制造业	0.7168334

资料来源:笔者整理所得。

从表 2-1 中可以得到,贸易政策不确定性降低幅度最小的五个行业分别是镍钴冶炼业、人造原油生产业、石灰和石膏制造业、氮肥制造业以及冷冻饮品及食用冰制造业,贸易政策不确定性降低幅度最大的五个行业分别是口腔清洁用具制造业、酒精制造业、抽纱刺绣工艺品制造业、化妆品制造业以及塑料包装箱及容器制造业。其中,贸易政策不确定性下降最大的行业是口腔清洁用具制造业,下降了 0.864,下降幅度最小的行业是镍钴冶炼业,仅仅下降了 0.003。不难发现,贸易政策不确定性下降幅度较大的行业多为器具制造、化妆品制造、工艺品制造等轻工业行业,而贸易政策不确定性下降幅度较小的行业则多为镍钴冶炼、人造原油生产等重工业行业。

(二) 出口升级

本书利用产品的出口技术复杂度来反映我国企业的出口升级状况。参考豪斯曼等(Hausmann 等,2007)[1]的测算方法,先将世界贸易数据库数据按照式(2-2)测算产品层面的出口技术复杂度,其中 $PRODY_i$ 代表 i 类产品的出口技术复杂度,x_{ij} 为国家或者地区 j 的 i 类产品的出口额,X_j 代表国家或

---

[1] R.Hausmann, J.Hwang, D.Rodrik, "What You Export Matters", *Journal of Economic Growth*, Vol.12, No.1, 2007.

者地区 j 的出口总额， x_{ij} / X_j 表示国家或者地区 j 的 i 类产品出口占总出口
的比重， Y_j 代表国家或地区 j 的人均 GDP。

$$PRODY_i = \sum_j \frac{x_{ij}/X_j}{\sum_j (x_{ij}/X_j)} Y_j \qquad (2\text{-}2)$$

然后将世界贸易数据库数据与中国海关进出口数据比对后得到企业每
种出口产品的技术复杂度，再按照每类产品出口占总出口额的权重加总得
到企业 j 的出口技术复杂度：

$$EXPY_j = \sum_i \frac{x_{ij}}{X_j} PRODY_i \qquad (2\text{-}3)$$

其中， $EXPy_j$ 表示 j 企业的出口技术复杂度， x_{ij} / X_j 表示 j 企业的 i 类产
品出口占总出口的比重， $PRODY_i$ 是产品 i 的出口技术复杂度。

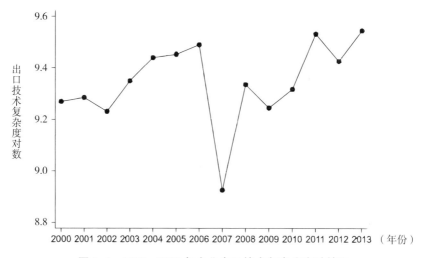

图 2-1　2000—2013 年企业出口技术复杂度变动情况

图 2-1 是由各年度企业层面加总得到的我国总体的出口技术复杂度
变动情况，可以看出，2000—2006 年我国出口技术复杂度整体呈上升趋
势，尤其是加入世界贸易组织以后，2003—2006 年出口技术复杂度上升
幅度明显加大。2007—2009 年出口技术复杂度出现低谷，这可能是因为
2007 年下半年逐步演变的国际金融危机引发了流动性危机，投资者信心
下降，对国际贸易产生了较大冲击，并导致全球经济衰退。国际金融危机
以后，我国出口技术复杂度在波动中恢复，到 2011 年已经超过危机前的
最高水平。

（三）企业层面控制变量

本书控制变量主要有：企业年龄（age），用当前年份减去企业成立年份来衡量；企业规模（$lnscale$），用企业每年的工业销售产值表示；资本密集度（$capital$），用企业的固定资产总值与平均就业人数的比值来表示；全要素生产率（$atfp$），借鉴海德和里斯（Head 和 Ries，2003）[①]的方法，具体测算方法见式（2-4）：

$$ATEP = \ln Q/L - s\ln K/L \qquad (2-4)$$

其中，Q 为企业的工业总产值，L 为企业就业人数，K 为固定资产总额，s 的含义为生产函数中资本的贡献度，取值为 1/3。

三、数据来源以及处理

本书使用的实证数据主要包括三套数据库：第一套数据是 2000—2013 年的中国工业企业数据库，主要包括企业成立年份、工业销售产值、固定资产总值以及平均就业人数等指标；第二套数据来源于芬斯特拉等（Feenstra 等，2002）构建的数据库，其中有两类关税的数据，可用于计算贸易政策不确定性指数；第三套数据来源于世界贸易数据库数据和中国海关数据库，用于构造企业层面的出口技术复杂度。

本书数据处理的主要步骤如下：首先，利用联合国网站公布的海关代码对照表将基于世界贸易数据库数据计算的产品层面出口技术复杂度匹配到中国海关进出口数据中，根据企业每种产品出口额占总出口额比重，加权得到企业层面的出口技术复杂度。其次，将每年的中国工业企业数据库与包括企业出口技术复杂度的海关数据相匹配，合并形成一个非平衡面板数据。最后，由于中国在 2002 年颁布了新的《国民经济行业分类》并在 2003 年开始实施，本书借鉴勃兰特等（Brandt 等，2012）[②]对中国四分位行业代码进行了调整。此外，针对数据中存在的样本缺失、变量遗漏及样本异常等问题，本书参照芬斯特拉等（Feenstra 等，2014）[③]的做法进行了删除，最终得到了2000—2013 年 166023 家企业的非平衡面板样本，共计 594428 条数据。

[①]　K.Head，J.Ries，"Heterogeneity and the FDI versus Export Decision of Japanese Manufacturers"，*Journal of the Japanese and International Economies*，Vol.17，No.4，2003.

[②]　L.Brandt，J.V.Biesebroeck，Y.Zhang，"Creative Accounting or Creative Destruction? Firm-level Productivity Ggrowth in Chinese Manufacturing"，*Journal of Development Economics*，Vol.97，No.2，2012.

[③]　R.C.Feenstra，Z.Li，M.Yu，"Exports and Credit Constraints Under Incomplete Information：Theory and Evidence from China"，*Review of Economics and Statistics*，Vol.96，No.4，2014.

第四节   贸易政策不确定性下降影响中国
出口升级的实证分析

一、基 准 回 归

表 2-2 报告了贸易政策不确定性影响企业出口升级的基准回归结果。其中,列(1)只控制了个体固定效应以及时间固定效应,以此作为基准结果。可以看出,核心自变量 $treat \times post$ 的系数显著为正,说明贸易政策不确定性下降幅度较大的企业出口技术复杂度,要显著高于贸易政策不确定性下降较小的行业中的企业,即加入世界贸易组织以后,贸易政策不确定性下降显著促进了我国企业出口升级。列(2)至列(5)则是逐次将企业年龄、资本密集度、规模以及全要素生产率作为控制变量加入回归模型中,结果显示,当加入企业层面控制变量以后,交互项 $treat \times post$ 的系数依然显著为正,再次表明贸易政策不确定性的下降有利于企业实现出口升级。研究假说 1 表明,贸易政策不确定性的降低对企业出口升级的影响并不确定,既可能因出口生产率门槛降低,大量生产低质量产品的国内企业进入出口市场而对出口升级产生消极影响,也可能因为企业将部分用于支付出口沉没成本的资金转移到产品研发或技术升级上而对出口升级产生积极影响,表 2-2 的结果则说明,前者的经济效应小于后者,因而贸易政策不确定的下降总体上促进了我国企业出口升级。这也与大多数基于 2000—2006 年的短期样本不同(苏理梅等,2016),因为短期内即使面临加入世界贸易组织以后贸易政策不确定性降低的有利变化,存续企业也可能来不及进行质量调整,使贸易政策不确定性降低促进企业出口质量提升的效应难以显现。

表 2-2   基准回归结果

回归系数 / 自变量	各解释变量核心回归系数				
	基准回归结果	逐步引入控制变量的回归结果			
	(1)	(2)	(3)	(4)	(5)
$treat \times post$	0.069 *** (0.012)	0.070 *** (0.012)	0.071 *** (0.012)	0.071 *** (0.012)	0.072 *** (0.012)
age	—	−4.64e−07 (0.000)	−2.67e−06 (0.000)	−2.30e−06 (0.000)	−8.23e−06 (0.000)
$capital$	—	—	−0.006 *** (0.002)	−0.005 *** (0.002)	−0.006 *** (0.002)

续表

回归系数 / 自变量	各解释变量核心回归系数				
	基准回归结果	逐步引入控制变量的回归结果			
	（1）	（2）	（3）	（4）	（5）
lnscale	—	—	—	0.007*** (0.002)	0.019*** (0.003)
atfp	—	—	—	—	−0.018*** (0.004)
Constant	9.313*** (0.009)	9.313*** (0.009)	9.333*** (0.011)	9.264*** (0.028)	9.207*** (0.030)
企业固定效应	是	是	是	是	是
时间固定效应	是	是	是	是	是
观测值	594428	594195	591240	591240	590518
R^2	0.644	0.644	0.645	0.645	0.645

注：***、**、*分别表示在1%、5%、10%的水平下显著。

二、稳健性检验

（一）平行趋势检验

双重差分模型可以有效验证中国加入世界贸易组织前后，贸易政策不确定性变化对企业出口技术复杂度的影响，但是该方法的一个重要前提是满足平行趋势假设，即要求在政策实施前，对照组和实验组结果变量的变化趋势应基本保持一致。借鉴赫林和庞塞特（Hering 和 Poncet，2014）[1]的方法，我们通过考察贸易政策不确定性影响出口技术复杂度的时序效应来进行平行趋势检验，即分别构造加入世界贸易组织前 n 年的虚拟变量 pre_n（$n=1,2$）和加入世界贸易组织后 n 年的虚拟变量 a_n（$n=1,2,3,\cdots$），然后将它们与是否加入世界贸易组织虚拟变量 *treat* 相乘构成新的交互项，代入基本模型中进行估计。具体回归结果绘制在图2-2中，回归系数95%的置信区间在加入世界贸易组织以前包含0值，说明影响效应不显著，即在政策实施以前，对照组和处理组企业的出口技术复杂度变动没有差异，满足平行趋势假设。政策实施以后，边际效应95%置信区间均不包括0值，说明加入世界贸易组织以后，贸易政策不确定性的降低确实对企业出口

---

[1]　L. Hering, S. Poncet, "Environmental Policy and Exports: Evidence from Chinese Cities", *Journal of Environmental Economics and Management*, Vol.68, No.2, 2014.

技术复杂度产生了显著影响。但需要注意的是,该影响效应在短期和长期并不一致,短期内(政策实施后 4 期以内)的影响系数显著为负,说明贸易政策不确定性的降低短期内对企业出口技术复杂度产生了显著的负向影响,因而不利于企业出口技术升级。从第 5 期开始,该影响效应转为正,说明贸易政策不确定性的降低,在长期内对企业出口技术升级存在显著的促进作用。

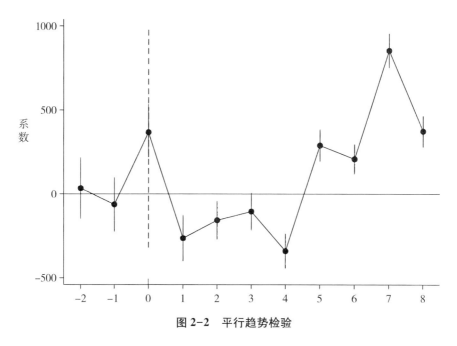

图 2-2 平行趋势检验

(二) 预期效应

如果企业在实际政策冲击发生前已经形成了有效预期,这将会使双重差分模型的回归结果产生偏误。为进一步保证政策的外生性,本书在基准回归中加入中国进入世界贸易组织前一年的时间虚拟变量 $posted_{01}$ 与实验组虚拟变量 $treat$ 的交互项 $treat \times posted_{01}$,如果交叉项系数显著,则说明存在预期效应;如果不显著,则说明贸易政策不确定性的降低对企业出口技术复杂度的影响不存在预期效应。回归结果见表 2-3 的列(1)—列(2),无论是否控制企业层面控制变量,$treat \times posted_{01}$ 的系数为负且不显著,说明出口企业在加入世界贸易组织以前并没有形成技术复杂度调整的预期,即中国 2001 年加入世界贸易组织后,美国授予的永久性正常贸易关系(PNTR)具有很强的外生性。

表 2-3　稳健性检验

回归方法 自变量	各解释变量核心回归系数					
	预期效应		质量调整的 出口技术复杂度		两期倍差法	
	（1）	（2）	（3）	（4）	（5）	（6）
$treat \times post$	0.079*** （0.015）	0.082** （0.015）	0.067*** （0.012）	0.070** （0.012）	0.028*** （0.007）	0.029*** （0.007）
$treat \times posted_{01}$	−0.024 （0.021）	−0.024 （0.021）	——	——	——	——
$Constant$	9.312*** （0.009）	9.207*** （0.030）	9.211*** （0.009）	9.090*** （0.030）	9.330*** （0.003）	9.266*** （0.050）
企业控制变量	否	是	否	是	否	是
企业固定效应	是	是	是	是	是	是
时间固定效应	是	是	是	是	是	是
观测值	594428	590518	594428	590518	158748	158333
R^2	0.644	0.645	0.634	0.635	0.988	0.989

注：***、**、*分别表示在 1%、5%、10%的水平下显著。

（三）出口技术复杂度的质量调整

考虑到基准回归中被解释变量没有将产品质量考虑进来，因此本书在稳健性检验中采用徐（Xu，2010）[1]的方法，得到质量调整后的企业层面出口技术复杂度并再次进行回归。其计算过程为：首先，根据产品的单位价值计算产品层面的质量水平，$q_{ij} = price_{ij} / \sum_{n}(\mu_{in} price_{in})$，其中，$q_{ij}$ 测度了国家 j 生产的产品 i 的质量水平，$price_{ij}$ 的含义为国家 j 产品 i 的出口单价，u_{in} 为国家所出口的产品 i 在全球 i 产品出口中所占比重，代表该国家在 i 产品市场上的相对地位。其次，根据产品的质量水平调整得到技术复杂度，$qprody_i = (q_i)^{\theta} prody_i$，其中 $\theta = 0.2$。最后，按照企业某种产品的出口额占总出口额的比重，加总得到企业层面的出口技术复杂度，具体为：

$$qexpy_j = \sum_i \frac{x_{ij}}{X_j} qprody_i \tag{2-5}$$

此后，以企业质量调整后的出口技术复杂度作为被解释变量的回归结果报告在表 2-3 的列（3）—列（4）中。无论是否加入企业层面控制变量，核心解释变量 $treat \times post$ 的系数依然显著为正，说明贸易政策不确定

---

[1]　B. Xu,"The Sophistication of Exports：Is China Special?",*China Economic Review*,Vol.21,No.3,2010.

性的降低能够显著地促进企业出口技术复杂度上升,基准回归的估计结果是稳健的。

(四) 两期倍差法

根据伯特兰等(Bertrand 等,2004)[1]的研究结论,因存在序列相关问题,多期倍差法可能高估估计量的显著性水平。为此,本书构建两期倍差法重新进行估计。具体地,以中国加入世界贸易组织作为时间节点,将样本分成两个阶段:第一个阶段为 2001 年之前,即加入世界贸易组织以前;第二个阶段为 2002 年至 2013 年,即加入世界贸易组织以后;最后在每一个阶段内,对所有企业层面变量求算术平均值。表 2-3 的列(5)—列(6)报告了两期倍差法的回归结果,可以看出,与多期倍差法类似,$treat×post$ 的系数依然显著为正,再次说明贸易政策不确定性下降显著提升了企业的出口技术复杂度。

三、异质性分析

在前文的分析中,本书验证了贸易政策不确定性的降低能够促进企业出口技术复杂度提升,但这种效应揭示的是所有样本的平均效应。实际上,具有不同特征的企业在面对贸易政策不确定性下降时的反应可能存在很大差异。为了识别这种差异,对研究假设 2 进行检验,本书从以下三个方面展开异质性分析。

(一) 企业所在地区差异

为了揭示贸易政策不确定性下降影响企业出口技术复杂度的地区差异,本书将样本中的企业分成沿海地区企业和非沿海地区企业分类[2]进行回归,回归结果见表 2-4。结果表明,对于沿海地区的企业来说,贸易政策不确定性降低显著提升了企业出口技术复杂度,但这种效应对非沿海地区企业来说并不明显。这可能是由于位于沿海地区企业在基础设施、创新能力、人力资本等方面优于非沿海地区企业,能更多依靠新产品研发和技术升级来应对贸易政策不确定性下降的外来冲击。另外,沿海地区的企业数量和出口企业数量远大于非沿海地区,并且贸易政策不确定性下降降低了企业进入出口市场的成本,更多企业将选择出口,由此在沿海地区引发的市场竞争远大于非沿海地区,而市场竞争对出口技术升级具有显著的促进作用

---

① M.Bertrand,E.Duflo,S.Mullainathan,"How much should We Trust Differences-in-Differences Estimates?",*Quarterly Journal of Economics*,Vol.119,2004.
② 沿海地区包括天津市、上海市、河北省、辽宁省、浙江省、江苏省、福建省、山东省、广东省、广西壮族自治区、海南省。

（祝树金等,2017）[1]。

表 2-4　所在地区异质性讨论

回归系数 \ 自变量	各解释变量核心回归系数			
	沿海地区回归结果		非沿海地区回归结果	
	（1）	（2）	（3）	（4）
treat×post	0.031*** (0.007)	0.031** (0.007)	0.033 (0.020)	0.032 (0.021)
Constant	9.347*** (0.005)	9.433*** (0.017)	9.399*** (0.014)	9.298*** (0.048)
企业控制变量	否	是	否	是
时间固定效应	是	是	是	是
企业固定效应	是	是	是	是
观测值	522057	518669	65077	64600
R^2	0.680	0.681	0.751	0.751

注:***、**、*分别表示在1%、5%、10%的水平下显著。

（二）企业规模差异

贸易政策不确定性下降对出口技术复杂度的影响可能存在企业规模异质性,为了揭示这种差异,本书根据国家统计局的划分办法,根据从业人数将样本企业分为大型企业、中型企业和小微型企业三类[2],并分别进行回归,回归结果见表2-5。结果显示,贸易政策不确定性下降显著提高了中小微型企业的出口技术复杂度,但对大型企业的影响并不显著。可能的原因在于:第一,大型企业资金雄厚,在研发体系、生产率、克服融资约束和出口固定成本等方面更有优势,因而无论贸易政策不确定性变动是否会影响进入出口市场的生产率门槛,对其出口决策都不会产生显著影响,也难以通过学习效应和创新效应来促进出口升级。对于中小型企业而言,贸易政策不确定性的降低不仅大大增加了企业进入出口市场的概率,还能促使企业将以前用于支付出口固定成本的资本更多地用在产品研发上,通过出口引致的竞争效应和创新效应,能显著提升企业的出口技术复杂度。第二,相对于大型企业,中小微企业组织形式和制度架构更加灵活,也因为在资金、生

---

① 祝树金、黄斌志、赵玉龙:《市场竞争、知识产权保护与出口技术升级——基于我国工业行业的实证研究》,《华东经济管理》2017年第4期。

② 按照从业人员进行划分,将从业人员大于等于1000人的企业划分为大型企业,从业人员大于等于300人且小于1000人的企业划分为中型企业,其余企业则为小微型企业。

产率等方面的劣势,对风险变化的感知能力和应变能力更强,因而在面对贸易政策不确定性下降时,能快速调整自身产品的质量结构而实现技术升级。但大型企业制度框架、经营模式、产品结构等较为固定,对风险变化应变的灵活性相对较弱,甚至即使感知到了风险也因为体量巨大而难以调整其产品的质量结构,因而难以实现贸易政策不确定性下降时快速的出口技术升级。

表 2-5　企业规模异质性分析

企业类型 ／ 自变量	各解释变量核心回归系数					
	大型企业		中型企业		小微型企业	
	(1)	(2)	(3)	(4)	(5)	(6)
$treat \times post$	0.009 (0.022)	0.008 (0.022)	0.035 ** (0.030)	0.033 ** (0.013)	0.039 *** (0.009)	0.039 *** (0.009)
$Constant$	9.303 *** (0.015)	9.523 *** (0.100)	9.303 *** (0.009)	9.443 *** (0.046)	9.380 *** (0.006)	9.422 *** (0.021)
企业控制变量	否	是	否	是	否	是
时间固定效应	是	是	是	是	是	是
企业固定效应	是	是	是	是	是	是
观测值	44533	44428	164115	163191	378796	375954
R^2	0.636	0.636	0.721	0.721	0.726	0.726

注:***、**、*分别表示在1%、5%、10%的水平下显著。

(三) 企业所有制差异

为了验证贸易政策不确定性下降影响出口技术复杂度的企业所有制差异,本书根据企业注册类型代码,将样本划分为国有企业和非国有企业,并分别进行回归,回归结果见表2-6。结果显示,贸易政策不确定性下降对非国有企业出口技术复杂度有着显著的提升作用,但对国有企业的影响并不明显。其原因可能在于,国有企业要承担一定"社会化责任",再加上它在行政垄断能力,以及获得金融机构贷款能力方面存在优势(张杰和郑文平,2017)[1],因此其受外部贸易政策不确定性的影响比较小;非国有企业往往受到较强的外部融资约束,贸易政策不确定性下降因为降低了出口固定成本,提高了非国有企业进入出口市场的概率,受益于竞争效益以及预期利润增加,其会增加研发投入,因而更有利于实现出口升级。

---

[1]　张杰、郑文平:《全球价值链下中国本土企业的创新效应》,《经济研究》2017年第3期。

表 2-6　企业所有制异质性

所有制类型 自变量	各解释变量核心回归系数			
	非国有企业		国有企业	
	（1）	（2）	（3）	（4）
treat×post	0.032*** (0.007)	0.032*** (0.007)	0.009 (0.027)	0.005 (0.028)
Constant	9.352*** (0.005)	9.419*** (0.016)	9.431*** (0.016)	9.435*** (0.125)
企业控制变量	否	是	否	是
时间固定效应	是	是	是	是
企业固定效应	是	是	是	是
观测值	577760	574090	9684	9483
R^2	0.689	0.689	0.745	0.744

注：***、**、* 分别表示在 1%、5%、10% 的水平下显著。

四、机　制　检　验

前文的实证检验部分已经证明了贸易政策不确定性降低对企业的出口技术复杂度存在显著的促进作用，且该结论具有很好的稳健性。那么，贸易政策不确定性下降通过何种渠道影响企业的出口技术升级？结合研究假说 3 的内容，本书将从创新和融资约束两个维度进行中介效应模型检验。

（一）创新机制

为了对贸易政策不确定性影响企业出口升级的创新机制进行检验，本书利用工业企业数据中的新产品产值作为创新（innovation）的中介变量，如果企业新产品产值大于 0，则 innovation 取值为 1，否则为 0。借鉴温忠麟和叶宝娟（2014）[1]的做法，先检验贸易政策不确定性下降对企业创新的影响，然后将创新纳入基准模型中进行回归，通过对比回归系数的显著性及绝对值变动来判断影响机制是否成立，检验结果见表 2-7 的列（1）—列（2）。其中，列（1）是贸易政策不确定性下降对企业创新的影响，列（2）是加入创新后贸易政策不确定性下降对企业技术升级的影响，从中可以看出，贸易政策不确定性的降低显著提升了企业创新水平，且当考虑创新因素以后，贸易政策不确定性的降低对企业出口升级的影响依然显著为正，因而部分中介效应成立。其背后的逻辑是，贸易政策不确定性下降降低了企业进入出口市

---

[1]　温忠麟、叶宝娟：《中介效应分析：方法和模型发展》，《心理科学进展》2014 年第 5 期。

场的生产率门槛,因此更多的企业将选择出口,这将引发国际竞争加剧,再加上不确定性降低在一定程度上使企业出口固定成本下降,有利于企业将更多资金用于新产品研发或技术升级,通过上述的竞争效应和研发效应,贸易政策不确定性下降能有效提升企业技术创新能力。此外,贸易政策不确定性下降除降低出口成本外,对企业进口成本也有相似影响,便于企业从海外进口高质量中间投入品,而高质量投入品因为含有更多的知识和技能因素,通过学习效应和技术溢出效应也能提升企业的技术创新能力。

（二） 融资约束机制

大量文献已经证实了融资约束对企业出口升级的促进效应,但贸易政策不确定性下降通过影响融资约束进而促进企业出口升级的机制是否成立,还有待进一步研究。为了验证该机制,本书借鉴李和余(Li 和 Yu,2011)[1]的做法,将企业利息支出(interest)表示融资约束,即如果利息支出越多,表明企业获取贷款更为容易,其所面临的融资约束也就越低。中介效应检验结果见表2-7的列(3)—列(4),可以看出,贸易政策不确定性下降显著弱化了企业的融资约束(列3),当考虑企业融资约束以后,treat ×post 的系数依然显著为正(列4),说明贸易政策不确定性的降低可以通过放松融资约束,进而促进企业出口升级的部分中介效应是成立的。正如研究假说3所述,贸易政策不确定性下降降低了企业出口固定成本,不仅直接减轻了企业资金压力,还因为预期利润增加以及开拓了海外融资市场,能有效减轻企业面临的融资约束。而融资约束较小的企业,在进口高质量中间投入品和技术研发上能获取更充分的资金支持,因而有利于其实现出口技术升级。

表 2-7　机制检验

回归系数 自变量	各解释变量核心回归系数			
	创新机制		融资约束	
	（1）	（2）	（3）	（4）
treat ×post	0.010*** (0.003)	0.0716*** (0.012)	0.094*** (0.026)	0.072*** (0.012)
innovation	—	0.020*** (0.006)	—	—
interest	—	—	—	0.002*** (0.001)

---

[1]　Z.Li,M.Yu,"Exports,Productivity,and Credit Constraints:A Firm-Level Empirical Investigation of China",*SSRN Electronic Journal*,2011.

续表

回归系数\自变量	各解释变量核心回归系数			
	创新机制		融资约束	
	（1）	（2）	（3）	（4）
$Constant$	-0.058^{***} （0.007）	9.208^{***} （0.030）	-3.980^{***} （0.065）	9.233^{***} （0.031）
企业控制变量	是	是	是	是
企业固定效应	是	是	是	是
时间固定效应	是	是	是	是
观测值	590518	590518	582079	582079
R^2	0.859	0.645	0.774	0.649

注：***、**、*分别表示在1%、5%、10%的水平下显著。

五、拓展研究

上文从企业层面探讨了贸易政策不确定性降低对出口升级的影响效应和作用机制,但考虑到贸易政策不确定性的冲击并不是孤立的,还可能通过技术溢出或者投入产出联系进行上下游传导,且无法识别其长期影响。因此,本书将基于1999—2019年的最新行业数据,从产业关联角度进一步探讨贸易政策不确定性下降对行业出口升级的影响。

首先,借鉴包群等（2015）[①]的方法构建上游产业贸易政策不确定性指数和下游产业贸易政策不确定性指数。将上游产业贸易政策不确定性定义为:

$$TPU_{it}^{up} = \sum_{i \neq j} \delta_{ij} \times TPU_{jt} \tag{2-6}$$

其中,j为i行业的上游行业,δ_{ij}为i行业从j行业中购买的中间投入品占i行业总中间投入的占比,TPU_{jt}为j行业的贸易政策不确定性指数。将下游产业贸易政策不确定性定义为:

$$TPU_{it}^{down} = \sum_{i \neq j} \lambda_{ij} \times TPU_{jt} \tag{2-7}$$

式（2-7）中相关指标的含义与式（2-6）类似,不再赘述。中间投入、总产出等数据来自2002年中国投入产出表。

其次,参考豪斯曼等（Hausmann等,2007）的测算方法,根据1999—

[①] 包群、叶宁华、王艳灵:《外资竞争、产业关联与中国本土企业的市场存活》,《经济研究》2015年第7期。

2019 年的世界贸易数据库和各国人均 GDP 计算得到产品层面的出口技术复杂度,再按照商品代码对照关系将 HS6 位码产品的出口技术复杂度加总到 CIC2 行业,权重为每类产品出口占行业总出口额的比重。

最后,构建以下计量模型:

$$\ln EXPY_{it} = \beta_1 TPU_{it}^{up} \times post_{02} + \beta_2 TPU_{it}^{down} \times post_{02} + \delta X_{it} + \lambda_t + \lambda_i + \varepsilon_{it}$$

$$(2-8)$$

其中,$\ln EXPY_{it}$ 表示行业 i 在 t 年的出口技术复杂度对数值。$post_{02}$ 是时间虚拟变量,在 2002 年之后(包含 2002 年)取 1,否则取 0。X_{it} 是行业层面的控制变量,主要包括:(1)行业内企业数量;(2)行业人均资本,用行业固定资产净余额和从业人员之比表示;(3)行业研发强度,用行业的研发内部投资表示;(4)行业集中度,用大中型企业总资产占行业总资产比重表示。λ_t 为时间固定效应,λ_i 为行业固定效应,ε_{it} 为残差项。所使用的数据主要来源于各年度《中国统计年鉴》和《中国工业统计年鉴》。

表 2-8　基于行业关联的回归结果

回归系数 自变量	各解释变量核心回归系数		
	（1）	（2）	（3）
	1999—2019 年 样本	质量调整后的 出口技术复杂度	1999—2007 年 样本
$TPU_{it}^{up} \times post_{02}$	-0.082 (0.128)	0.071 (0.143)	0.060 (0.172)
$TPU_{it}^{down} \times post_{02}$	0.549*** (0.115)	0.392*** (0.129)	0.321** (0.156)
Constant	9.258*** (0.080)	9.224*** (0.090)	9.122*** (0.154)
行业控制变量	是	是	是
时间固定效应	是	是	是
行业固定效应	是	是	是
观测值	551	551	229
R^2	0.888	0.842	0.854

注:***、**、*分别表示在 1%、5%、10%的水平下显著。

基于行业关联的回归结果报告在表 2-8 中,其中,列(1)是 1999—2019 年全行业样本的回归结果,列(2)用经过质量调整的出口技术复杂度替换被解释变量,列(3)则是为了剔除 2008 年国际金融危机可能对行业出口升级产生的影响,只保留 1999—2007 年的样本,所有回归都控制了行业层面控制变量以及行业个体固定效应和时间固定效应。结果显示,交互项 $TPU_{it}^{up} \times post_{02}$ 的系数不显著,而 $TPU_{it}^{down} \times post_{02}$ 的系数显著为正,说明贸易政策不确定性降低通过上游产业关联对本产业出口技术复杂度的作用不明显,但可以通过下游产业关联显著促进本产业出口技术复杂度提升。可能的原因在于,当下游行业面临的贸易政策不确定性下降时,出口成本临界值降低,会有更多的下游行业企业进入出口市场,由此引发企业竞争加剧,下游企业为了提高自身竞争力,一方面,会提高对上游提供的中间品规模和质量上的要求,促进上游企业进行创新活动。另一方面,为了促使上游企业通过技术改进提供更高质量的中间投入品,下游企业可能通过后向关联实现技术溢出,向上游企业提供技术、资本、人才支持,从而有助于提高上游供应商的出口升级。

表 2-9　异质性分析

回归系数	各解释变量核心回归系数				
	(1)	(2)	(3)	(4)	(5)
自变量	劳动密集型	资本密集型	技术密集型	高市场集中度	低市场集中度
$TPU_{it}^{up} \times post_{02}$	0.165 (0.145)	−2.500*** (0.527)	−0.00572 (0.479)	−0.722** (0.287)	0.225* (0.127)
$TPU_{it}^{down} \times post_{02}$	0.749*** (0.137)	1.524*** (0.379)	−0.190 (0.602)	0.742*** (0.198)	0.504*** (0.148)
Constant	9.275*** (0.0720)	8.328*** (0.723)	8.814*** (0.267)	8.862*** (0.279)	9.355*** (0.0671)
行业控制变量	是	是	是	是	是
时间固定效应	是	是	是	是	是
行业固定效应	是	是	是	是	是
观测值	311	121	119	261	290
R^2	0.913	0.752	0.936	0.849	0.936

注:***、**、*分别表示在1%、5%、10%的水平下显著。

考虑到不同类型行业受到上下游关联产业的影响并不相同,本书还从行业异质性的角度进一步考察了贸易政策不确定性下降通过产业关联对行业出口升级的影响。首先,按照资本和劳动构成将所有行业分为劳动密集型、资本密集型和技术密集型三类,进行分组回归。如表2-9的列(1)—列(3)所示,就劳动密集型行业而言,贸易政策不确定性下降通过上游产业关联对本产业出口技术复杂度的影响不明显,而通过下游产业关联则显著促进本产业出口技术复杂度提升;就资本密集型行业而言,贸易政策不确定性下降通过上游产业关联对本产业出口技术复杂度产生了显著的负向影响，但通过下游产业关联却显著促进本产业出口技术复杂度提升；就技术密集型行业而言，贸易政策不确定性下降通过上游产业关联和下游产业关联对本产业的出口技术复杂度的影响都不明显。可能的原因在于，贸易政策不确定性下降后，下游企业提高了对上游企业所提供的中间投入品质量和规模的要求，这种要求逼迫劳动密集型行业进行产业技术转型，比如改进企业员工的技能结构，或者加大员工的技能培训力度。类似地，资本密集型和技术密集型企业面对下游企业的压力，也可能更新机器设备，加大研发投入，或者建立鼓励创新的制度框架，而这些都有利于实现本行业出口升级。但遗憾的是，我国的技术密集型产业往往缺乏核心技术，在研发投入和研发产出方面也缺乏优势（廉志雄和何艳，2016①；王冬和孔庆峰，2012②），再加上高技术产业投资回报的资金投入大、周期长、风险大，这也在一定程度上制约了企业进行技术革新，导致贸易政策不确定性下降通过产业关联对技术密集型行业的影响并不明显。

其次，根据行业市场集中度将样本分为高市场集中度和低市场集中度两类，再进行分类回归，回归结果如表 2-9 的列（4）—列（5）所示。结果显示，无论是高市场集中度的行业还是低市场集中度的行业，贸易政策不确定性下降都会通过下游产业关联促进本产业出口技术复杂度提升。但对于高市场集中度的行业来讲，贸易政策不确定性下降会通过上游产业关联显著抑制出口技术复杂度提升；对于低市场集中度的行业来讲，贸易政策不确定性降低却通过上游产业关联，显著地促进了本产业出口技术复杂度提升。究其原因，上游产业贸易政策不确定性下降能够促进上游产业创新，并有利于放松企业融资约束，而随之产生的创新成果和新知识、新技术则会通过产品供应链对本行业产生溢出效应，进而带动本行业出口技术复杂度提升。但该作用机制主要在市场集中度较低的行业中发挥作用，市场集中度较高的行业本身具备相应的市场势力，再加上在市场份额、资金条件和生产率等方面也具有一定优势，不仅对贸易政策不确定性降低引发的进入出口市场生产率门槛降低的敏感性较弱，也会因为竞争不足和知识产权保护在创新动力和技术溢出方面面临不足，因而难以实现出口技术复杂度提升。

总体来看，本书以中国加入世界贸易组织后中美贸易政策不确定性显

---

① 廉志雄、何艳：《我国高技术产业发展的现状、问题及对策》，《宏观经济管理》2016 年第 12 期。
② 王冬、孔庆峰：《开放条件下能实现技术赶超吗？》，《世界经济研究》2012 年第 2 期。

著下降作为准自然实验,利用双重差分模型考察了贸易政策不确定性下降对企业出口技术复杂度的影响效应及作用机制。研究发现,贸易政策不确定性下降对企业出口技术复杂度具有显著的促进作用,且这一结论在进行了多期变两期、预期效应、使用不同衡量指标检验后依旧稳健。同时,本书还发现,贸易政策不确定性下降对出口技术复杂度的影响存在显著的地区异质性和企业异质性。具体而言,贸易政策不确定性降低对沿海地区企业、中小微型和非国有企业的出口技术复杂度有显著的正向促进作用,而对非沿海地区企业、大型企业以及国有企业的影响并不明显。影响机制检验表明,贸易政策不确定性下降通过激励企业创新和缓解融资约束机制显著促进企业出口技术复杂度提升。接下来,通过产业关联的拓展分析发现,贸易政策不确定性下降还可以通过下游产业关联显著促进本产业出口技术复杂度的上升,对于劳动、资本密集型行业及高、低市场集中度行业,均是如此。但对于高市场集中度行业,贸易政策不确定性下降会通过上游产业关联抑制出口技术复杂度的提升;低市场集中度行业的影响,则与之相反。

在新一轮中美贸易摩擦不断深化的背景下,我国面临的贸易政策不确定性将在一定时期内持续演变。而本书的研究将对贸易政策不确定性下的制造业出口升级,具有重要的政策启示。首先,稳定的外贸环境是实现制造业出口升级的重要前提,为此我国应积极巩固传统经贸关系,不断拓展双、多边贸易关系,切实降低外贸风险,例如促进自由贸易区谈判和加快"一带一路"倡议有效实施。其次,贸易政策不确定性下降为企业创新发展提供了难得机遇,因此政府应该增加对出口企业的创新支持力度,尤其是加大对民营、小微企业的融资支持,千方百计缓解中小微企业创新发展面临的融资困境。再次,要更加注重产业关联和上、下游产业传导机制对冲贸易政策不确定性的积极作用,合理规避其消极影响。尤其是,面对外部贸易政策不确定性冲击下,积极出台政策措施保障产业链稳定,同时鼓励市场竞争、防范高市场集中度行业市场垄断可能带来的负面影响。最后,实现出口升级是贸易强国战略的重要内涵,因此出口企业也要"苦练内功"努力提升产品国际竞争力和全球产业链分工地位,加强抵御外部政策不确定性风险。

第三章 进口产品质量升级与中国劳动力市场的性别工资差距

长期以来,我国实施出口导向型贸易政策,大力发展出口贸易的同时却对进口不甚重视,导致进口长期处于"为出口而进口"的从属地位。2008 年国际金融危机爆发,我国出口环境持续恶化,国内资源环境压力加大和贸易摩擦不断加剧也都要求我们切实转变贸易发展方式。因此,国家"十二五"规划提出实施"稳定出口,扩大进口"的外贸发展新战略。2013 年,我国货物贸易进出口总额达 4.16 万亿美元,成为世界第一货物贸易大国。其中,进口约占我国对外贸易的半壁江山,达到 1.95 万亿美元,是 1978 年的 179 倍,15.98% 的年均增长率也远高于同期全球进口贸易平均增速。

伴随进口贸易的快速扩张,我国的性别工资差距也不断扩大。女性相对于男性收入占比由 1988 年的 88.4% 下降到 1995 年的 82.5%,2007 年进一步下降到 78.28%,尤其是那些工作经验超过 25 年以上的女性,小时工资仅为男性的 76.85%。《2016 年中国性别薪酬差异报告》称,中国女性月薪相当于男性的 77%,一线城市男女薪酬差距较小,三四线城市差距拉大;我国超过 70% 的从业者薪酬分布于 2000—6500 元,女性员工多分布在低薪酬区间,尤其是当薪酬超过 5000 元时,女性从业人数远远小于男性。在市场化经济改革和贸易自由化背景下出现且均呈扩大趋势的进口扩张和性别工资差距,很容易让人去联想两者之间是否存在某种联系。于是,学者们从进口贸易的不同角度,如贸易规模、贸易方向、贸易方式等,探讨了进口扩张对我国性别工资差距的影响。这些研究不仅有助于我们理解开放条件下我国性别工资差距变动的原因,也为调整我国收入分配政策和贸易政策提供了证据支持。

但是,现有文献在考察进口贸易对收入不平等的影响时,往往忽略了产品质量因素。作为产品垂直差异最重要的体现,质量直接影响消费者对产品的价值判断,也是实现我国由贸易大国向贸易强国转变的关键因素。为数不多的文献以弗胡根(Verhoogen,2008)[1]为代表,弗胡根利用货币贬值

---

[1] E.A.Verhoogen,"Trade, Quality Upgrading, and Wage Inequality in the Mexican Manufacturing Sector", *The Quarterly Journal of Economics*, Vol.123, No.2, 2008.

考察了墨西哥企业如何应对1994年"比索危机"下被动的贸易开放,发现比索贬值引致墨西哥生产率较高的企业对高收入国家高质量产品出口增加,而生产高质量产品需要更多的高技能劳动力,因而出口产品质量提升最终扩大了墨西哥的技能工资溢价。与墨西哥类似,作为快速发展的新兴经济体,加入世界贸易组织以后,我国也经历了出口贸易迅速扩张和产品质量不断提升的过程。那么,我国贸易扩张引致的产品质量提升是否会对劳动力市场产生相似的影响?尤其是是否会对技能水平较低的女性产生不利影响?这是本章关注的第一个问题。

大量事实表明,企业贸易行为的多样性路径动态演化是现行国际经济关系的基本特征,如伯纳德等(Bernard 等,2007)[1]发现,美国每年有14%的企业进入出口市场,但也有10%的企业退出出口市场;贝塞德斯和普鲁萨(Besedeš 和 Prusa,2006)[2]发现,美国进口贸易关系的持续时间较短,只有2—4年,企业频繁地进入、退出导致30%的贸易关系有多个存续时期;伊顿等(Eaton 等,2007)[3]发现哥伦比亚近半数出口企业都是新进入者,且多数企业会在下一期退出出口市场。我国的情况与之类似,企业进口路径选择存在多样性:有的企业一开始就进入进口市场,有些则是新进入;即使在进入进口市场企业内部也存在明显差异,有的企业进入进口市场后会一直停留在进口市场上,有的企业则在进口市场上短暂停留后又选择退出,甚至一段时间后又再次进入。例如,2004—2007年,我国持续进口企业约占进口企业总数的23%,平均每年有15%的企业会退出进口市场,10%的企业则属于间断型进口企业。除企业的进入、退出以外,因新产品进入、旧产品退出导致的进口产品种类变化也是进口动态的重要内容。基于海关的产品数据我们也发现,2004—2007年,我国企业进口产品种类绝对量和相对变化情况也存在巨大差异,如29.48%的企业只进口单一产品、44.42%的进口产品种类在10种以下(1种以上),其余24.29%的企业进口产品种类则超过10种;2005—2007年连续进口的3372家企业进口产品种类平均变化值为5.95,方差为9.99;所有企业进口产品种类年增长率均值为32.43%,方差为1.65。进口企业及每一企业进口产品在种类、数量、持续时间上的巨大

① A.B. Bernard, J. B. Jensen, S. J. Redding, et al., "Firms in International Trade", *Journal of Economic Perspectives*, Vol.21, No.3, 2007.

② T. Besedeš, T. J. Prusa, "Product Differentiation and Duration of US Import trade", *Journal of International Economics*, Vol.70, No.2, 2006.

③ J. Eaton, M. Eslava, M. Kugler, et al., "Export Dynamics in Colombia: Firm-level Evidence", *Borradores de Economía*, No.446, 2007.

差异使我们不得不好奇这样的问题,如果进口产品质量对企业性别工资差距有显著影响,那么在考虑企业和产品层面进口动态时,该结论是否依然成立?如果结论存在差异,可能的原因是什么?对于上述问题的回答,有助于我们厘清进口产品质量升级与企业性别工资差距变动的动态关系,更深层次地认识贸易开放的潜在经济职能,进而为如何更好地建立、健全和实施国家贸易政策和收入分配政策提供理论支撑和现实依据,最终实现对外贸易转型升级和优化收入分配格局协调发展。

第一节 进口产品质量影响性别工资差距的理论分析

新古典增长理论认为技术是资本—技能互补的,这意味着资本设备与低技能劳动力的替代弹性大于资本设备与高技能劳动力的替代弹性。相对于低技能劳动力,高技能劳动力因为拥有更多的"技能"或"教育"因素,因而与资本要素和技术要素的互补性更强。环形生产函数(O-Ring production function)认为,产品生产由不同工序组成,各工序的投入品质量是互补的,单一工序的质量提升要求与之配合的其他工序质量也相应提高,而生产环节的质量升级需要高质量投入品与高技能劳动力进行匹配,这变相增加了企业对高技能劳动力的需求,从而扩大了技能工资溢价。沃伊特兰德和萨拉维亚(Voigtlaender 和 Saravia,2015)[1]对此做了进一步证明,他们通过构建生产序列的质量互补模型,并利用1992—2005年智利的海关面板数据从要素互补的角度检验了进口投入品质量对技能工资差距的影响,发现当不考虑质量因素时,智利进口企业中高技能劳动力占比较小,但当考虑质量因素时,进口的高质量产品却显著增加了对高技能劳动力的需求。

综上所述,当企业资本投入或技术投入增加时,高技能劳动力边际产出增加,低技能劳动力边际产出减小,促使企业更多地雇佣高技能劳动力。由于发展中国家女性的技能水平普遍低于男性,因而当企业进口高质量产品时,为更好地发挥高质量产品中资本、知识、技术要素的效用,企业将雇佣更多技能水平较高的男性员工,并减小对女性员工的需求,从而扩大性别工资差距。由此,我们提出本章的理论假说1。

---

[1] N. Voigtlaender, D. Saravia, "Imported Inputs, Quality Complementarity, and Skill Demand", 2015 Meeting Papers, *Society for Economic Dynamics*, 2015.

假说1：当控制其他影响因素时，进口产品质量提升会扩大企业内部性别工资差距。

"干中学"效应（Learning by Doing）对解释经济内生增长具有重要作用。当经济体由自给自足转向自由贸易时，即使交易的产品有限，跨产品的技术溢出也会对经济增长、技术进步和社会总福利等产生积极影响。由于在实证过程中没有控制企业持续的投资、研发、产品设计改变等因素，现有研究多将学习曲线近似于对数线性变动过程，因而认为贸易导致的干中学效应是不受限的。但杨（Young，1991）[1]认为，干中学是新型生产技术不断探索和最终实现的结果，新产品、新技术的出现，或者现有产品质量的提升都是推动学习效应不断出现的重要原因。对于任何一项新技术或新产品而言，一段时间过后，生产潜力逐渐耗尽，干中学效应逐渐减弱并最终停止。因而，如果没有新技术及时出现，干中学效应将很难持续。按照这种逻辑，企业进口高质量产品，无论是通过进口竞争机制，还是资本—技能互补机制，其对劳动力市场的影响都将主要集中在短期，因为高质量产品中所包含的技术、信息等要素会被发展中国家在短期内模仿、吸收和再创新，而长期内由于产品技术潜力已被完全吸收，该效应将逐渐减弱并最终消失。大量学者关于国际贸易的经济效用分析证实了我们的猜测，如金祥荣等（2012）[2]发现出口企业通过出口学习短期内会迅速提升企业生产率，而后这种效应逐渐减弱；张杰等（2009）[3]证实出口对企业生产率的提升主要在进入出口市场3年以内发挥作用，从第四年开始这种效果不再显著；叶宁华等（2015）[4]发现生产率优势对企业进入出口市场的选择在第一年和第二年有显著的正向影响，且生产率对企业出口延续的影响存在递减趋势，从第三年开始，生产率对企业出口持续的影响不再显著。综上所述，我们提出本章待验证的理论假说2。

假说2：进口产品质量对企业性别工资差距的影响主要体现在短期，长期来看效果并不显著。

---

[1] D.J.Young，"Creating a Low-anxiety Classroom Environment：What does Language Anxiety Research Suggest?"，*The Modern Language Journal*，Vol.75，No.4，1991.

[2] 金祥荣、刘振兴、于蔚：《企业出口之动态效应研究——来自中国制造业企业的经验：2001—2007》，《经济学（季刊）》2012年第3期。

[3] 张杰、李勇、刘志彪：《出口促进中国企业生产率提高吗？——来自中国本土制造业企业的经验证据：1999—2003》，《管理世界》2009年第12期。

[4] 叶宁华、包群、张伯伟：《进入、退出与中国企业出口的动态序贯决策》，《世界经济》2015年第2期。

关于产品种类与社会福利的关系研究可追溯到希克斯（Hicks，1940）[1]，他认为当市场产生对新产品的需求时，会导致该产品的保留价格与实际价格出现偏差，该偏差度量了由新产品引入所导致的消费者福利增加或企业生产率水平提升。克鲁格曼（Krugman，1979）[2]在新贸易理论中也明确指出，贸易自由化导致产品种类增加是贸易利得的重要来源。但就进口产品种类对劳动者收入的影响而言，我们认为，二者的关系是不确定的。一方面，进口新产品中包含的新知识、新技能会增加对高技能劳动力的需求，从而扩大技能工资溢价；另一方面，企业进口的新产品越多，越有可能对国内企业所生产的类似产品产生挤出效应，从而在一定程度上降低企业技能工资溢价。因此，进口产品种类对企业性别工资差距的影响取决于上述两种效果相互抵消后的净效应，导致进口产品种类对性别工资差距的影响是不确定的。针对中国企业数据的检验发现，进口产品质量与企业进口种类之间存在显著的正相关关系，即进口产品质量越高的企业，越趋向于进口更多种类的产品。而内生增长理论指出，新产品通过技术溢出和成本节约可以显著提升企业生产率水平（Romer，1994）[3]。得益于生产率水平提升，企业会相应增加对高技能劳动力的需求，减少对低技能劳动力的需求，从而扩大企业性别工资差距。从这个层面上讲，产品种类会对进口产品质量影响企业性别工资差距产生正向的调节作用。基于上述分析，我们提出本章待检验的理论假说3。

假说3：进口产品种类对企业性别工资差距的影响是不确定的，但产品种类会对进口产品质量影响企业性别工资差距产生正向的调节作用，即企业进口种类越多，进口产品质量对企业性别工资差距的影响越大；进口种类越少，进口产品质量对企业性别工资差距的影响越小。

新产品或者现有产品的新种类是诸多国际贸易和经济增长模型中贸易利得的重要来源。贸易开放能为国内企业提供更多便宜和能供使用的中间投入品，促使国内企业放弃某些非核心产品，专注于核心产品的生产，这种企业内的资源重置将提高国内企业生产率（Amiti 和 Konings，2007）[4]。进

---

[1]　J.R.Hicks,"The Valuation of the Social Income", *Economica* , Vol.7, No.26, 1940.

[2]　P.R.Krugman," Increasing Returns, Monopolistic Competition, and International Trade", *Journal of International Economics* , Vol.9, No.4, 1979.

[3]　P.M.Romer, "The Origins of Endogenous Growth", *Journal of Economic Perspectives* , Vol.8, No.1, 1994.

[4]　M.Amiti, J.Konings, "Trade Liberalization, Intermediate Inputs, and Productivity: Evidence from Indonesia", *American Economic Review* , Vol.97, No.5, 2007.

口新产品能降低企业创新成本,促使企业不断推陈出新,而新产品蕴含的新技术、新技能通过技术溢出被国内企业消化吸收,也能进一步提高企业的研发创新能力(Broda 和 Weinstein,2006)①。因此,对于多产品进口企业而言,新进口产品的质量或质量变化,通过生产率效应和创新效应将提高企业性别工资差距。但对于持续型进口产品和即将退出进口市场的产品而言,进口质量通过资本—技能互补提高企业性别工资差距的同时,由于进口产品中的知识和技能要素已经被国内企业充分吸收,因而通过技术溢出对企业的劳动力技能结构影响有限。更为重要的是,在我国不完全的劳动力市场中,价格黏性、工资刚性等广泛存在,导致当外部冲击发生时,劳动力市场不能在短期内迅速调整以实现市场出清。但对于持续型和退出型产品而言,由于进口已经持续了一段时间,企业可以通过调整雇佣结构或雇佣规模降低外生变量冲击对国内劳动力市场的影响。基于此,我们提出本章待检验的理论假说4。

假说4:对于多产品进口企业而言,新进口产品的质量或质量变化将提高企业的性别工资差距,但持续型和退出型进口产品的质量或质量变化对企业工资溢价的影响并不确定。

第二节　模型设定、指标测算与数据描述

一、模型设定及变量说明

本章主要考察企业进口产品质量如何影响内部员工性别工资差距,因而建立以下计量方程:

$$wag\_gap_{it} = \alpha + \beta quality_{it} + X_{it} + \lambda + \delta + \sigma + \varepsilon_{it} \qquad (3-1)$$

其中,i 表示企业,t 表示年份;wag_gap 表示企业的性别工资差距;$quality$ 是本章的核心解释变量,代表企业进口产品质量;X 为其他控制变量;λ 表示时间固定效应,度量企业不随时间变化的特征要素;δ 和 σ 为行业和地区固定效应;ε 为残差项。

(一) 进口产品质量

对于进口产品质量的测算,本章主要参照杰维斯(Gervais,2009)②的方

① C.Broda,D.E.Weinstein,"Globalization and the Gains from Variety",*The Quarterly Journal of Economics*,Vol.121,No.2,2006.

② A.Gervais,*Product Differentiation in International Trade*,University of Maryland,College Park,2009.

法,构建以下测算公式:

$$\ln q_{imt} = (\sigma - 1) \ln P_{mt} - \sigma \ln p_{imt} + (\sigma - 1) \ln \lambda_{imt} \qquad (3-2)$$

其中,下标 i、m、t 分别表示企业、进口来源国和年份,λ 表示企业进口产品质量,P 为产品综合价格指数,p 为产品 i 的进口价格,q 为产品 i 的进口数量。式(3-2)是在产品层面进行回归,综合价格指数 P 用时间虚拟变量表示,将产品质量作为残差项处理。

根据坎德瓦尔(Khandelwal,2010)的结论,市场规模是影响产品质量的重要因素,当控制产品价格时,市场规模越大,产品质量也越高。在坎德瓦尔(Khandelwal,2010)的实践基础上,我们将来源国的人口加入到式(3-2)中,用来控制市场的规模以及在企业层面的产品类型。因此,计量方程进一步转化为:

$$\ln q_{imt} = (\sigma - 1) \ln P_{mt} - \sigma \ln p_{imt} + \gamma \ln pop_{mt} + (\sigma - 1) \ln \lambda_{imt} \quad (3-3)$$

需要特别指出的是,在式(3-3)中,因为产品的质量 λ 会影响对产品的需求 q,因此测量残差与被解释变量之间的相关性会导致模型的内生性问题。在前人研究的基础上,我们通过构造合适的工具变量进行 2SLS 回归来减轻内生性问题的影响。借鉴阿米蒂等(Amiti 等,2013)[1]的做法,本章选择单位运输成本作为产品价格的工具变量,其中运输成本=地理距离×油价。对上述问题进行处理后,通过对式(3-3)的回归结果,我们将企业进口产品质量定义为:

$$qI_{imt} = \ln \widehat{\lambda}_{imt} = \frac{\widehat{\varepsilon}_{imt}}{(\sigma - 1)}$$

$$= \frac{(\ln q_{imt} - \ln \widehat{q}_{imt})}{(\sigma - 1)} \qquad (3-4)$$

式(3-3)中的回归结果可以得到产品层面的质量,经过标准化、加权处理之后,得到最终的企业层面的质量。

(二) 企业性别工资差距

对于性别工资差距,本章主要借鉴陈等(Chen 等,2013)[2]的做法,利用工业企业数据库中企业员工的性别结构和相关财务指标对下式进行回归分析,得到相应参数。

$$W\widehat{gap}_{ijt} = \widehat{\alpha}_{jt} + \widehat{\beta}_{jt} \pi_{ijt} \qquad (3-5)$$

---

① M. Amiti, A.K. Khandelwal, "Import Competition and Quality Upgrading", *Review of Economics and Statistics*, Vol.95, No.2, 2013.

② B. Chen, M. Yu, Z. Yu, "Wage Inequality and Input Trade Liberalization: Firm-Level Evidence from China", *Working Paper*, 2013.

由于 1998—2003 年工业企业数据库中没有包含企业分性别员工数量的信息,因而把样本区间限定在 2004—2007 年。其中,男性员工份额 θ_{ijt} 用男性员工人数除以企业年末就业总人数来表示;企业的盈利能力 π_{ijt} 用营业利润/营业收入来表示;员工的收入除工资外,还应该包括补贴、年终奖等福利性收入,因而,本章用(企业年末应付总工资+年末应付总福利)/企业年末就业人数表示企业的平均工资 w_{ijt}。

（三）其他控制变量

回归方程(3-1)中的控制变量主要包括企业微观变量和城市宏观变量,具体包括:(1)企业的劳动生产率(lnltfp),用企业的工业增加值与年末从业人员之比表示,该指标反映了企业的生产技术水平。提高劳动生产率表示一个企业单位劳动投入能够产生更多的经济产出,这也使为工人提供更高的回报成为可能;(2)企业年龄(age),用企业所处年份减去企业成立年份来表示,该指标反映了企业成立时间的长短。要素市场摩擦不仅影响资源配置的效率,还会影响企业的进入退出决策,从而间接影响全要素生产率。本章用成立年限从侧面反映企业进入退出状态,判断其对企业内部工资差距的影响;(3)企业出口密集度(exra),用企业出口交货值与工业销售总额之比来表示,该指标能够反映出企业出口的规模或者对国际市场的依赖程度。出口商有机会获得国际先进的技术、信息和管理经验。通过出口的学习效应,企业的生产率可以得到提升;(4)资本劳动比(K/L),是企业资产总额与年末从业人数的比值,可以反映企业给单个劳动力配置的资本量。生产企业最优资产配置结构会随着资源禀赋变化和要素价格波动发生变化,国际贸易下要素流动和要素替代更加频繁,最终改变要素的边际产出;(5)企业资产负债率(debt),该指标反映企业的资产结构。大量研究已证实企业资产结构会对企业成长机会、产品市场竞争策略、员工需求等产生显著影响,通过这些途径也会影响员工的工资水平;(6)企业所有制(ownership),0 代表其他企业,1 代表国有企业,2 代表集体企业①,3 代表国内个体私营企业,4 代表外资企业;(7)城市经济发展水平(gdp_city)。经济发展程度更高的城市能更充分汇集优势资源,给当地居民提供大量就业机会和更高的报酬,本章用城市人均 GDP 来衡量;(8)城市人力资本水平(edu)。随着一个城市的人力资本水平越高,对外直接投资的规模也就越大,生产的技术水平也会越来越高,从而更有可能支付给员工高工资。本章选用城市人均受教育年限来衡量;(9)城市基础设施建设水平(lnroad)。完善的城市基础设施有

---

①　为了研究需要,文中也会将国有企业和集体企业视为公有制企业。

助于吸引企业和高质量劳动者集聚,通过知识外溢和市场竞争,会对劳动者收入产生影响。本章用城市辖区人均铺装道路面积来衡量。

二、数据来源及变量描述

(一) 数据来源

本章主要使用三套数据来考察进口产品质量对企业性别工资差距的影响,包括企业级的生产数据、产品级的海关贸易的数据、城市级的相关宏观数据。通过海关数据可以直接估算出每一种进口产品的质量,但由于我们关心的是企业内部性别工资差距,因而需要把产品层面的质量加总到企业层面。最后将加总的企业进口产品质量和城市变量匹配到企业数据中。城市层面的数据主要来自历年各省(自治区、直辖市)统计年鉴、城市统计公报、《中国城市统计年鉴》和《中国区域统计年鉴》,对于个别城市缺失的数据则用临近年份的数据折算或当年城市所在省份经济水平接近的其他城市数据来代替。

1. 企业层面的生产数据

本章使用的企业数据为2000—2007年中国工业企业数据库,其中包含所有国有企业和总产值高于500万元的非国有企业。根据研究的需要,我们遵循了芬斯特拉等(Feenstra 等,2011)①的方法,并相应地处理了数据。

2. 产品层面的海关数据

中国海关总署报告了2000—2006年的产品级交易的月度数据。每年报告的产品进出口信息由2000年的1000万条,增加到2006年的1600万条。对于每一种产品,数据分别报告了三类信息:一是企业公司的基本信息,如企业公司的名称、海关编码、所在城市名称、邮政编码、电话、企业所有制等;二是关于贸易数量的相关信息,如贸易额、贸易状态(出口/进口)、产品数量、交易单位等;三是贸易模式的相关信息,如出口目的国或进口来源国、贸易类型(加工贸易/一般贸易)、运输方式(海运/卡车/航空/邮政)、是否途经第三国等。

为了测算产品质量,我们需要从海关数据中提取产品出口价值量、出口数量指标,计算产品的出口价格,然后对相应的计量方程进行回归。由于海关数据中也存在样本缺失、指标异常、测量误差等问题,我们需要预先进行处理,处理的步骤主要参照施炳展和曾祥菲(2015)的做法。

---

① R.C.Feenstra,H.L.Kee,"Trade Liberalization and Export Variety:A Comparison of Mexico and China",World Bank,2011.

3. 数据匹配

尽管两套数据包括了丰富的信息,但将它们匹配到一起仍然是一项烦琐的工作。在处理过程中也会遇到很多细节问题,如虽然两套数据中都包括企业编码,但所采用的却不是相同的编码制度,企业数据中代码是 9 位,但海关数据中企业编码却是 10 位;虽然两套数据中都包括企业的电话号码,但企业数据库中的电话号码包括区号以及连接区号和电话号码的小短线,而这些在海关库中却没有。同时,海关库中某些城市在原有的 7 位电话号码基础上增加了新的位数。因而,简单使用电话号码进行匹配会造成大量样本遗失。

具体到企业数据库和海关数据库匹配的方法选择上,我们主要借鉴田巍和余淼杰(2013)①的做法。首先,根据企业的名称和年份匹配,如果同一年两个数据库中两家企业名字相同,我们认为这两家企业实际上为同一家企业。其次,我们按照企业的邮政编码和电话号码后七位进行匹配,作为上述方法的补充。虽然这种方法很直观,但在实际操作上有很多困难。因此,我们利用电话号码的后七位作为企业认证的近似。为保证匹配得到更多的企业样本,我们同时利用两种方法进行匹配,只要企业通过任何一种方法匹配成功,我们就将其纳入合并数据中。最后,我们得到 2004—2007 年成功匹配的企业样本 57063 个,数量占全部进口企业的 30%,进口金额占进口总额的 27%。

(二) 变量描述统计

表 3-1 报告了企业是否是连续型进口企业样本的变量描述性统计。从中可以看出,连续型进口企业的平均进口产品质量要显著优于非连续型进口企业,平均的性别工资差距也要比非连续型进口企业高 0.188 元。同时,为了从产品层面揭示企业的进口动态变化,表 3-1 还报告了两类企业的进口产品种类的区别,结果发现,无论是否为进口产品种类总量,还是区分贸易方式或产品类型的进口种类,连续型进口企业也显著多于非连续型进口企业。这也基本符合我们的预期,非连续型进口企业的进口多是特殊条件下的偶然性行为,如国内市场不能生产或短时期内供给困难,或基于特定合同下的海外采购,因而进口产品种类较少;连续型进口企业海外市场经验丰富,对目标市场、潜在供应商、进出口环节等更加熟悉,因而对海外市场和国内市场的一体化认同更深,而不仅仅是将海外市场视为国内市场的补充。

---

① 田巍、余淼杰:《企业出口强度与进口中间品贸易自由化:来自中国企业的实证研究》,《管理世界》2013 年第 1 期。

其他变量的样本均值检验结果也大致符合我们的预期:连续型进口企业的生产率、企业年龄、出口密集度显著高于非连续型出口企业;连续型出口企业的资本密集度更高,且负债率明显低于非连续型出口企业;连续型进口企业中外企和私企的比例更高;连续型出口企业所在城市的经济发展和人力资本情况也要明显好于非连续型企业所在的城市。

表 3-1　按企业进口状态划分的样本描述性统计

指标分类　　　　自变量	各主要变量描述性统计指标				
	连续进口企业		非连续进口企业		均值检验
	均值	标准差	均值	标准差	T 检验
企业性别工资差距	14.677	2.316	14.489	2.424	9.79***
进口产品质量	0.497	0.176	0.451	0.191	31.36***
企业生产率	4.212	1.11	4.127	1.091	9.36***
企业年龄	9.961	7.104	8.706	7.472	21.21***
出口密集度	0.453	0.403	0.413	0.414	11.98***
资本密集度	3.984	1.417	3.836	1.417	5.96***
资产负债率	0.543	0.261	0.566	0.293	-10.44***
所有制	3.53	0.745	3.392	0.731	22.67***
进口产品种类	11.04	18.095	5.86	12.331	37.96***
一般贸易进口种类	5.37	15.068	2.69	9.715	23.71***
加工贸易进口种类	5.62	12.598	3.11	8.551	26.39***
进口中间品种类	5.47	10.349	2.87	6.947	33.29***
进口资本品种类	1.194	4.025	0.829	2.814	11.98***
进口消费品种类	0.142	1.092	0.115	0.775	3.31***
城市人均 GDP	10.574	0.526	10.521	0.559	10.66***
城市人均受教育年限	8.596	0.917	8.476	0.814	16.39***
城市基础设施	8.456	0.917	8.565	0.844	-14.75***
样本量	40811		16252		

注:表中的企业生产率、资本密集度、城市人均 GDP、城市基础设施都已经过取对处理;***、**、*分别表示在 1%、5%、10%的水平上显著。

三、内生性问题及其处理

内生性是导致模型估计有偏和不一致的重要原因,本章计量模型的内生性主要来自两个方面:第一,进口产品质量与工资互为因果。一方面,进口高质量商品中包含的先进技术、信息等通过技术溢出被国内企业模仿、吸收,从而提升国内企业生产率,这为提高员工的工资水平提供了可能。同时,进口的垂直差异化产品会对劳动力市场产生有偏的选择效应,如高质量进口品可能需要高技能劳动力与之匹配,这种劳动力市场的偏向选择将会导致收入水平在不同的劳动群体中产生分化。另一方面,工资上涨会增加国内消费者对高质量产品的需求,然而为了生产高质量的产品,企业通常需要进口高质量的投入品。此外,高工资会激励企业进行技术创新,采用先进技术提升企业劳动生产率,这也会促使企业进口高质量的产品。其次,进口产品质量对工资的影响还可能存在遗漏变量的问题。例如,进口商品的质量和从业人员的工资水平与地区经济发展水平密切相关。一个城市的经济发展水平越高,其进口产品质量和居民收入也相对较高,这会导致进口产品质量对收入的影响被高估。虽然我们控制了城市人均 GDP 等城市信息,但理论上依然可能存在未被观测到的遗漏变量,如长三角地区的收入水平远高于珠三角地区,且存在明显差异,两个地区收入状况的差异与企业结构等制度性因素有关,但这种制度性因素很难用实际数据有效度量,因而可能产生遗漏变量的问题。

处理内生性问题的一个基本办法是寻找合适的工具变量,对工具变量的要求是与进口产品质量密切相关但独立于企业性别工资差距,通过且仅通过内生变量(进口产品质量)对被解释变量(企业性别工资差距)产生影响。经典的林德(Linder,1961)[1]假说认为,一国企业主要生产符合本国主体偏好的商品,并将这些商品出口到接近该国消费偏好的国家。许多学者已经证实了,国家的收入水平与本国出口的产品质量之间存在显著的正向相关关系:在国际分工垂直专业化的情况下,发达国家和发展中国家同时出口同类型产品时,发达国家出口的产品单位价值一般更高(Schott 和 Hallak,2008)[2];当一个国家同时从不同国家进口产品时,高质量的产品通常也是从高收入国家进口的,因为高收入国家的消费水平相对较高,因此更偏好高质量的产品(Bils 和 Klenow,2001)[3]。另外,似乎很难找到证据证实进口国的收入水平与中国企业的性别薪酬差距直接相关。

---

[1] S.B.Linder,*An Essay on Trade and Transformation*,Stockholm:Almqvist & Wiksell,1961.

[2] P.K.Schott,J.C.Hallak,"Estimating Cross-Country Differences in Product Quality",*National Bureau of Economic Research*,2008.

[3] M.Bils,P.J.Klenow,"Quantifying Quality Growth",*American Economic Review*,Vol.91,No.4,2001.

具体而言,本章选择进口来源国的人均 GDP 作为进口产品质量的工具。由于实证模型中进口产品质量和性别工资差距都是企业层面的,因而要求作为工具的进口来源国人均 GDP 也需要企业层面的。本章计算企业层面进口来源国人均 GDP 的方法如下:

$$per\_gdp_{it} = \sum_{j \in \Theta} \frac{value_{ijt}}{value_{it}} \times GDP_{jt} \tag{3-6}$$

其中,i 表示企业,j 表示国家,t 表示年份,Θ 表示企业当年所有进口来源国的集合;per_gdp 表示企业层面的人均 gdp 水平,GDP 表示进口来源国的 GDP 水平;$value$ 表示企业的进口金额,因而 $\frac{value_{ijt}}{value_{it}}$ 表示企业 i 第 t 年从 j 国进口金额占其当年所有进口额的权重。

当然,好的工具变量可遇而不可求。为了保证本章回归结论的有效性,我们还在以下几方面作出改进:首先,我们改变产品质量的测算方式,除本章的测算方法以外,我们还分别使用产品单位价格代替产品质量,并借鉴了施炳展(2015)和坎德瓦尔(Khandelwal,2010)的测算方法,重新对进口产品质量进行了测算。其次,在稳健性检验部分,我们更换了工具变量,分别利用本企业外同一地区该行业其他企业的平均进口质量、企业进口产品质量滞后期作为进口产品质量的工具变量。最后,为保证工具变量的有效性,我们使用多种方法对过度识别和弱工具等问题进行检验,而固定效应模型和时间、行业、地区控制变量的引入,也能够在一定程度上降低由某些自然条件、历史条件及外生政策冲击导致的模型偏误。

第三节　进口产品质量及其动态影响性别工资差距的实证研究

一、基　准　回　归

我们分别使用普通最小二乘法和固定效应模型对回归方程(3-1)进行估计,具体的回归结果汇总在表3-2中。在列(1)和列(3)中,当我们不考虑企业层面和城市层面控制变量,只考虑企业进口产品质量和时间、行业、地区固定效应时,我们发现,进口产品质量显著扩大了企业内部性别工资差距,理论假说 1 得到验证;在列(2)和列(4)中,我们分别加入企业层面控制变量和城市层面控制变量,发现进口产品质量依然显著扩大了企业内部性别工资差距,但系数变小,说明企业层面变量和城市层面变量吸收了部分对企业性别工资差距的影响,导致进口产品质量对性别工资差距的边际效应相对减小。具体来说,企业资本劳动比、资产负债率、所有制因素与性别工资差距呈显著负相关关系;企业劳动生产率与性别工资差显著正相关,企业成立年限与性别工资差距的关系不显著。一个有趣的结论是城市层面变量对企业性别工资差距的影响在不同模型中表现不一致。我们认为这可能与城市影响工资收入的机制有关。一是城市人力资本的积累和基础设施的完善为经济发展创造了良好的条件,从而促进了经济的增长,经济增长带动了工资的相应上涨。二是城市基础设施的完善,公共服务水平的提高。它带来的便利和舒适是城市生活效用的一部分,可以用来伪装和减少部分工资收入,作为对城市基础设施和公共服务的支付。因此,城市层面变量对工资的作用取决于上述两种机制作用的净效应。由本章的结果来看,城市因素对企业内部性别工资差距的影响在各模型中表现不尽一致。

列(5)和列(6)分别报告了普通最小二乘法和固定效应模型中使用工具变量的二阶段最小二乘法(2SLS)回归结果。我们发现,使用工具变量后,进口产品质量依然对企业内部性别工资差距产生显著的正向影响,且这一结果在考虑企业特性和城市特性的情况下依然成立。就其他变量而言,无论是系数大小,还是显著性水平,在使用工具变量后均没有发生根本性改变。这些都进一步说明了本章回归结果的稳健性。为了提高工具变量的可信度,我们还用一系列统计指标对工具变量的质量进行了判定:克勒贝格—帕普拉格朗日乘子统计量(Kleibergen-Paaprk LM)拒绝了模型可能存在识别不足的假设;克拉格—唐纳德—瓦尔德统计量(Cragg-Donald Wald F 值)统计上高度显著,则有力拒绝了原模型的弱识别假设。

表 3-2　基准回归

回归系数 ＼ 自变量	各解释变量核心回归系数					
	(1)	(2)	(3)	(4)	(5)	(6)
	OLS	OLS	FE	FE	OLS+IV	FE+IV
quality	0.869*** (−17.54)	0.315*** (−6.98)	0.266*** (−3.65)	0.204*** (−2.96)	1.091*** (−4.7)	0.711** (−2.05)
ln*ltfp*	—	0.999*** (−80.24)	—	0.927*** (−38.44)	0.981*** (−73.51)	0.924*** (−52.63)
age	—	(0.001) (−0.92)	—	0.005 (−1.03)	(0.001) (−1.22)	0.005 (0.850)
exra	—	−0.213*** (−7.79)	—	(0.026) (−0.34)	−0.187*** (−6.57)	(0.024) (−0.39)

续表

回归系数 自变量	各解释变量核心回归系数					
	（1）	（2）	（3）	（4）	（5）	（6）
	OLS	OLS	FE	FE	OLS+IV	FE+IV
K/L	—	-0.367*** (-37.39)	—	-0.410*** (-13.90)	-0.375*** (-37.03)	-0.409*** (-18.30)
$debt$	—	-2.576*** (-38.30)	—	-1.721*** (-12.81)	-2.573*** (-38.34)	-1.732*** (-22.26)
$ownership$	—	-0.082*** (-6.29)	—	-0.050* (-1.73)	-0.100*** (-7.13)	-0.051* (-1.88)
gdp_city	—	-0.109*** (-4.79)	—	0.131 (-1.11)	-0.123*** (-5.33)	0.140 (-1.31)
edu	—	-0.127*** (-11.58)	—	0.241*** (-2.67)	-0.137*** (-12.09)	0.238*** (-2.77)
$lnroad$	—	(0.016) (-1.45)	—	0.064*** (-3.92)	(0.016) (-1.46)	0.064*** (-4.4)
时间控制	是	是	是	是	是	是
行业控制	是	是	是	是	是	是
地区控制	是	是	是	是	是	是
常数项	15.830*** (-6.95)	15.893	16.390*** (-21.15)	4.703*** (-2.96)	16.239*** (-14.77)	—
克勒贝格—帕普拉格朗日乘子统计量	—	—	—	—	1903.609	1047.162
克拉格—唐纳德—瓦尔德统计量	—	—	—	—	2314.861	1087.942
N	57063	57063	57058	57058	57063	41961
调整的 R^2	0.033	0.235	0.007	0.123	0.231	(0.381)
F	51.903	—	—	—	242.621	79.775

注：克勒贝格—帕普拉格朗日乘子统计量和克拉格—唐纳德—瓦尔德统计量分别为工具变量的识别不足检验和弱工具检验，都通过了1%显著性水平的稳健性检验；***、**、*分别表示在1%、5%、10%的水平上显著。

二、基于企业进口动态的分析

（一）区分企业进口模式

与出口类似，企业进口增长同样也主要沿两个方向变动：一是由企业进入退出引发的进口变动，即扩展边际；二是由存续企业改变进口规模引发的进口变动,即集约边际。因为我们的研究是结合海关数据和企业数据,所以无法观察到从对外贸易退出转向纯内销的企业,也无法观察到企业因为成立或倒闭而进入或退出市场的情形。为了应对这个质疑,我们需要对企业的进口模式进行严格界定。本章将进口企业分为五类:一是持续进口企业,2004—2007 年都进口的企业;二是新进入企业,开始年份不进口,某年开始进口,一直持续到 2007 年依然进口的企业;三是退出企业,某年进口,如果退出,一直到 2007 年都不再进口的企业;四是间断型进口企业,企业退出进口市场后隔几年又进口的企业;五是其他企业,将没有归为上述四种类型的企业定义为其他企业。

表 3-3　区分进口模式的二阶段最小二乘回归结果

回归系数＼自变量	各解释变量核心回归系数				
	持续进口（1）	新进入（2）	退出（3）	间断型进口（4）	其他（5）
quality	0.488（−1.14）	1.432 *** （−3.61）	1.568 ** （−2.39）	0.824（−1.21）	1.479 ** （−2.18）
常数项	14.191 *** （−26.74）	14.140 *** （−21.39）	18.234 *** （−26.86）	17.005 *** （−17.89）	14.997 *** （−10.03）
企业层面	是	是	是	是	是
城市层面	是	是	是	是	是
控制变量	是	是	是	是	是
拉格朗日乘子统计量	398.522	766.633	237.835	229.141	247.250
瓦尔德 F 统计量	607.372	904.154	289.719	255.095	257.392
N	13000	20000	8587	5739	9063
调整的 R^2	0.244	0.232	0.217	0.242	0.209
F	74.002	85.346	45.788	100.379	33.612

注:限于文章篇幅,笔者简化了回归结果。其中,企业层面变量包括企业劳动生产率($\ln ltfp$)、企业年龄(age)、出口密集度($exra$)、资本劳动比(K/L)、资产负债率($debt$)和所有制($ownership$);城市层面变量包括城市人均 GDP(gdp_city)、城市人均受教育年限(edu)和城市人均铺装道路面积($lnroad$);主要控制变量包括时间、行业和地区控制变量。

　　不同进口模式下进口产品质量对企业内部性别工资差距的回归结果汇总在表 3-3 中,由于前文已经反复论证了计量方程的内生性及工具变量的有效性,本节直接报告了二阶段最小二乘法的回归结果。由表 3-3 可以看出,进口产品质量对企业内部性别工资差距的影响在不同的进口模式下存在显著差异:对于持续型和间断型进口企业而言,虽然进口产品质量对性别工资差距的影响为正,但不显著;新进入和退出企业中,企业进口产品质量却显著扩大了性别工资差距,这与基准回归结果一致,且相对于新进入企业,进口产品质量对退出企业的性别工资差距影响更大。因为分类的缘故,本章的新进入企业和退出企业多只进口一年或连续两年,持续进口企业则是连续四年都进口的企业。因而,新进入和退出企业主要反映进口产品质量影响性别工资差距的短期效应,持续进口企业则主要反映中长期效应。对于不同时期下进口产品质量对企业性别工资差距的影响差异,我们认为可以从企业面对外部冲击的调整能力进行解释。短期来说,进口产品质量差异化产品会强化与国内企业之间的竞争,竞争压力促使企业采取不同的方式进行应对:高生产率企业通常会通过提升价格、质量和成本加成的办法来应对,低生产率的企业由于自身调整能力所限,很多会直接退出市场。同时,因为竞争改变企业进入市场的生产率及边际成本阈值,会导致一批新企业进入市场,企业频繁进入退出会对劳动力市场直接产生影响:短期内劳动力市场不能进行充分调整以平复外部冲击造成的就业波动,因而能够影响企业内部性别工资差距;但就长期来看,企业因竞争引发的优胜劣汰趋于平稳,在位企业能充分调整自身的组织结构及生产能力,因而劳动力市场整体呈竞争性均衡,因进口质量外生冲击造成的企业性别工资差距变动也趋于稳定。

（二）企业的进口存续时间

前文证实,进口产品质量影响企业性别工资差距的即期效应及中长期效应在不同进口模式下具有显著差异。本节沿着该思路继续深入,以市场上拥有不同进口存续时间的企业为考察对象,分析其进口产品质量对性别工资差距的影响。与出口市场类似,企业进入进口市场同样需要支付一定的沉没成本,这一成本既包括运输成本、通关成本等常规成本,也包括挑选合适的进口产品、合适的贸易对象所支付的信息收集成本,因而新进入进口市场的企业通常需要支付较高的初始进入成本。但当企业成功进入进口市场以后,其前期积累的市场信息收集经验及营销网络等能方便地继承下来,从而使企业维持进口的成本低于初次进入的成本。在这种情况下,两家企业即使进口产品的质量相同,因为存续时间不同,可能最终支付给员工的工资也不同。

表 3-4　考虑企业进口存续时间差异的二阶段最小二乘回归结果

回归系数 自变量	各解释变量核心回归系数							
	T = 1	T = 2	T = 3	T = 4	第一年	第二年	第三年	第四年
	(1)	(2)	(3)	(4)	(5)	(6)	(7)	(8)
quality	0.920* (−1.71)	1.366** (−1.97)	0.903 (−1.53)	(0.104) (−0.20)	1.424*** (−4.24)	0.982** (−2.23)	0.947* (−1.65)	0.766 (−0.89)
常数项	17.639*** (−12.52)	—	—	—	16.139*** (−14.56)	14.341*** (−22.06)	15.327*** (−20.62)	14.135*** (−12.61)
企业层面	是	是	是	是	是	是	是	是
城市层面	是	是	是	是	是	是	是	是
控制变量	是	是	是	是	是	是	是	是
拉格朗日乘子统计量	413.968	254.132	378.850	428.315	1006.368	527.647	261.548	96.405
瓦尔德 F 统计量	420.597	261.987	392.714	445.448	1133.749	672.780	353.167	136.462
观测数	15096	14171	14376	13415	30326	15232	8146	3354
调整的 R^2	0.213	(0.792)	(0.319)	(0.151)	0.220	0.229	0.267	0.245
F	53.225	21.725	33.146	38.172	828.589	754.482	83.030	31.490

注:T 表示企业进口存续时间。

　　为了体现不同存续时间下进口产品质量对企业内部性别工资差距的影响,本章依据企业在进口市场上的存续时间对企业进行两种划分:一是按存续时间长短将企业分为四类(T=1/2/3/4);二是考虑企业存续时间的时序问题(第一年/第二年/第三年/第四年)。[①] 具体的回归结果报告在表 3-4 中,列(1)—列(4)是不同进口存续时间的二阶段最小二乘回归结果,列(5)—列(8)是企业在存续时间上不同时序的回归结果。从中可以看出,进口产品质量对企业内部性别工资差距的正向影响依然存在,但在不同存续时间上的表现不尽一致,对于存续时间较短的企业而言,进口产品质量确实扩大了企业性别工资差距,但对于存续时间较长的企业,该效用并不显著。列(5)—列(8)的结果更加明显,不仅进口产品质量的系数在减小,其显著性也不断减弱,进一步说明随着存续时间推移,企业进口产品质量对性别工资差距的影响在减弱。该结果与表 3-8 的结果基本一致,说明企业因进口

──────────

[①]　如有两个企业,企业 1 在 2004—2007 年都进口,企业 2 只有 2004 年和 2006 年进口。我们将企业 1 和企业 2 的 2004 年作为第一类样本,视为第一年;将企业 1 的 2005 年和企业 2 的 2006 年作为第二类样本,视为第二年,以此类推。但就存续时间而言,两个企业在不同的分类中,企业 1 为 4 年,企业 2 为 2 年。

产品质量引起的性别工资差距变动主要发生在短期,长期内并不明显。

（三）滞后效应检验

表 3-3 的结果有助于我们更好地理解不同进口模式下企业进口产品质量与性别工资差距的关系,但遗憾的是,我们依然不清楚其中的作用机制。对持续进口企业而言,其先前的经验可能通过两种路径对企业当期进口决策产生影响:一是进口行为本身,如企业是否进口、进口存续时间长短等,这些因素可以通过降低企业进口固定成本而影响企业利润,进而影响员工工资水平;二是与本章主题密切相关的进口产品质量。首先,技术复杂性决定了企业生产过程可能难以在当期全部完成,如当期进口中间品可能在后一期才能加工组装成最终品,或者某些复杂的进口机器、设备等需要经过长时间的安装、调试以及对操作人员的培训才能投入到最终品的生产中,这些都说明企业当期的进口产品质量可能对以后的企业绩效产生影响。其次,企业当期可能因为进口高质量产品而获益,这可能使企业形成对高质量进口产品的路径依赖,导致以后各期企业的进口决策也都集中在高质量产品上。针对上述两种情形,本节分别进行了两种滞后效应的检验:一是将企业进口产品质量的滞后项加入回归模型中,确认其是否对当期企业性别工资差距产生影响(第一种滞后效应);二是考察企业前期进口行为是否对当期性别工资差距有影响,分别从是否进口以及进口存续时间两个维度来展开,具体方法是在回归模型中加上进口产品质量与它们各自的交互项(第二种滞后效应)。

表 3-5　两种滞后效应的 2SLS 回归结果

回归系数 自变量	各解释变量核心回归系数							
	第一种滞后效应				第二种滞后效应			
	(1)	(2)	(3)	(4)	(5)	(6)	(7)	(8)
quality	1.091*** (-4.7)	1.379*** (-2.68)	1.314 (-1.59)	0.828 (-0.55)	1.514*** (-4.44)	1.224*** (-2.8)	1.345*** (-4.44)	0.938** (-2.29)
L.quality	—	-0.657** (-2.27)	-0.47 (-1.26)	0.165 (-0.27)	—	—	—	—
L2.quality	—	—	-0.192 (-0.82)	-0.016 (-0.04)	—	—	—	—
L3.quality	—	—	—	-0.317 (-0.98)	—	—	—	—
quality× import	—	—	—	—	-0.857* (-1.92)	-0.953** (-2.39)	—	—

续表

回归系数 自变量	各解释变量核心回归系数							
	第一种滞后效应				第二种滞后效应			
	（1）	（2）	（3）	（4）	（5）	（6）	（7）	（8）
import	—	—	—	—	0.282 （-1.4）	0.376** （-2.07）	—	—
quality× *duration*	—	—	—	—	—	—	-0.32 （-1.45）	-0.296 （-1.40）
duration	—	—	—	—	—	—	0.086 （-0.81）	0.093 （-0.73）
常数项	16.239*** （-14.77）	14.342*** （-24.77）	14.504*** （-19.51）	14.176*** （-12.23）	16.095*** （-14.55）	—	16.167*** （-14.63）	—
企业层面	是	是	是	是	是	是	是	是
城市层面	是	是	是	是	是	是	是	是
控制变量	否	否	否	否	是	是	是	是
拉格朗日乘子统计量	1903.609	482.238	170.258	53.475	1056.01	616.963	1420.558	568.965
瓦尔德 F 统计量	2314.861	673.505	252.335	74.42	1010.119	527.979	1091.441	531.171
观测数	57058	24289	11647	3354	56788	41703	56788	41703
调整的 R^2	0.231	0.234	0.257	0.245	0.23	-0.387	0.23	-0.384
F	242.621	466.78	66.829	29.476	245.144	89.055	242.543	28.374

注：*import* 表示企业之前是否有过进口行为，1 代表有，0 代表没有；*duration* 表示企业之前进口行为
的持续时间。

表 3-5 中的列（1）—列（4）报告了第一种滞后效应检验的回归结果。当不加入滞后期时，进口产品质量与企业性别工资差距呈显著的正相关关系，这与基准回归结果一致。列（2）加入进口产品质量的滞后一期，进口产品质量本身依然与性别工资差有显著的正相关关系，但滞后期的系数为负，说明前一期进口产品质量显著降低了企业性别工资差距；列（3）和列（4）分别加入更高阶的滞后项，发现进口产品质量本身和所有滞后项的系数都不显著，进一步说明企业进口产品质量对性别工资差距影响的滞后效应只在短期存在，在中长期并不存在，验证了本章的理论假说 2。

表 3-5 中的列（5）—列（8）报告了第二种滞后效应检验的回归结果，其中，列（5）和列（7）是在最小二乘法基础上使用了工具变量，列（6）和列（8）在固定效应模型中使用了工具变量。使用不同计量方法对模型进行估计，可以通过对比结果进一步印证我们的判断。如前文所述，本节重点考察的

是前期进口经验能否通过进口产品质量影响企业的性别工资差距。由于维持进口的成本低于新进入进口市场的成本,因而较之于新进入企业,持续进口企业能减少进入沉没成本,将更多的资金用于企业技术研发、设备更新等方面,最终有利于提高企业经济效益。如果这种逻辑成立,进口持续时间越长的企业,其通过进口积累的经验越多,也就越有利于以后的进口行为。为了验证这种机制,我们分别在回归模型中加入企业进口产品质量与前期是否进口以及进口存续时间的交互项。列(5)和列(6)考察的是企业以前是否有过进口行为(有为1,没有为0)能否通过进口产品质量影响性别工资差距,结果显示,是否进口(import)的系数为正,但不显著(列5,OLS+IV),说明有过进口行为的企业相对于从未进口的企业来说,其性别工资差距并没有明显的差异;交互项的系数为负且显著,说明就同一进口产品质量而言,有过进口行为的企业确实比没有进口行为的企业性别工资差距更低,即进口产品质量通过进口行为显著降低了企业内部性别工资差距。列(7)和列(8)在进口行为的基础上更进一步,考虑进口存续时间的影响。无论是最小二乘法,还是固定效应,存续时间及交互项的系数都不显著,说明进口产品质量通过企业进口存续时间不会对性别工资差距产生显著影响,即企业进口质量通过进口持续时间影响性别工资差距的机制并不成立。因此,对于将要进入进口市场的企业而言,其性别工资差距更多地取决于当期进口产品质量以及之前是否参与过进口,而不是以前参与进口的持续时间。

(四) 基于进口产品质量分解的进一步分析

前文进口产品质量的测算公式为我们了解中国企业进口质量的整体趋势奠定了基础,这里我们将进一步讨论进口质量及质量变动的微观基础。对多产品进口企业而言,企业每年的进口质量可以分解为持续进口产品和新进口产品质量两部分。对于企业的质量变动而言,一方面,持续进口产品的质量变化会引起企业总体质量变动;另一方面,进口产品的进入和退出也会引起企业总体质量变化。前者衡量的是企业进口质量的集约边际,后者衡量的是扩展边际。借鉴格里克斯和雷格夫(Griliches 和 Regev,1995)[①]对生产率的分解方法,本章分别构建企业进口质量及质量变动的分解恒等式:

$$Quality_{ft} = \sum_{p \in C} quality_{pt} + \sum_{p \in EN} quality_{pt} \qquad (3-7)$$

① Z.Griliches,H.Regev,"Firm Productivity in Israeli Industry 1979-1988",*Journal of Econometrics*,Vol.65,No.1,1995.

$$\Delta Quality_{ft} = \sum_{p \in C} \overline{r_p} \Delta quality_{pt} + \sum_{p \in C} \Delta r_p (\overline{quality_p} - \overline{Q})$$
$$+ \sum_{p \in EN} r_{pt} (quality_{pt} - \overline{Q}) - \sum_{p \in EX} r_{pt-1} (quality_{pt-1} - \overline{Q})$$

$$(3-8)$$

表 3-6 和表 3-7 中, 脚标 f 、p 、t 分别表示企业、产品和时间, C 、EN 、 EX 分别表示多产品进口企业中的持续进口、新进口和退出的产品集合, $Quality$ 和 $quality$ 表示企业总质量和每一进口产品的质量, r 则表示多产品 进口企业中每一产品所占比重。式(3-7)将企业进口质量分解为持续进口 和新进口两部分, 式(3-8)则表示对企业相邻两年间质量变动的分解, 其 中, 右边前两项表示质量变动的集约边际, 后面两项表示质量变动的拓展边 际: 第一项表示进口份额不变, 由持续进口产品相邻两期质量变动引起的企 业质量变化; 第二项表示企业质量变化的产品间效应, 代表持续进口产品的 结构调整; 第三项是进入产品效应, 代表新进入产品质量变动对企业质量变 化的影响; 第四项是退出产品效应, 代表退出产品质量变动引起的企业质量 变化。

表 3-6 多产品进口企业质量动态分解

回归系数 / 自变量	各解释变量核心回归系数		
	（1）	（2）	（3）
	全样本	持续进口	新进口
$quality$	0.059** (0.024)	0.088*** (0.031)	0.153** (0.140)
$\ln ltfp$	1.062*** (0.009)	1.067*** (0.013)	1.049*** (0.016)
age	0.000 (0.001)	0.001 (0.001)	(0.001) (0.002)
$exra$	−0.164*** (0.022)	−0.176*** (0.031)	−0.173*** (0.037)
$\ln capra$	−0.418*** (0.008)	−0.413*** (0.011)	−0.406*** (0.013)
$debt$	−3.067*** (0.046)	−3.003*** (0.076)	−2.917*** (0.089)
$ownership$	−0.057*** (0.009)	−0.050*** (0.013)	−0.065*** (0.016)
$\ln pergdp$	−0.067*** (0.018)	−0.084*** (0.026)	−0.075** (0.031)

续表

回归系数　　　自变量	各解释变量核心回归系数		
	（1）	（2）	（3）
	全样本	持续进口	新进口
edu	-0.113*** （0.008）	-0.110*** （0.011）	-0.122*** （0.013）
lnroad	-0.015* （0.008）	（0.016） （0.011）	（0.012） （0.013）
常数项	14.883*** （0.784）	15.684*** （0.466）	16.061*** （0.643）
时间/行业/地区	是	是	是
观测数	57058	49323	34366
调整的 R^2	0.260	0.258	0.252

注：***、**、* 分别表示在 1%、5%、10% 的水平上显著。

表 3-6 报告了多产品进口企业质量分解后各部分对企业性别工资差距的影响。我们发现，无论是企业整体进口质量，还是分解后持续进口和新进口部分的产品质量，均显著提升了企业性别工资差距，且新进口的影响比持续进口更大。这不仅进一步验证了本章的基本结论，也在一定程度上证实了理论假说 4：新进口产品的创新效应及生产率效应会提升企业对技能水平较高的男性劳动力的需求，因而会扩大性别工资差距；持续进口产品因为其中蕴含的资本、技术要素已被国内企业充分吸收，且企业的雇佣决策和工资决策在长期已基本调整完成，因而能降低外生质量冲击对劳动力市场的影响。

表 3-7 报告了多产品进口企业质量变动分解后各部分对企业性别工资差距的影响，列（1）反映的是企业总体质量变动对性别工资差距的影响，列（2）—列（5）反映的是式（3-8）右边四项的影响。诸多文献及现实证据都表明加入世界贸易组织以后我国进出口产品质量处于不断升级的过程中，列（1）、列（2）、列（4）的质量变动显著为正的系数说明进口质量提升得越快，企业性别工资差距扩大得也越快；列（5）系数显著为负，说明退出产品质量下降得越快，越有利于缩小企业性别工资差距，这也反过来为进口产品质量升级对企业性别工资差距的扩大效应提供了实际证据；列（3）系数为负且不显著，说明进口产品质量不变，单纯由产品份额引起的质量变动不会对企业性别工资差距造成影响。新进入效应（enter）系数显著大于总体效应（total）和产品内效应（within_product），假说 4 得到进一步验证，且说明

企业进口质量提升引起的性别工资差距变动主要取决于新进口产品质量提升的幅度。

表 3-7　多产品进口企业质量变化的动态分解

回归系数 自变量	各解释变量核心回归系数				
	（1） *total*	（2） *within*	（3） *across*	（4） *enter*	（5） *exit*
delte_quality	0.010 ** （0.005）	0.379 ** （0.174）	（0.339） （0.562）	1.821 *** （0.281）	−1.180 *** （0.268）
ln*ltfp*	0.275 *** （0.032）	0.274 *** （0.032）	0.274 *** （0.032）	0.273 *** （0.032）	0.274 *** （0.032）
age	0.055 *** （0.005）	0.055 *** （0.005）	0.055 *** （0.005）	0.055 *** （0.005）	0.055 *** （0.005）
exra	−2.177 *** （0.089）	−2.177 *** （0.089）	−2.177 *** （0.089）	−2.175 *** （0.089）	−2.183 *** （0.089）
ln*capra*	0.389 *** （0.028）	0.389 *** （0.028）	0.389 *** （0.028）	0.388 *** （0.028）	0.390 *** （0.028）
debt	0.716 *** （0.115）	0.719 *** （0.115）	0.720 *** （0.115）	0.724 *** （0.115）	0.716 *** （0.115）
ownership	−1.342 *** （0.043）	−1.342 *** （0.043）	−1.342 *** （0.043）	−1.344 *** （0.043）	−1.341 *** （0.043）
ln*pergdp*	−0.454 *** （0.087）	−0.457 *** （0.087）	−0.455 *** （0.087）	−0.455 *** （0.087）	−0.459 *** （0.087）
edu	−0.136 *** （0.030）	−0.136 *** （0.030）	−0.137 *** （0.030）	−0.138 *** （0.030）	−0.135 *** （0.030）
ln*road*	0.035 （0.031）	0.034 （0.031）	0.034 （0.031）	0.035 （0.031）	0.034 （0.031）
常数项	30.093 *** （2.152）	30.106 *** （2.155）	30.092 *** （2.153）	30.115 *** （2.150）	30.104 *** （2.155）
时间/行业/ 地区	是	是	是	是	是
观测数	38137	38137	38137	38137	38137
调整的 R^2	0.089	0.089	0.089	0.089	0.090

注：***、**、* 分别表示在 1%、5%、10% 的水平上显著。

（五）稳健性检验

1. 重新测算产品质量

作为一种重要的无形属性,产品质量难以直接观察和测量。虽然国内外学者从不同角度对测算方法进行了拓展,也得到了很多有意义的结论,但目前在国际经济学领域尚缺乏统一且大家都较认可的方法。为弥补本章在产品质量测算方面的不足,我们用其他方法重新测算企业进口产品质量,通过验证这些代理指标与企业性别工资差距的关系,作为对前文基准回归的总结和呼应。表3-8中,列(1)利用产品单位价格作为质量的代理变量;列(2)采用单位运输成本和汇率作为产品价格的工具变量,利用进口产品价格和数量信息反推产品质量;列(3)借鉴施炳展和曾祥菲(2015)的做法,通过最大化消费者效用函数,建立进口产品数量和价格的回归关系,将产品质量定义为残差中的一部分;列(4)则借鉴坎德瓦尔(Khandelwal,2010)的做法,利用产品的市场份额和价格信息测算一国进口产品质量。所有回归结果均表明,使用其他代理指标表示产品质量时,进口产品质量提升显著扩大了企业性别工资差距,且其他主要变量的系数和显著性均未发生改变,说明本章总体回归结果是稳健的。

表3-8　稳健性检验1:重新测算企业进口产品质量(2SLS)

回归系数　自变量	各解释变量核心回归系数			
	（1）产品单位价格	（2）运输成本和汇率双工具	（3）施炳展方法（施炳展和曾祥菲,2015）	（4）gb4 行业质量（Khandelwal,2010）
$quality$	0.088 *** (4.800)	5.347 *** (3.780)	1.037 *** (4.150)	4.995 *** (2.840)
常数项	15.240 *** (13.570)	12.567 *** (12.810)	15.742 *** (35.500)	11.413 *** (7.710)
企业层面	是	是	是	是
城市层面	是	是	是	是
控制变量	是	是	是	是
拉格朗日乘子统计量	1642.583	110.167	1634.532	48.101
瓦尔德 F 统计量	1443.960	112.305	1939.764	45.933
观测量	57000	48000	48000	32000
调整的 R^2	0.233	0.125	0.219	0.074
F	212.618	192.329	278.407	141.567

2. 改变工具变量

寻找合适的工具变量十分困难,对于本章而言,虽然从理论上证明了利用进口来源国收入水平作为产品质量工具变量的合理性,也使用了很多检验方法来验证该工具变量的有效性,但依然存在一些问题需要进一步讨论。例如,进口来源国收入水平与产品质量的关系是明确的,也有很多文献提供了理论和实证上的证据,但是否存在除产品质量以外其他的进口来源国收入水平影响企业性别工资差距的机制,即工具变量是否完全外生,这一点很难验证。因此,本章将替换工具变量,在进口来源国收入水平(IV1)的基础上,选择某年企业所在地区该行业其他企业的平均进口质量(IV2)和企业进口产品质量的滞后期①(IV3)作为企业进口产品质量的工具变量。表3-9报告了使用不同工具变量的回归结果,列(1)是不使用工具变量的最小二乘法回归结果,列(2)—列(5)是二阶段最小二乘法的回归结果;列(2)使用的工具变量是IV2,列(3)是IV3,列(4)是IV2和IV3,列(5)是IV1、IV2和IV3。我们发现,改变工具变量以后,本章的基本结论依然得到了验证,即进口产品质量提升扩大了企业性别工资差距;列(2)—列(5)中的拉格朗日乘子统计量强烈拒绝模型不可识别的原假设,瓦尔德F统计量大于10%偏误下的临界值19.93,说明不存在弱工具变量的问题,列(4)和列(5)因为使用了多个工具变量,可能存在过度识别的问题,汉森J(Hansen J)值不能拒绝工具变量外生的原假设,说明工具变量的选择较为合理。综上所述,替换工具变量之后,我们依然得到了与上文相似的结论,且工具变量的各项统计指标都通过假设检验,进一步保证了本章结论的稳健性。

表3-9　稳健性检验2:改变工具变量

回归系数 自变量	各解释变量核心回归系数				
	(1)	(2)	(3)	(4)	(5)
quality	0.481 *** (8.980)	1.528 *** (4.690)	0.431 *** (2.760)	0.428 *** (2.740)	0.496 *** (3.250)
常数项	15.827 —	15.975 *** (11.480)	14.283 *** (23.580)	14.283 *** (23.580)	14.280 *** (23.570)
企业层面	是	是	是	是	是
城市层面	是	是	是	是	是
控制变量	是	是	是	是	是

①　本章选择的工具变量是滞后一期,正如前文关于企业进口持续时间的讨论,样本中大量企业属于非连续型进口,连续型进口企业中持续期在3年及以上的也较少,因而使用滞后二期以上的数据将导致大量样本丢失(使用滞后一期使样本丢失了57%)。

续表

回归系数＼自变量	各解释变量核心回归系数				
	（1）	（2）	（3）	（4）	（5）
拉格朗日乘子统计量	—	1442.260	3607.359	3615.112	3902.322
瓦尔德 F 统计量	—	811.277	9054.896	4539.269	3243.590
汉森 J	—	—	—	0.246	3.915
观测数	57058	57052	24288	24288	24288
调整的 R^2	0.235	0.230	0.239	0.239	0.239
F	—	215.590	481.563	103.604	103.696

第四节　基于产品种类及其变动的拓展研究

一、企业进口商品种类

内生增长理论将产品种类增加视为生产率进步的重要条件。科和埃尔普曼（Coe 和 Helpman，1995）①证实国际贸易中的技术溢出机制确实存在产品数量效应；芬斯特拉（Feenstra，1994）②开发了利用微观数据精确测算产品种类变化的方法，并验证了 1975—1999 年韩国出口产品种类变化与生产率的关系。产品种类除通过影响企业生产率从而间接影响产品质量外，大量研究还表明产品种类也可直接影响产品质量，如格罗斯曼和埃尔普曼（Grossman 和 Helpman，1990）③认为现实生活中某些新产品本身就代表了更高的质量，如新的运输工具增加了消费者旅行途中的舒适度，新一代的电视机能给观众提供更清晰的画面和更丰富的颜色，集成电路的发明和使用不仅有助于增加最终品的数量和种类，一定程度上也能提高最终品的质量；钟春平和徐长生（2011）④发现产品多样性和质量提升之间存在替代关

---

① D.T.Coe，E.Helpman，"International R&D Spillovers"，*European Economic Review*，Vol.39，No.5，1995.

② R.C.Feenstra，"New Product Varieties and the Measurement of International Prices"，*The American Economic Review*，1994.

③ G.M.Grossman，E.Helpman，"Trade，Innovation，and Growth"，*The American Economic Review*，Vol.80，No.2，1990.

④ 钟春平、徐长生：《产品种类扩大、质量提升及创造性破坏》，《经济学（季刊）》2011 年第 2 期。

系,当代表性厂商在做最优研发决策时,通常需要在开发新产品和改进既有产品或流程之间作出选择。他们进一步指出,导致这种差异的原因在于创新的着力点不同,中间品创新主要通过提升质量来带动经济增长,而最终品创新主要通过"干中学"增加产品多样性。

表 3-10　考虑企业进口商品种类绝对值

回归系数　　　　自变量	各解释变量核心回归系数			
	（1）	（2）	（3）	（4）
	OLS	2SLS	OLS	2SLS
quality	0.273*** (5.720)	1.786*** (6.560)	0.281*** (5.850)	1.058*** (4.090)
variety	−0.006*** (−2.72)	−0.033*** (−3.22)	−0.006*** (−2.75)	−0.024** (−2.44)
quality×variety	0.010*** (3.000)	0.044*** (2.710)	0.009*** (2.730)	0.033** (2.110)
常数项	15.235*** (62.670)	15.135*** (60.760)	16.151 0.000	16.181*** (14.670)
企业层面变量	是	是	是	是
城市层面变量	是	是	是	是
主要控制变量	否	否	是	是
拉格朗日乘子统计量	—	1673.523	—	1631.202
瓦尔德F统计量	—	943.934	—	1060.032
观测数	57058.000	57058.000	57058.000	57058.000
调整的 R^2	0.226	0.208	0.235	0.230
F	836.977	823.990	—	231.082

为了检验企业进口种类对性别工资差距的影响,本节将企业进口产品种类变量放入基准回归模型中。同时,考虑到受资源约束的企业可能在产品种类和产品质量之间进行取舍,即产品种类可能与产品质量存在替代关系,文中继续加入进口产品质量与进口种类的交互项。回归结果汇总在表 3-10 中。

表 3-10 的回归结果显示,当控制企业进口种类和进口种类与进口产品质量的交互项以后,进口产品质量依然显著扩大了企业内部性别工资差距,这与基准回归的结果一致。而使用工具变量后的二阶段最小二乘法估计,无论是系数本身,还是显著性水平都与最小二乘法基本一致,进一步提

高了回归结果的可信度。产品种类的系数为负,说明企业进口种类越多,越有利于降低性别工资差距,这说明新产品进口产生的对本土企业的挤出效应大于因技术溢出和成本节约导致的性别工资差距扩大的效应。交互项的系数为正,说明企业进口种类越多,进口产品质量对性别工资差距的提升效果越显著。由于中国企业进口产品质量与进口种类存在显著的正相关关系,因而对进口产品质量较高的企业而言,其进口种类相对也更多。进口产品增多,一方面,有利于企业根据自身生产能力挑选合适的中间投入品,不仅能够降低生产成本,也有利于释放企业生产潜力,从而提高企业生产率水平;另一方面,新产品中包含的新知识、新技能通过技术溢出效应能逐渐被本土企业所模仿、消化和吸收,这也有利于提升企业生产率水平。企业生产率水平提升,会逐渐增加对高技能劳动力的需求,降低对低技能劳动力的需求,从而进一步扩大企业内部性别工资差距。

二、进口商品种类变化

除了进口产品种类绝对变化存在差异外,同一企业相邻年份进口产品种类变化(相对变化)也存在明显差异。以 2005—2007 年连续进口的 3372 家企业为例,相邻两年企业进口种类最多增加了 287 种,最多减少了 276 种,每家企业进口产品种类平均变化值为 5.95,方差为 9.99;就企业进口产品种类年均变化率而言,所有企业进口产品种类年增长率均值为 32.43%,方差为 1.65。这说明,无论是进口种类绝对水平,还是平均变化率,企业间均存在巨大差异。

上述对企业进口产品种类的考察主要基于绝对数量的变化,而没有考虑每种进口产品的进口价值。现实中可能存在这样的情形,即使两家企业进口产品种类变化(绝对变化)相同,但因为每种产品进口金额在企业进口总额中占比不同,导致该产品的进口变化对企业具有完全不同的意义。举例来说,企业 A 和企业 B 都减少了一种进口产品,但这种产品的进口金额占企业 A 进口总额的 90%,却只占企业 B 的 1%。这时,如果我们还将两家企业进口产品种类变化视为相等就会造成偏差,因为该产品进口变化对企业 A 的意义明显大于 B。为更合理地考察进口产品种类变化下企业进口产品质量对性别工资差距的影响,本节首先借鉴芬斯特拉(Feenstra,1994)提供的方法,利用海关微观数据计算 2004—2007 年考虑进口价值下企业进口产品的种类变化。按照芬斯特拉(Feenstra,1994)的做法,企业进口产品种类变化可表示为:

$$VAR = \ln\left[\frac{\sum_{i \in I} p_{it}x_{it} \Big/ \sum_{i \in I_t} p_{it}x_{it}}{\sum_{i \in I} p_{it-1}x_{it-1} \Big/ \sum_{i \in I_{t-1}} p_{it-1}x_{it-1}}\right] \tag{3-9}$$

其中,It 表示企业在第 t 期进口产品的集合,I_{t-1} 表示 $t-1$ 期该企业进口产品的集合,I 表示企业在 t 期和 $t-1$ 期都进口的产品集合;p_{it} 表示产品 i 在 t 期的价格,x_{it} 表示产品 i 在 t 期的进口数量。因而,式(3-9)中分子代表企业在 t 期进口的两期相同的产品种类的总额与当期该企业进口总金额的比值,分母表示该企业在 $t-1$ 期进口的两期相同种类产品金额在当期进口总金额中的占比。假定两期总进口量相同,产品价格不变,当两期进口种类完全相同时,VAR 的值为零;$VAR < 0$ 则说明新增加的种类数大于减少的种类数,进口种类整体呈增加的趋势;$VAR > 0$ 则说明进口产品种类整体上呈减少趋势。因此,VAR 是种类变化的反向指标,其绝对值表示进口产品种类变化的程度。

计算出企业进口产品种类变化的指标后,我们按该指标将全体企业分为三类,即进口种类减少、种类增加和种类不变的企业,并就企业进口产品质量对性别工资差异的影响进行分类回归。同时,基于前文对进口产品质量与种类变化的关系描述,我们考虑进口产品质量是否通过种类变化对企业内部性别工资差距产生影响,具体的做法是在原始回归方程中加上进口产品质量与种类变化的交互项。

表 3-11　考虑进口种类变化

回归系数 自变量	各解释变量核心回归系数				
	种类减少	种类增加	种类不变	全体样本	
	（1）	（2）	（3）	（4）	（5）
	2SLS	2SLS	2SLS	OLS	2SLS
quality	1.179 * （1.930）	2.179 ** （2.090）	0.799 （0.480）	1.074 ** （2.550）	1.718 *** （1.210）
VAR	—	—	—	（0.375） （−1.25）	（0.136） （−1.15）
quality×*VAR*	—	—	—	0.457 ** （1.390）	0.246 ** （1.120）
常数项	12.093 *** （16.210）	16.409 *** （13.790）	13.131 *** （10.800）	11.912 *** （21.890）	13.736 *** （12.590）
企业层面	是	是	是	是	是
城市层面	是	是	是	是	是

续表

回归系数 自变量	各解释变量核心回归系数				
	种类减少	种类增加	种类不变	全体样本	
	（1）	（2）	（3）	（4）	（5）
	2SLS	2SLS	2SLS	OLS	2SLS
控制变量	是	是	是	是	是
拉格朗日乘子统计量	282.689	120.926	29.889	—	33.039
瓦尔德 F 统计量	380.599	148.048	33.690		30.097
观测数	8846	5899	2135	16880	16880
调整的 R^2	0.252	0.247	0.243	0.240	(0.502)
F	3700000000	195.315	600.899	410000000	105.673

表 3-11 中列（1）—列（3）报告了分类回归的结果。从中可以看出，对于进口产品种类发生变化（种类增加或种类减少）的企业而言，进口产品质量显著扩大了性别工资差距，且最小二乘法和二阶段最小二乘法的回归结果基本一致，说明该结论是稳健的。对于进口产品种类没有发生变化的企业而言，虽然最小二乘法的系数为正，也在 10% 的显著性水平上通过了假设检验，但二阶段最小二乘法的回归结果却不显著，说明进口产品质量对这类企业性别工资差距没有显著影响。上述结论符合前文我们对进口种类及种类变化福利分析的主要结论，即进口种类无论是通过直接的质量提升和互补机制，或者是通过间接的进口竞争和技术溢出机制，都会对社会福利产生重大影响；对于进口种类没有发生变化的企业而言，因为不断有新产品被进口，原先进口的某些产品又退出进口市场，导致其对居民福利产生各种此消彼长的影响，因而总体上进口产品质量对企业性别工资差距的影响不显著。列（4）和列（5）报告了对进口产品质量与种类变化交互效应检验的回归结果。从中可以看出，无论是最小二乘法，还是使用工具变量的二阶段最小二乘法估计，进口产品质量及产品质量与进口种类变化的交互项都显著为正，说明考虑进口种类变化之后，进口质量提升依然扩大了企业性别工资差距，且种类变化对二者间的关系具有正向的调节作用，理论假说 3 得到验证。

总体来看，本章从进口动态角度分析进口产品质量对企业性别工资差距的影响。理论机制分析和实证检验的结果显示：（1）进口产品质量提升显著扩大了企业性别工资差距；（2）进口产品质量对企业性别工资差距的拉大效用在新进入和退出进口市场的企业中存在，在持续进口和间断型进口企业中并不存在;对于持续型进口企业而言,进口产品的质量对性别薪酬的差距的促进作用只是短期的,长期的影响并不是十分明显;(3)当考虑进口产品种类及种类变化时,进口产品质量依然显著扩大了企业性别工资差距,且产品种类及种类变化对二者的关系具有正向的调节作用;(4)当改变产品质量的测算方法及替换工具变量以后,本章的主要结论依然得到证明,一定程度上保证了本章相关结论的稳健性。在"转变贸易发展方式""坚持发展成果由人民共享"的政策背景下,本章的研究具有重要的政策内涵,并为理解贸易政策不确定性背景下外贸转型升级影响劳动力工资差距变迁,提供了新的视角。

第四章　贸易政策不确定性、迁移摩擦与中国区域劳动力流动

劳动力迁移作为改革开放的鲜明特征和重要贡献力量,是推动中国对外贸易腾飞的重要要素支撑。以 2012 年为例,当年我国加工贸易直接吸纳和带动相关上下游行业的总就业人数在 4000 万人左右(国务院发展研究中心,2013),其中大多是以农民工为主的流动人口。而地区迁移摩擦是影响劳动力迁移决策和迁移方向的主要障碍,现有文献表明,户籍制度放松使更多农村劳动力迁往城市,产出增加进而加快中国城市化进程(孙文凯,2011[①];周文等,2017[②])。而迁移摩擦的减小会导致大规模的人口重新配置,有显著的福利增进效应(刘修岩等,2017)[③]。前文理论分析也认为,迁移摩擦的减小会使本地区劳动力供给增加,出于对劳动力的追逐,企业随之搬迁并增加对本地区劳动力的需求,进而会带动就业净增长和平均工资水平的提升。因此,考虑到贸易政策不确定性冲击是影响劳动力市场迁移、就业和工资调整的重要推手,本章在前文关于外贸转型升级影响劳动力市场就业和工资的基础上,继续引入劳动力迁移摩擦,探讨贸易政策不确定性与中国区域劳动力流动[④]。

第一节　理论模型的构建及分析

本章根据刘修岩等(2017)、田(Tian,2022)的理论模型,从数理模型角度考察贸易政策不确定性下降对地区人口流动的影响。假设一个开放的经济体 S 由 N 个城市组成,且该经济体为完全竞争市场。每个城市只生产一种商品并销售到国际市场,因此国际市场的价格决定商品的销售价格,而贸

---

①　孙文凯:《城市化与经济增长关系分析——兼评中国特色》,《经济理论与经济管理》2011年第 4 期。

②　周文、赵方、杨飞等:《土地流转、户籍制度改革与中国城市化:理论与模拟》,《经济研究》2017 年第 6 期。

③　刘修岩、李松林、秦蒙:《城市空间结构与地区经济效率——兼论中国城镇化发展道路的模式选择》,《管理世界》2017 年第 1 期。

④　本章内容主要参考赵春明、谷灿怡、李宏兵:《贸易政策不确定性与区域人口迁移》,《东南大学学报(哲学社会科学版)》2021 年第 1 期。

易冲击会影响国际市场的商品价格。每个城市具有外生且固定不变的当地劳动力(不包括流动人口)和固定要素：$L_n = \bar{L}_n$、$R_n = \bar{R}_n$，该城市的当地劳动力、流动人口和固定要素均作为投入品用于商品生产，同时每个城市生产的商品均具有异质性。$\bar{M}$ 代表一个经济体 S 的个体集合，集合中的个体进行迁移决策，即选择继续留在现住地还是向其他城市流动。

一、偏　　好

本章考虑在存在迁移摩擦的情形下，流动到城市 n 的个体 i 的间接效用函数表示为 $v_n^i = v_n \in_n^i$，$\in_n^i$ 为流动个体 i 的异质性偏好。参考已有研究，假设异质性冲击 $\in_n^i$ 服从弗雷歇(Fréchet)分布，其具体分布为：

$$\Pr[\in_n^i \leqslant z] = e^{-z^{-\in}} \tag{4-1}$$

其中，$\in > 1$ 为常数。个体从其他城市迁移到城市 n 的间接效用 v_n 受到城市 n 的工资水平 w_n、舒适度 X_n 和迁移摩擦 RC_n 的影响，同时 v_n 对城市 n 的所有流动人口来说均是相同的，则 v_n 可用式(4-2)表示：

$$v_n = \frac{w_n e^{X_n}}{RC_n} \tag{4-2}$$

二、迁　　移

对于流动人口而言，迁移决策同样是效用最大化的问题，即如果流动个体选择迁移到城市 n，那么城市 n 将一定会是效用最大化的城市 $v_n \geqslant v_{k \neq n}$。通过城市最大化效用可以推理得到以下等式：

$$P_n = \left(\frac{v_n}{v}\right)^\in \tag{4-3}$$

其中，$v = \left(\sum_n v_n^\in\right)^{\frac{1}{\in}}$，而 p_n 代表个体从其他城市迁移到城市 n 的概率。结合迁移概率以及经济体 S 中的集合 $\bar{M}$，可以得出从其他城市迁移到城市 n 的人口为：

$$M_n = \left(\frac{w_n e^{X_n}}{RC_n v}\right)^\in \bar{M} \tag{4-4}$$

三、企　业　生　产

这里考虑到每个城市 l 的企业使用当地劳动力、流动人口和固定要素作为投入品生产一种异质性商品，该商品的价格 P_l 取决于国际市场价格。此外,假设当地劳动力和固定要素是供给完全无弹性的,即 $L_l = \overline{L_l}$ 、$R_l = \overline{R_l}$ 。生产函数设定为:

$$Y_l = \mu_l M_l{}^{\alpha_l} \qquad (4-5)$$

式(4-5)中,$\mu_l = L_l{}^{\alpha_{l,l}} R_l{}^{1-\alpha_{1,l}-\alpha_{2,l}}$ 和 $\alpha_l = \alpha_{2,l}$ 。同时,$\alpha_{1,l} > 0$,$\alpha_{2,l} > 0$ 且 $\alpha_{2,l} + \alpha_{1,l} < 1$ 。本章假设企业处于完全竞争市场,则企业利润最大化时满足:

$$\max_{M_l} p_l Y_l - w_l M_l \qquad (4-6)$$

其中,w_l 为流动人口在城市 l 的工资收入水平。若把研究背景定为完全竞争市场,企业将在长期均衡条件下出现利润为 0 的情况,因此通过对式(4-6)求 M_l 的一阶倒数得出:

$$w_l = \alpha_l p_l \mu_l M_l{}^{\alpha_l - 1} \qquad (4-7)$$

四、一般均衡

在满足企业生产处于长期均衡、流动人口的迁移效用最大化、城市层面劳动力市场出清以及全国劳动力市场出清($\sum_n M_n = M$)四个条件时,开放经济体 S 达到一般均衡状态。此时,城市均衡的流动人口规模 M_n 和流动人口的工资收入水平 w_n 为:

$$M_n = \left[\left(\frac{\alpha_n \mu_n}{v} \right)^{\epsilon} \left(\frac{p_n e^{X_n}}{RC_n} \right) \overline{M} \right]^{\frac{1}{1+(1-\alpha_n)\epsilon}} \qquad (4-8)$$

$$w_n = \left[(\alpha_n \mu_n)^{\frac{1}{1-\alpha_n}} v_n{}^{\epsilon} \overline{M} \frac{RC_n}{e^{X_n}} \right]^{\frac{\alpha_n - 1}{1+(1-\alpha_n)\epsilon}} p_n{}^{\frac{\alpha_n \epsilon - \epsilon \alpha_n}{1+(1-\alpha_n)\epsilon}} \qquad (4-9)$$

从式(4-8)中可以看出,一个城市的外来人口规模受商品价格、迁移摩擦和城市舒适度的影响。此外,从式(4-8)和式(4-9)可以很容易得出:

$$\frac{\partial M_n}{\partial p_n} > 0 , \quad \frac{\partial \left(\frac{\partial M_n}{\partial p_n} \right)}{\partial X_n} > 0 , \quad \frac{\partial \left(\frac{\partial M_n}{\partial p_n} \right)}{\partial RC_n} < 0 , \quad \frac{\partial w_n}{\partial p_n} > 0 \qquad (4-10)$$

观察式(4-10)可以发现,M_n 与 p_n 之间存在明显的正向关联,即 p_n 越高,M_n 也越高。一个正向的贸易冲击将会产生一个正向的价格冲击,使出口产品在国际市场的价格上升,而本章所研究的贸易政策不确定性下降对中国所有城市来说是一个正向的贸易冲击。据此,提出假说1。

假说1:地区贸易政策不确定性下降时会进一步推动该地区外来人口流入。

式(4-10)显示,地区工资水平(w_n)的提升对该地区外来人口流入起到正向促进作用。其背后的经济学原理是:由于劳动力在不同地区之间流动是存在迁移摩擦的,个人的迁移选择主要受迁移收益和迁移成本的影响。对于理性人来说,当迁移后的收益高于迁移所需付出的成本时,个人会更倾向于选择迁移,而工资水平是迁移收益所体现的一个方面。贸易政策不确定性下降显著提高了企业平均工资(李胜旗和毛其淋,2018),较高的工资水平又吸引了大量的外来劳动力(郭东杰和王晓庆,2013)[①]。据此,提出假说2。

假说2:地区贸易政策不确定性下降时将会借助提升工资收入水平,进而吸引更多的外来人口流入。

本章进一步考察城市舒适度在价格与人口流动之间所起的作用。观察式(4-10)可以发现,城市舒适度水平强化了价格(贸易政策不确定性)对人口迁移的促进作用,即在价格上升幅度(贸易政策不确定性下降幅度)相同的两个城市,城市舒适度水平越高,该城市外来人口流入规模就越大。其背后的经济学原理是:城市公共品供给水平的提高会显著促进该地区的人口流入,而城市公共服务能力是城市舒适度的重要体现之一,城市舒适度对流动人口的迁入地选择具有重要作用。据此,提出假说3。

假说3:地区贸易政策不确定性下降对人口流动的作用受地区舒适程度的影响。若一个地区的舒适程度越高,地区贸易政策不确定性的下降对促进该地区人口流动的作用就越大。

本章假设人口流动存在迁移摩擦的情况,在考虑迁移摩擦的情况后,式(4-10)表明在迁移摩擦越小的地区,价格上升即贸易政策不确定性下降时对人口流动的影响更大。迁移摩擦主要指个体从一个城市迁移到另一个城市需要承担一定的落户限制成本,这使这些流动人口难以享受当地居民一样的社会公共服务,并导致流动人口在迁移过程中不可避免地要承担一定的隐性成本(刘修岩等,2017)。然而,落户条件的量化标准在不同地区间存在较为悬殊的差异。本章进一步将迁移摩擦根据研究视角的不同分解为户籍管制和政府迁移政策立法管制两部分。据此,提出假说4.1和假说4.2。

假说4.1:地区贸易政策不确定性下降对人口流动的影响受迁移成本的影响。在价格上涨幅度(即贸易政策不确定性降低幅度)相同的两个地区,地区迁移政策对外来人口越友好,外来人口在迁移地获得永久居留权更

---

① 郭东杰、王晓庆:《经济开放与人口流动及城镇化发展研究》,《中国人口科学》2013年第5期。

容易,因此该地区外来人口比例越高、流动人口比重也越高。

假说4.2:地区贸易政策不确定性下降对人口流动的影响受该地区人口迁移政策友好程度的影响。在价格上涨幅度(贸易政策不确定性降低幅度)相同的两个地区,人口迁移政策对外来人口更加友好的地区,该地区内流动人口比例越高。

第二节　实证研究策略及变量说明

一、实证研究策略

为有效识别地区贸易政策不确定性下降对地区人口迁移流入的影响作用,本章以中国加入世界贸易组织后中国与美国之间永久正常贸易关系的确定为准自然实验,并使用双重差分法(DID)进行实证研究。具体而言,中国加入世界贸易组织后,不同行业的出口企业在贸易政策不确定性下降幅度方面将面临显著差异。其中,中国加入世界贸易组织前第二栏关税税率与最惠国待遇关税税率差异较高的行业在中国加入世界贸易组织之后所经历的贸易政策不确定性的下降幅度较大;相反,二者相差较低的行业在中国加入世界贸易组织之后所经历的贸易政策不确定性的下降幅度相对较小。由于我国不同地区产业比较优势存在差异,以不同地区初始年份产业就业比重衡量的地区贸易政策不确定性下降程度也存在显著差异。更重要的是,最惠国待遇关税和第二栏关税源于1930年的斯穆特霍利法案,与中国的区域劳动力市场相比,这两种关税税率的差异是相对外生的。这为本章的因果识别提供了一个比较理想的准自然实验。因此,本章将处理组设为贸易政策不确定性下降幅度较大的地区,将对照组设为贸易政策不确定性下降幅度较小的地区。基准的双重差分模型设置则如下式所示:

$$Migshare_{ct} = \alpha + \beta_1 TPU_{c,2000} \times Post_{02} + \beta_2 Importtariff_{ct}$$
$$+ \beta_3 Export\ Tariff_{ct} + \delta X'_{ct} + \mu_c + \lambda_t + \xi_{ct} \qquad (4\text{-}11)$$

其中,c 表示地区(地级市),t 表示年份($t = \{2000, 2005\}$)。被解释变量 $Migshare_{ct}$ 表示在 t 年地区 c 的移民流入情况,本章将利用2000年和2005年两次全国人口普查(调查)数据测算出 t 年地区 c 流动人口占总人口的比重。对流动人口的概念界定,本章参照田(Tian, 2022)的做法,认为当个人居住在现住地半年以上但户口登记地在其他地区,或居住在现住地不满半年但离开户口登记地半年以上为流动人口。连续处理变量 $TPU_{c,2000}$ 代表的是地区层面的关税税率差额,用来反映中国加入世界贸易组织之前地

区 c 面临的贸易政策不确定性下降幅度,具体的变量构建方法如下文所述。$Post_{02}$ 为时间虚拟变量,其中 2002 年及其以后的年份取值为 1,2002 年之前的年份为 0。本章重点关注的是交互项 $TPU_{c,2000} \times Post_{02}$ 的估计系数 β_1,该系数刻画了地区贸易政策不确定性下降对该地区移民流入的因果效应。如果估计系数 $\hat{\beta_1} > 0$,则说明相较于关税差额比较低的地区,关税差额比较高的地区流动人口占总人口的比重也会越高,也就是说贸易政策不确定性下降会正向促进该地区的移民流入;相反,估计系数小于 0 则说明贸易政策不确定性下降会对该地区的移民流入产生负面影响。$Importtariff_{ct}$ 为在 t 年地区 c 的中国进口关税水平,其构造方法为:首先,将 HS6 位码产品的中国进口关税指数与国民经济行业两位数标准(GB/T 4757—2002)进行一一对应,并对两位数的行业层面中国进口关税指标进行简单平均;其次,从不同地区的样本初始期入手,以可贸易部门的就业结构为权重,将两位数的行业层面进口关税指标加权到地区层面,得到地区层面的中国进口关税指标:

$$Importtariff_t = \sum_j \frac{Emp_{j,c,2000}}{Emp_{c,2000}} \times Importtariff_{jt}$$ 。$Importtariff_{ct}$ 表示在 t 年地区 c

的出口关税水平,具体构建方法参照田(Tian,2022)的方法,把中国加入世界贸易组织前出口金额最大的 10 个目的地(国)的 HS6 位码产品进口关税指标通过 2000 年海关进出口数据库导出的目的地(国)—产品层面的出口份额加总到 HS6 位码产品层面,再将 HS6 位码产品的出口关税进行简单平均计算得到两位数的行业水平;最后,以不同地区样本初始时期可贸易部门的就业结构作为权重,再对地区层面进行加权,计算得到地区层面的中国出口关税

指标。具体为: $$Exporttariff_{ct} = \sum_j \frac{Emp_{j,c,2000}}{Emp_{c,2000}} \times \left(\frac{Export_{j,2000}^n}{\sum_n Export_{j,2000}^n} Exporttariff_{jt}^n \right)$$ 。

此外,本章还参照周茂等(2018)[1]的做法控制了以下变量(X_{ct}):经济发展水平(人均 GDP 的对数值)、外商直接投资(fdi 的对数值)、人口密度(人口总数/行政区域土地面积)、政府预算支出(地方财政预算内支出的对数值)。μ_c 代表地区固定效应,加入模型中用于控制地区层面不随时间变化的因素对人口流动的影响,λ_t 代表年份固定效应,加入模型中用于剔除时间趋势的影响,ζ_{ct} 为随机扰动项。主要变量的描述性统计见表 4-1。

---

① 周茂、陆毅、李雨浓:《地区产业升级与劳动收入份额:基于合成工具变量的估计》,《经济研究》2018 年第 11 期。

表4-1　主要变量的描述性统计

变量名称	指标含义	观测值	平均值	标准差	最大值	最小值
$Migshare$	地区外来人口比重	686	0.1080	0.0975	0.8621	0.0044
$TPU_{c,2000}$	地区贸易政策不确定性	686	0.2741	0.0653	0.5422	0.0796
$Import\ Tariff$	进口关税的对数值	686	-2.0392	0.3676	-1.2416	-3.4125
$Export\ Tariff$	出口关税的对数值	686	-2.6517	0.2988	-1.6460	-3.7287
$\ln pgdp$	人均GDP的对数值	661	9.0200	0.7704	11.3914	3.7755
$\ln density$	人口密度的对数值	669	5.2492	1.4883	7.7955	-1.3382
$\ln fdi$	外商直接投资的对数值	605	0.8143	2.2542	6.3299	-5.7209
$\ln expend$	政府预算支出的对数值	668	3.1581	0.9595	7.4147	0

二、地区贸易政策不确定性的度量

本章参考皮尔斯和肖特(Prerce和Schott,2016a)的测算方法构建下列产品层面的贸易政策不确定性指标:

$$TPU_h = Tariff_{COL2,h} - Tariff_{MFN,h} \qquad (4-12)$$

本章使用来自芬斯特拉等(Feenstra等,2002)的美国进口关税数据库中2001年HS8位码产品的第二栏关税和最惠国关税。首先,将HS8位码产品的第二栏关税和最惠国关税简单加总到HS6位码产品层面,再根据式(4-12),利用HS6位码产品的非正常贸易关税与最惠国关税之间的差值,并借此构建产品层面的贸易不确定性;其次,将HS6位码产品层面的贸易政策不确定性指标进行简单平均,计算得到两位数标准的国民经济行业(GB/T 4757—2002)层面的贸易政策不确定性指标(TPU_j)。

在此基础上,本章采用皮尔斯和肖特(Pierce和Schott,2016b)的研究思路,运用巴迪克(Bartik,1991)[1]的工具变量构建方法,用样本初始时期不同地区可贸易部门的就业比例作为权重,进一步将行业层面的贸易政策不确定性在地区层面进行加总。具体计算公式如下:

$$TPU_{c,2000} = \sum_j \frac{Emp_{j,c,2000}}{Emp_{c,2000}} \times TPU_j \qquad (4-13)$$

三、数　据

本章所用数据主要来源有:一是2000年第五次人口普查的0.95%微观

---

[1]　Bartik, Timothy J., Who Benefits from State and Local Economic Development Policies? Kalamazoo, MI: W.E.Upjohn Institute for Employment Research, 1991.

子样本和 2005 年 1% 人口抽样调查的 20% 微观子样本,两个普查数据中均详细记录了受访者的年龄、性别、受教育程度、户籍登记状态等个人信息。此外,本章还利用 1990 年第四次全国人口普查的数据来检验双差模型的有效性。二是来自芬斯特拉等(Feenstra 等,2002)的美国进口关税数据库中的 HS8 位码产品的最惠国关税税率和非正常贸易关税税率(第二栏关税率)等相关数据。三是 2000 年中国海关进出口数据库,本章利用该数据来计算出口关税指标中目的地(国)—产品层面出口份额。四是 2000 年和 2005 年来自国家统计局的中国工业企业数据库,其统计调查对象涵盖了全部国有企业以及规模以上非国有企业,本章利用中国工业企业数据库衡量地区层面的国有企业改革和外资管制放松。五是来自 WITS—TRAINS 数据库的 2000 年和 2005 年 HS6 位码产品关税数据,主要用于计算产品层面的进出口关税。六是北大法宝数据库(www.pkulaw.com),该数据库收录了自 1949 年起至今中国发布的所有法律法规。本章利用关键词检索该数据库中所收录的 2000 年和 2005 年发布的与迁移有关的地方性法规,参照田(Tian,2022)的做法构造地区层面的地方政府迁移政策友好指数以衡量地方政府对流动人口的友好程度。七是 2001 年和 2006 年中国区域经济统计年鉴,用以构建地区层面的特征变量。

第三节　贸易政策不确定性影响中国区域劳动力流动的实证研究

一、基准回归分析

表 4-2 报告了地区贸易政策不确定性对该地区移民流入影响的基准估计结果。在列(1)中,本章只加入被解释变量和交互项 $TPU_{c,2000} \times Post_{02}$,结果显示交互项 $TPU_{c,2000} \times Post_{02}$ 的估计系数显著为正。列(2)在列(1)的基础上控制了地区固定效应和年份固定效应,交互项估计系数为正且在 1% 的水平上显著,说明相对于初始低关税差异的地区(对应于贸易政策不确定性下降幅度较小的地区,即对照组),初始高关税差异地区(对应于贸易政策不确定性下降幅度较大的地区,即处理组)的外来人口比重在中国加入世界贸易组织后上升幅度更大,即说明贸易政策不确定性下降显著促进了人口迁移和流动。考虑到在中国加入世界贸易组织之后所带来的不仅仅是贸易政策不确定性的消除,还包括出口关税税率进一步削减,进口贸易自由化程度得到提升,这可能会对本章的实证结果产生影响。因此,本章借鉴

皮尔斯和肖特(Pierce 和 Schott,2016a)的做法,在列(3)中加入地区层面的最终品进口关税以及依据主要出口国构建的出口关税。如表 4-2 中列(3)的回归结果所示,最终产品的进口关税并不显著影响地区的人口流动,这同法奇尼等(Facchini 等,2018)的研究发现一致。同时,列(3)的交互项系数仍然显著为正,表明在控制了进口贸易自由化和出口关税削减后,贸易政策不确定性下降越大的地区越会吸引更多的人口流动。在列(4)进一步加入地区层面的控制变量,发现在同时控制进口贸易自由化、出口关税削减和地区层面的其他影响因素,$TPU_{c,2000} \times Post_{02}$ 的估计系数仍然显著为正,再次检验了地区贸易政策的不确定性降低显著提高了人口流动的比例。在贸易政策不确定性大幅降低的地区,人口流动比例较高。

表 4-2　基准回归结果

回归系数　　　　自变量	各解释变量核心回归系数			
	(1)	(2)	(3)	(4)
$TPU_{c,2000} \times$ $Post_{02}$	0.00975 *** (0.00216)	0.0360 *** (0.0127)	0.0375 *** (0.0131)	0.0548 *** (0.0142)
Import Tariff	—	—	0.0232 (0.0442)	0.0175 (0.0582)
Export Tariff	—	—	0.00455 (0.0696)	−0.0571 (0.0812)
ln*pgdp*	—	—	—	0.00109 (0.00678)
ln*density*	—	—	—	0.0180 (0.0424)
ln*fdi*	—	—	—	1.22e−05 (0.00208)
ln*expend*	—	—	—	0.00790 (0.0216)
Prefecture FE	否	是	是	是
Time FE	否	是	是	是
观测值	686	686	686	603
R^2	0.005	0.947	0.947	0.965

注:*、**、*** 分别表示在 10%、5%、1% 的置信水平下显著,括号内为以地区聚类的稳健标准误差。

二、双重差分模型设定的有效性检验

为了保证双重差分估计结果的可靠性,本章以双重差分法识别假设条件为基础进一步检验模型设定的有效性。

（一）事前平行趋势检验

使用双差法最重要的前提是通过平行趋势检验。即在不受外交政策冲击的情况下，处理组和对照组的结果变量是沿着同一趋势发展的，在这种条件下的处理组和对照组才具有可比性。基于此，本章使用法奇尼等（Facchini等，2018）的类似做法，使用1990年和2000年人口普查数据计算出1990年和2000年各个地区流动人口比重（即认为1990年和2000年都属于冲击发生之前），因此将1990年和2000年各个地区流动人口比重作为被解释变量，2001年地区贸易政策不确定性指标为解释变量进行估计。表4-3中列（1）显示了平行趋势检验的结果。交互项的估计系数并不显著，即政策冲击前处理组与对照组的外来人口迁移不受地区贸易政策不确定性降低的影响。这表明本章双重差分模型估计中的处理组和对照组满足平行趋势检验，处理组和对照组具有可比性。

（二）安慰剂检验

本章使用中国加入世界贸易组织之前的1990年和2000年人口普查样本，改变政策发生的时间节点进行安慰剂检验（Topalova，2010）。具体来说，本章利用1990年的关税差额（非正常贸易关税与最惠国关税）并将1990年地区—行业就业份额作为权重进行加权，来构建1990年地区贸易政策不确定性指标；关于时间虚拟变量的设定，$Post_{02}$在1990年为0，2000年为1；此外，在安慰剂检验部分，被解释变量仍为1990年和2000年的各个地区流动人口比重。在这种情形下，如果交互项的估计系数显著，则说明存在其他非观测因素对回归结果产生干扰。表4-3列（2）显示，回归系数不显著，表明在中国加入世界贸易组织之前，地区贸易政策不确定性未对该地区的外来移民流入产生明显的影响，再次验证了本章研究结论的可靠性。

表4-3 双重差分模型设定的有效性检验

回归系数 自变量 回归类别	各解释变量核心回归系数	
	（1）	（2）
	平行趋势检验	安慰剂检验
$TPU_{c,2000} \times Post_{02}$	0.0165 (0.0139)	—
$TPU^{1990} \times Post_{95}$	—	0.0168 (0.0142)
Prefecture FE	是	是
Time FE	是	是

续表

自变量 \ 回归系数	各解释变量核心回归系数	
	（1）	（2）
观测值	642	642
R^2	0.8249	0.8250

注：*、**、*** 分别表示在 10%、5%、1% 的置信水平下显著，括号内为以地区聚类的稳健标准误差。

（三）稳健性检验

1. 改变贸易政策不确定性指标的权重

基准回归模型是以 2000 年各地区可贸易部门行业的就业结构作为权重，并将行业层面的贸易政策不确定性指标在地区层面进行加总。为了得到稳健的结果，本书在表 4-4 的列（1）中，以 1990 年的就业结构为权重，结果表明交互项的估计系数仍然显著为正，表明地区贸易政策不确定性的降低会显著促进该地区的人口流入。而且这种正向促进作用是具有稳健性的，该结论不会因权重的差异而改变。

表 4-4　稳健性检验

自变量 \ 回归系数	各解释变量核心回归系数			
	（1）	（2）	（3）	（4）
样本分组	TPU₂ 权重 为 1990 年	TPU₃ 由 差值改为比值	控制国企改革 和外资管制	16—60 岁劳动人口 的流动人口比重
$TPU2_{c,2000} \times Post_{02}$	0.0186 ** （0.00745）	—	—	—
$TPU3_{c,2000} \times Post_{02}$	—	0.0555 *** （0.0144）	—	—
$TPU_{c,2000} \times Post_{02}$	—	—	0.0590 *** （0.0163）	0.0652 *** （0.0177）
Import Tariff	0.0312 （0.0306）	0.0165 （0.0584）	0.0400 （0.0691）	0.0161 （0.0738）
Export Tariff	−0.0430 （0.0404）	−0.0550 （0.0812）	−0.0496 （0.0871）	−0.0364 （0.0958）
lnwaizi	—	—	4.96e−05 （0.00720）	—
lnguoqi	—	—	0.00240 （0.00666）	—
Prefecture Controls	是	是	是	是

续表

回归系数 自变量	各解释变量核心回归系数			
	（1）	（2）	（3）	（4）
Prefecture FE	是	是	是	是
Time FE	是	是	是	是
观测值	572	603	567	603
R^2	0.961	0.965	0.965	0.961

注：*、**、*** 分别表示在 10%、5%、1% 的置信水平下显著，括号内为以地区聚类的稳健标准误差。

2. 其他贸易政策不确定性指标

在本章基准回归中均是采用皮尔斯和肖特（Pierce 和 Schott，2016a）的做法，即 $TPU_h = Tariff_{COL2,h} - Tariff_{MFN,h}$ 来衡量贸易政策不确定性指标。在表 4-4 列（2）中，本章采用王等（Wang 等，2018）的方法来衡量贸易政策不确定性指标，即 $TPU_h = \dfrac{1 + Tariff_{COL2,h}}{1 + Tariff_{MFN,h}} - 1$。从表 4-4 的列（2）可以看出，交互项的估计系数仍然显著为正，再次表明地区贸易政策不确定性下降使该地区的外来流动人口比重提高的结论并不会因为贸易政策不确定性指标测算方法的改变而有所不同。

3. 国有企业改革和外商投资放松管制

除了中国加入世界贸易组织带来的贸易自由化外，同期国有企业改革和外资放松管制也可能对人口迁移产生影响。因此，在本章中，我们将在基准回归的基础上进一步控制这两种政策的影响效应。本章借鉴了李楠和乔榛（2010）[1]的研究方法，利用地方国有企业数量的对数来测度同期国有企业的改革情况。并参考路和余（Lu 和 Yu，2015）[2]的思路，用本地外国公司数量的对数被用来测算外商投资放松管制的情况。表 4-4 中列（3）的回归结果显示，在控制了外资管制放松和国有企业改革政策之后，核心解释变量的估计系数依然稳健为正，再次表明地区贸易政策不确定性下降有利于该地区的外来人口流入。

---

[1] 李楠、乔榛：《国有企业改制政策效果的实证分析——基于双重差分模型的估计》，《数量经济技术经济研究》2010 年第 2 期。

[2] Y. Lu, L. Yu, "Trade Liberalization and Markup Dispersion: Evidence from China's WTO Accession", *American Economic Journal: Applied Economics*, Vol.7, No.4, 2015.

4. 16—60 岁劳动人口的移民流入比重

除了基准回归中采用总人口中流动人口所占比重,本章借鉴袁(Yuan 等,2015)[1]和法奇尼等(Facchini 等,2018)的做法,使用 16—60 岁劳动人口中外来人口所占比重再次考察贸易政策不确定性对人口迁移的影响,结果见表 4-4 中的列(4)。从回归结果可以看出,交互项的估计系数仍然稳健为正,表明地区贸易政策不确定性下降对 16—60 岁劳动人口中的移民流入同样具有显著的促进作用,即本章的结论对于 16—60 岁劳动人口样本来说依然是稳健的。

三、异质性分析

上文中本章已详细分析了地区贸易政策不确定性对该地区外来移民的平均影响效应,为了检验模型的稳健性,考察回归的异质性特征,本章通过引入流动人口的迁移原因以及就业部门来进一步考察地区贸易政策不确定性下降对人口迁移的异质性影响效应。

(一) 流动人口的迁移原因

在 2000 年和 2005 年的全国人口普查的数据记录了流动人口离开登记居住地的原因,其中包括就业和经商、转移、研究和培训、婚姻和移民等情况。在本章中,将根据受访者迁移的原因将流动人口分为两类:一类是因为工作改变而迁移的流动人口,迁移的理由是"务工经商"和"工作调动";另一类是因除"务工经商"和"工作调动"以外其他原因迁移的流动人口。在本章中,将基于这两种不同迁移类型来计算每个地区因工作迁移的流动人口占总人口的百分比和因其他原因迁移的流动人口占总人口的百分比,分别作为本章的两个因变量进行估计。回归结果见表 4-5 中的列(1)和列(2)。研究结果表明了地区贸易政策不确定性降低对人口迁移存在影响,并且在是否因工作而迁移和因其他原因而迁移两种情况之间存在明显不同。地区贸易政策不确定性降低对因工作而迁移的流动人口具有显著的正向影响,但对因其他原因迁移的流动人口没有产生显著的影响。由此可见,相较于贸易政策不确定性降幅较小的地区,外来人口选择迁移到贸易政策不确定性降幅较大的地区主要是由于工作原因而非其他原因的影响。

---

[1]   Y. Yuan, Z. Rong, R. Yang, et al., "Instability of Migrant Labor Supply in China: Evidence from Source Areas for 1987-2008", *Eurasian Geography and Economics*, Vol.56, No.3, 2015.

表 4-5　异质性分析结果

回归系数 自变量	各解释变量核心回归系数				
	（1）	（2）	（3）	（4）	（5）
样本分组标准	因工作而迁移	其他原因迁移	农业	贸易	服务业
$TPU_{c,2000} \times Post_{02}$	0.0275** (0.0118)	-0.00341 (0.00990)	0.00586 (0.00568)	0.0314*** (0.0110)	0.0258** (0.0111)
Import Tariff	-0.00909 (0.0410)	0.0149 (0.0409)	0.00627 (0.0217)	0.0250 (0.0346)	-0.00838 (0.0575)
Export Tariff	-0.0843 (0.0567)	-0.0956 (0.0659)	-0.00499 (0.0247)	0.0151 (0.0546)	-0.0443 (0.0680)
Prefecture Controls	是	是	是	是	是
Prefecture FE	是	是	是	是	是
Time FE	是	是	是	是	是
观测值	603	603	603	603	603
R^2	0.965	0.903	0.860	0.974	0.921

注：*、**、*** 分别表示在 10%、5%、1%的置信水平下显著，括号内为以地区聚类的稳健标准误差。

（二）流动人口就业部门

考虑到针对不同的就业部门，贸易政策不确定性对其外来人口流入的影响是有显著差异的。因此，本章根据就业部门的不同，将流动人口样本划分为农业部门、可贸易部门和服务业部门三类，分别计算出各地区不同的就业部门中流动人口所占的比重，并将其作为回归的解释变量，同时将在表 4-5 的列（3）至列（5）中报告上述回归估计的结果。回归结果表明，地区贸易政策的不确定性降低对农业部门的人口流入没有显著影响，但对于可贸易部门和服务业部门来说，地区贸易政策不确定性降低将显著增加其外来流动人口的比例。此外，表 4-5 中列（4）交互项的估计系数相对较大，说明地区贸易政策不确定性下降对可贸易部门人口迁入的促进作用更大。导致这一结果可能的原因在于，贸易政策不确定性下降显著提高了企业对劳动力的需求（李胜旗和毛其淋，2018），其会通过外部溢出效应对服务业产生影响，但相比而言，贸易政策不确定性下降会直接作用于可贸易部门（Erten 等，2019）[①]，而上文的研究结果显示，流动人口主要是由于工作原因而进行迁移的，因此，可贸易部门外来人口流入受地区贸易政策不确定性降

[①] B.Erten, J.Leight, F.Tregenna, "Trade Liberalization and Local Labor Market Adjustment in South Africa", *Journal of International Economics*, Vol.118, 2019.

低的影响最大,服务业部门受到的影响则相对较小。

第四节　基于迁移摩擦视角的机制检验

前文发现,地区贸易政策不确定性下降与该地区的人口流动存在显著的正向关系,并且这一结论具有很好的稳健性。结合前文的理论机制分析,本章基于迁移摩擦视角,从工资、户籍和政府限制以及城市舒适度三个维度,对地区贸易政策不确定性影响外来人口迁移的作用机制进行检验。

一、工　资　水　平

由于劳动力在不同地区之间流动是存在迁移摩擦的,个人的迁移选择主要受迁移收益和迁移成本的影响。对于理性人来说,当迁移后的收益高于迁移所需付出的成本时,个人会更倾向于选择迁移,而其中工资水平是迁移收益所体现的一个方面。郭东杰和王晓庆(2013)的研究表明,伴随贸易开放,沿海地区较高的工资水平吸引了大量的内地劳动力,导致沿海地区的流动人口比重大幅度提升。受此启发,本章试图检验提高地区平均工资是否是降低地区贸易政策不确定性以影响移民涌入的重要途径。采用以下计量模型:

$$Wage_{ct} = \alpha + \beta_1 TPU_{c,2000} \times Post_{02} + \beta_2 Import\ tariff_{ct}$$
$$+ \beta_3 Export\ tariff_{ct} + \delta X'_{ct} + \mu_c + \lambda_t + \xi_{ct} \qquad (4-14)$$

其中,$Wage_{ct}$ 为地区职工平均工资的对数值,数据主要来源于中国区域经济统计年鉴以及中国城市统计年鉴,其余变量的含义与基准回归相同。表4-6中列(1)报告了对式(4-14)的估计结果。结果发现,交互项的估计系数在1%的水平上显著为正,结果显示地区的平均工资水平因地区贸易政策不确定性的降低而显著提升,即相较于贸易政策不确定性降幅小的地区,贸易政策不确定性降幅大的地区在中国加入世界贸易组织后具有更高的工资水平,这同李胜旗和毛其淋(2018)从行业层面考察贸易政策不确定性变动对企业工资影响的研究结论相一致。接下来,在基准回归表4-2列(4)的基础上,将总样本根据地区平均工资的中位数分为平均工资水平较高的地区和平均工资水平较低的地区,将地区流动人口所占比重作为因变量分别对上述两个分样本进行回归分析,估计结果见表4-6中列(2)和列(3)。结果显示,无论是平均工资较高的地区还是平均工资较低的地区,交互项系数均是显著为正的。不过,通过比较列(2)和列(3)交互项的估计系数大小和显著性可知,地区贸易政策不确定性下降对平均工较高地区的人口流动促进作用要明显大于平均工资较低的地区。为了对组间回归的系数差异进行更为准确的分析,本章利用基于似无相关模型的检验方法(Suest),验证分组间回归系数是否存在差异。检验结果可以看出,平均工资较高地区和平均工资较低地区之间的交互项估计系数确实存在显著差异。因此,地区贸易政策不确定性下降的确会通过提升地区平均工资水平这一渠道显著促进该地区的外来移民流入,这与本章的理论预期是相吻合的。

表4-6　地区平均工资渠道的检验结果

回归系数 / 自变量 / 样本分组标准	各解释变量核心回归系数		
	（1）地区平均工资	（2）平均工资较高地区	（3）平均工资较低地区
$TPU_{c,2000} \times Post_{02}$	0.225*** (0.0849)	0.0652** (0.0260)	0.0348* (0.0209)
Import Tariff	0.342 (0.328)	0.0446 (0.142)	0.0192 (0.101)
Export Tariff	0.430 (0.467)	−0.0444 (0.147)	0.00356 (0.136)
Prefecture Controls	是	是	是
Prefecture FE	是	是	是
Time FE	是	是	是
观测值	596	307	289
R^2	0.935	0.973	0.936
Suest 检验	—	4.93** (0.0264)	

注: *、**、*** 分别表示在10%、5%、1%的置信水平下显著,括号内为以地区聚类的稳健标准误差。

二、户籍和地方政府立法管制

(一) 户籍管制

全国人大常委会于1958年1月通过的《中华人民共和国户口登记条例》中首次将"农业户口"和"非农业户口"进行了明确区分。在没有城镇户口的情况下,农村人口即使流向城市,也无法留在城市。1975年,《中华人民共和国宪法》进一步修正,并逐步形成了当前的户籍制度。改革开放后,中国户籍制度开始改革,中央和地方政府所颁布的流动人口政策由"紧"变"松",户籍制度限制人口迁移和流动的功能逐步减弱。随着市场经济的发展,城市落户决定权由中央纵向管制转为地方横向自治,地方政府拥有很大的自由裁量权,可根据本地的经济发展状况和综合承载能力决定地方落户的具体条件和指标数量(吴开亚等,2010)[1]。但是,城镇户口落户条件的量化标准在不同地区间存在较为悬殊的差异。例如,众所周知,在北京或上海获得户口并不容易,但广东省东莞市为流动人口提供了相对宽松的户籍准入规定以吸引低技能劳动力进入该地区的制造业部门工作(Kinnan等,2015)[2]。正是由于不同地区的落户门槛存在差异,各地区获得户口的难易程度具有异质性。外来流动人口的迁移决策将直接受其获得迁入地户籍的难易程度影响,当获得迁入地户口的概率较小时,他们流入该地区的倾向也会随之下降。因此,根据逻辑分析,本章认为,由于地区贸易政策的不确定性降低,整个地区的流动人口比例显著增加,但与户籍管理制度较严格的地区相比,实行较宽松户籍管理制度的地区的人口流动比例会受到更为明显的正向影响。

本章借鉴袁等(Yuan等,2015)的方法,利用2000年人口普查数据,根据个人在迁入地定居后获得迁入地户口的可能性来推断出迁入地户籍制度管制的严格程度,据此构建出地区户籍摩擦指数。[3] 本章选取2000年人口普查中1995—2000年迁移到非出生地的个人作为总样本,估计以下方程:

$$hukou_i = \alpha + \beta_1 age_i + \beta_2 age2_i + \beta_3 gender_i + ethnicity_i + marriage_i$$
$$+ retime_i + \Delta(\ln pGDPa_i - \ln pGDPo_i) + rural_i + withinprov_i$$
$$+ education_i + \lambda_c \qquad (4\text{-}15)$$

其中,i 和 c 分别表示个人和地区。因变量 $hukou_i$ 表示个人 i 的户籍状态,若个人在2000年11月之前已经获得了迁入地的户口,则 $hukou$ 取值为

---

① 吴开亚、张力、陈筱:《户籍改革进程的障碍:基于城市落户门槛的分析》,《中国人口科学》2010年第1期。

② C.Kinnan,S.Y.Wang,Y.Wang,"Relaxing Migration Constraints for Rural Households",*National Bureau of Economic Research*,2015.

③ 本章参照袁(2016),采用2000年人口普查0.095%的微观调查数据来构建户籍摩擦指数。它包含了丰富的个人户籍迁移信息,例如个人户籍登记状况以及户籍在过去五年的迁移历史。由于2005年人口抽样调查中不具备个人户籍迁移的历史信息,无法利用2005年的微观数据计算出2005年的户籍摩擦指数。但袁(2016)认为中央政府在1997年发起的户籍制度改革主要是对当时现有的户籍政策进行调整,自2002年年中,这项户籍制度改革基本被搁置。2000年至2010年,户籍制度并没有进行实质性的改革。因此,袁(2016)利用2000年测算出的各地区获得户口难易程度来衡量2000年至2010年与户籍制度有关的迁移成本。

1,否则取值为0(2000年11月为2000年人口普查调查时间)。解释变量包括个人的特征变量,如年龄(age)、年龄的平方项(age^2)、性别($gender$)、婚姻状况($marriage$)、受教育水平($education$)和居住迁入地年限($retime$)。$rural_i$为个人是否是从农村地区迁出的虚拟变量,若个人是从农村地区迁出,$rural$取值为1,否则为0;$withinprov_i$为个人是否是省内迁移的虚拟变量,若个人迁入地和迁出地为同一省份,$withinprov$取值为1,否则取值为0;$\Delta(lnpGDPa_i - lnpGDPo_i)$为个人迁入省份和迁出省份人均国内生产总值对数值的差值;λ_c为地区固定效应,即本章估计出的地区户籍摩擦指数。本章进一步将估计式(4-15)得出的地区户籍摩擦指数λ_c简单平均到省份层面(λ_p),并采用式(4-16)将简单平均后的省份层面户籍摩擦指数归一化,得到最终的省份层面户籍迁移摩擦指数,取值范围为 $[0,1]$ 。

$$hukou\ friction_p = \frac{\lambda_p - \min\lambda_p}{\max\lambda_p - \min\lambda_p} \qquad (4-16)$$

户籍迁移摩擦指数 $hukou\ friction_p$ 是与户籍制度管制程度呈相反关系的指标,$hukou\ friction_p$ 越小,说明省份 p 的户籍制度管制越紧,获得该省份的户口越难,户籍迁移摩擦越大。本章构造户籍迁移摩擦虚拟变量(FZ),以户籍迁移摩擦指数 $hukou\ friction_p$ 的中位数为划分标准,若迁入省份的 $hukou\ friction_p$ 大于中位数,FZ 取值为1,属于户籍迁移摩擦较小的地区,否则取值为0。为了检验本章的理论预期,将虚拟变量(FZ)与 $TPU_{c,2000} \times Post_{02}$ 形成三重交互项,然后在基准模型(1)中加入三重交互项进行估计。如表4-7列(1)所示,三重交互项的估计系数显著为正,这说明相较于户籍迁移摩擦较大的地区,地区贸易政策不确定性降低对户籍迁移摩擦较小的这部分地区流动人口比重的提升作用更为明显,这意味着户籍管制放松是地区贸易政策不确定性下降促进人口流动的一个可能渠道。

表4-7 户籍和政府管制渠道的检验结果

回归系数 / 自变量 / 样本分组标准	各解释变量核心回归系数		
	(1)	(2)	(3)
	户籍迁移摩擦		地方政策友好程度
	所有流动人口	从农村流出的个人	总体
$TPU_{c,2000} \times Post_{02} \times FZ$	0.00885* (0.00461)	—	—
$TPU_{c,2000} \times Post_{02} \times FZ1$	—	0.00848* (0.00511)	—

续表

回归系数 自变量	各解释变量核心回归系数		
	(1)	(2)	(3)
样本分组标准	户籍迁移摩擦		地方政策友好程度
	所有流动人口	从农村流出的个人	总体
$TPU_{c,2000} \times Post_{02} \times$ $\ln regulation\ score_p$	—	—	0.0330** (0.0155)
$TPU_{c,2000} \times Post_{02}$	0.0462*** (0.0138)	0.0496*** (0.0140)	0.00346 (0.0609)
$TPU_{c,2000} \times$ $\ln regulation score_p$	—	—	−0.0800 (0.0819)
$Post_{02} \times$ $\ln regulation score_p$	—	—	0.0455** (0.0212)
$\ln regulation\ score_p$	—	—	−0.158 (0.120)
$Import\ Tariff$	0.00462 (0.0579)	0.0106 (0.0598)	0.0109 (0.0603)
$Export\ Tariff$	−0.0479 (0.0773)	−0.0512 (0.0821)	−0.0430 (0.0785)
$Prefecture\ Controls$	是	是	是
$Prefecture\ FE$	是	是	是
$Time\ FE$	是	是	是
观测值	603	603	603
R^2	0.965	0.965	0.967

注：*、**、*** 分别表示在10%、5%、1%的置信水平下显著，括号内为以地区聚类的稳健标准误差。

考虑到当流动人口来自经济发展较为发达的地区，个人可能出于自身原因不愿意改变和获得迁入地户口，而不是由于迁入地落户门槛过高导致得不到迁入地户口的情况，本章只使用来自农村的人口来构造户籍迁移摩擦指数，具体构建方法与上文相同，最终生成新的虚拟变量 FZ1。表4-7中列(2)的回归结果中，三重交互项的估计系数大小与列(1)基本相同，再次验证了在贸易政策不确定性下降幅度相同的两个地区，户籍管制越松，外来人口占比越高这一结论。

（二）地方迁移政策友好程度（地方政府立法管制）

户籍制度中，最受关注的是城市落户政策。2000年后，随着中国的落户决定权被下放,中国的户籍新政开始从管理向服务转变①。各城市开始出台地方政策改善合法迁入人口的福利,保护流动人口在工作场所的合法权利,部分城市允许随迁子女在迁入地享受义务教育,外来人口可以享受迁入地的一些基本公共服务。然而,不同地方政府所颁布的政策对流动人口的友好程度具有显著差异,例如,2000 年武汉《关于进一步做好国有企业下岗职工进出再就业服务中心再就业工作的实施意见》中明确指出,劳动、工商、公安、城建等部门应进一步加大清退外来劳动力力度,清腾出适合于下岗职工的岗位;同时,厦门市也通过出台相应的规章制度,要求用人单位应为外来从业人员缴纳基本医疗保险费,在医疗保障方面与市民同等待遇。

本章借鉴金南等(Kinnan 等,2015)和田(Tian,2022)的方法来衡量地方迁移政策对流动人口的友好程度,以"流动人口""户籍""暂住""外来务工"等 11 个词语为关键词使用北大法宝数据库收集 2000 年和 2005 年地区层面的迁移政策,为每个迁移政策打分$\{-2,2\}$得到迁移政策友好指数,-2 表示非常不利于外来人员,-1 表示不利,0 表示中性,1 表示有利于,2 表示非常有利。本章进一步将迁移政策友好指数简单加总到省份层面,形成地区迁移政策友好指数 $regulation\ score_p$,地区迁移政策友好指数越大,说明该地方政府对外来人口友好程度越高。

为了检验地方迁移政策友好程度,即地方政府立法管制是否是地区贸易政策不确定性影响人口迁移的渠道,本章继续引入地区迁移政策友好指数的对数值 $\ln regulation\ score_p$,进而形成三重交互项($TPU_{c,2000} \times Post_{02} \times \ln regulation\ score_p$),扩展模型设定如下:

$$
\begin{aligned}
Migshare_{ct} = {} & \alpha + \beta_1 TPU_{c,2000} \times Post_{02} \times \ln regulation\ score_p + \beta_2 TPU_{c,2000} \times Post_{02} \\
& + \beta_3 Post_{02} \times \ln regulation\ score_p + \beta_4 TPU_{c,2000} \times \ln regulation\ score_p \\
& + \beta_5 \ln regulation\ score_p + \beta_6 Import\ tariff_{ct} + \beta_7 Export\ tariff_{ct} + \delta X'_{ct} \\
& + \mu_c + \lambda_t + \xi_{ct}
\end{aligned}
\tag{4-17}
$$

对式(4-17)进行估计,回归结果见表 4-7 中列(3)。回归结果表明,三重交互项 $TPU_{c,2000} \times Post_{02} \times \ln regulation\ score_p$ 的估计系数为正且在 5% 的水平下显著,说明地区贸易政策不确定性降低对迁移政策友好程度高地区的流动人口比重的平均促进作用更大。因此,地方迁移政策友

① 2001 年,公安部部长在接受媒体采访中指出"现阶段,中国的就业体系、教育体系和社会保障体系都在不断演变,中国加入世界贸易组织是一个将户籍制度从管理向服务转变的机会"。

好程度是影响地区贸易政策不确定性与该地区外来人口流入的一个可能原因。

（三）地区舒适度

个人的迁移决策不仅取决于地区的相对收入水平、户籍和地方政府立法管制程度,同样与地区就业环境和城市公共品供给水平有关。大量研究发现,城市公共品供给(如公立学校教育质量、医疗服务水平、道路交通基础设施便利度等)与人口的迁入呈正相关关系(董理和张启春,2014[1];李拓和李斌,2015[2];何文举等,2018[3])。戴蒙德(Diamond,2016)[4]认为,城市公共服务能力是城市舒适度的重要体现之一,地区舒适度水平反映了该地区的就业环境好坏。佛罗里达(Florida,2002)[5]、弗格森和伍德伯里(Ferguson和Woodbury,2007)[6]、帕特里奇(Partridge,2010)[7]以及罗德里格斯和凯特勒(Rodriguez-Pose和Ketterer,2012)[8]的研究均表明城市舒适度对流动人口的迁入地选择具有重要作用。受此启发,本章试图检验地区贸易政策不确定性下降对该地区外来移民流入的影响是否与该地区的舒适度水平有关。

本章借鉴戴蒙德(2016)的做法,将地区舒适度(amenity)归纳为健康(health amenity)、休闲(retail amenity)、交通(transport amenity)和环境(environment amenity)四个维度,每个维度下又可划分为若干个二级指标,对二级指标的样本数据进行归一化处理,以消除各指标单位的不同和指标数据量纲大小的差异,将处理后的二级指标及其相对应的权重简单加总,分别测算出四个维度的舒适度指数(retailzs、environmentzs、transportzs和healthzs),各维度和细分指标具体信息见表4-8。

① 董理、张启春:《我国地方政府公共支出规模对人口迁移的影响——基于动态空间面板模型的实证研究》,《财贸经济》2014年第12期。
② 李拓、李斌:《中国跨地区人口流动的影响因素——基于286个城市面板数据的空间计量检验》,《中国人口科学》2015年第2期。
③ 何文举、刘慧玲、颜建军:《基本公共服务支出、收入水平与城市人口迁移关系——以湖南省市域中心城市为例》,《经济地理》2018年第12期。
④ R.Diamond,"The Determinants and Welfare Implications of US Workers' Diverging Location Choices by Skill:1980-2000",American Economic Review,Vol.106,No.3,2016.
⑤ R.Florida,"The Economic Geography of Talent",Annals of the Association of American Geographers,Vol.92,No.4,2002.
⑥ G.Ferguson,A.D.Woodbury,"Urban Heat Island in the Subsurface",Geophysical Research Letters,Vol.34,No.23,2007.
⑦ M.D.Partridge,"The Duelling Models:NEG vs Amenity Migration in Explaining US Engines of Growth",Papers in Regional Science,Vol.89,No.3,2010.
⑧ A.Rodriguez-Pose,T.D.Ketterer,"Do Local Amenities Affect the Appeal of Regions in Europe for Migrants?",Journal of Regional Science,Vol.52,No.4,2012.

表 4-8　地区舒适度维度及指标说明

维度	指标	数据归一化方式	权重
休闲 （retailzs）	每千人拥有的影院数量（所）	$x' = \dfrac{x - \min}{\max - \min}$	1/2
	人均公共图书馆藏书量（册）		1/2
环境 （environmentzs）	城市绿化率（%）		1/2
	工业废水排放达标率（%）		1/2
交通 （transportzs）	每万人拥有公共汽车（电车）量（辆）		1/2
	人均道路面积（平方米）		1/2
健康 （healthzs）	每百人拥有的医院数量（所）		1/3
	每百人拥有的医生数量（人）		1/3
	人均医疗机构病床量（张）		1/3

注：表4-8中的指标数据来自《中国区域经济统计年鉴》和《中国城市统计年鉴》。

为检验地区舒适度在地区贸易政策不确定和人口流动之间所起的作用，本章引入变量 amentyzs ，构建以下回归模型：

$$Migshare_{ct} = \alpha + \beta_1 TPU_{c,2000} \times Post_{02} \times amentyzs_{ct} + \beta_2 TPU_{c,2000} \times Post_{02}$$
$$+ \beta_3 Post_{02} \times amentyzs_{ct} + \beta_4 TPU_{c,2000} \times amentyzs_{ct} + \beta_5 amentyzs_{ct}$$
$$+ \beta_6 Import\ tariff_{ct} + \beta_7 Export\ tariff_{ct} + \delta X'_{ct} + \mu_c + \lambda_t + \xi_{ct} \quad (4\text{-}18)$$

其中，$amentyzs_{ct}$ 为地区舒适度变量，在具体回归中分别用休闲舒适度指数（ retailzs ）、环境舒适度指数（ environmentzs ）、交通舒适度指数（ transportzs ）和健康舒适度指数（ healthzs ）来表示。表4-9报告了对式(4-18)的估计结果，结果显示四个维度的舒适度指数与 $TPU_{c,2000} \times Post_{02}$ 形成的三重交互项的估计系数均显著为正，结果表明，地区舒适度水平越高，地区贸易政策不确定性降低对促进地区人口迁移的促进作用越大。简而言之，地区舒适度水平加强了贸易政策不确定性降低对该地区外来人口流入的促进作用。综合上述分析，本章发现地区贸易政策不确定性下降对该地区外来移民流入的影响确实与该地区的舒适度水平有关，地区舒适度是影响二者之间关系的一个可能渠道。

表 4-9　城市舒适度渠道的检验结果

回归系数 自变量	各解释变量核心回归系数			
	（1）	（2）	（3）	（4）
$TPU_{c,2000} \times Post_{02} \times retailzs$	0.332[**] (0.136)	—	—	—
$TPU_{c,2000} \times Post_{02} \times environmentzs$	—	0.387[*] (0.229)	—	—

续表

回归系数　　　自变量	各解释变量核心回归系数			
	（1）	（2）	（3）	（4）
$TPU_{c,2000} \times Post_{02} \times transportzs$	—	—	0.251* (0.152)	—
$TPU_{c,2000} \times Post_{02} \times healthzs$	—	—	—	0.210** (0.102)
$TPU_{c,2000} \times Post_{02}$	-0.100* (0.0577)	-0.289 (0.202)	-0.101 (0.0879)	-0.0689 (0.0510)
$TPU_{c,2000} \times retailzs$	-0.255 (0.205)	—	—	—
$TPU_{c,2000} \times environmentzs$	—	-0.0333 (0.131)	—	—
$TPU_{c,2000} \times transportzs$	—	—	0.181 (0.202)	—
$TPU_{c,2000} \times healthzs$	—	—	—	0.136 (0.199)
$Post_{02} \times retailzs$	0.429** (0.177)	—	—	—
$Post_{02} \times environmentzs$	—	0.594 (0.364)	—	—
$Post_{02} \times transportzs$	—	—	0.286 (0.185)	—
$Post_{02} \times healthzs$	—	—	—	0.244 (0.152)
$retailzs$	-0.311 (0.273)	—	—	—
$environmentzs$	—	0.594 (0.364)	—	—
$transportzs$	—	—	0.318 (0.269)	—
$healthzs$	—	—	—	0.270 (0.291)
$Import\ Tariff$	0.0150 (0.0648)	0.0328 (0.0635)	0.0892 (0.0797)	0.0209 (0.0609)
$Export\ Tariff$	-0.0128 (0.0751)	-0.0336 (0.0801)	-0.0769 (0.0867)	-0.0899 (0.0892)
$Prefecture\ Controls$	是	是	是	是
$Prefecture\ FE$	是	是	是	是

续表

回归系数 自变量	各解释变量核心回归系数			
	（1）	（2）	（3）	（4）
Time FE	是	是	是	是
观测值	534	528	530	592
R^2	0.971	0.970	0.972	0.966

注：*、**、***分别表示在10%、5%、1%的置信水平下显著，括号内为以地区聚类的稳健标准误差。

　　综上来看，本章基于中国加入世界贸易组织后地区贸易政策不确定性降低的外生冲击，对其引致的人口流动和相关劳动力效应的影响，并利用2000年和2005年全国人口普查（调查）的数据和双重差分模型，进行了细致检验和相关实证结论的分析。本章得出以下结论：地区贸易政策不确定性降低显著推动了该地区的外来人口流入；进一步基于城市包容性的影响渠道检验表明，地区贸易政策不确定性下降通过提升该地区的工资收入水平吸引外来人口。另外，户籍管制放松、地方政府迁移友好程度提高以及城市舒适度水平均强化了地区贸易政策不确定性下降对人口迁移的促进作用。本章还检验了地区贸易政策不确定性下降对人口流动的异质性影响：首先就迁移原因而言，地区贸易政策不确定性降低对因工作而迁移的流动人口具有显著的正向促进作用，对因其他原因而迁移的外来流动人口没有产生显著的影响；其次就外来流动人口就业部门而言，相较于服务业部门，可贸易部门外来人口流入受地区贸易政策不确定性降低的影响更大；再次，从迁移距离以及迁移方向来看，地区贸易政策不确定性降低会推动外来人口在省际以及在同省不同城市之间的流动，从省际流动的流动方向来看，贸易政策不确定性下降显著促进了人口向沿海地区的流动；最后，本章还考察了地区贸易政策不确定性降低对外来流动人口婚育行为的影响，研究发现，地区贸易政策不确定性下降将会明显提前该地区流动人口的初婚年龄，同时对女性流动者的生育数量具有显著的促进作用，对于该地区户籍人口的家庭调整没有明显的影响。

第五章 贸易政策不确定性影响中国劳动力就业与工资的实证研究

　　劳动力市场调整的贸易诱因一直以来是贸易理论界和政策制定者关心的核心议题,并成为困扰公众认识贸易自由化的母国就业效应的重要障碍(Goldberg 和 Pavcnik,2005[①];2007[②];2016[③];Pavcnik,2017[④])。但随着全球化深入发展和全球价值链分工细化带来的分配矛盾不断累积,"逆全球化"浪潮逐步兴起,尤其是近年来以"英国脱欧""特朗普当选"并发起中美贸易摩擦为标志,全球贸易政策不确定性面临进一步加大的风险(佟家栋等,2017;Handley 和 Limão,2017a;张明等,2019[⑤])。不仅如此,贸易政策不确定性冲击也被认为是影响劳动力市场就业和工资调整的重要推动力。一方面,贸易政策不确定性冲击通过影响要素配置的约束条件和总价格指数,改变了劳动力市场竞争环境和福利水平;另一方面,贸易政策不确定性也会影响劳动力市场供求调整和劳动力在城际、部门间迁移,并重塑劳动力市场的分布格局。按此逻辑,考虑到中国对外贸易发展与全球政治经济环境动荡引致的贸易政策不确定性风险密切相关,那么基于贸易政策冲击理解中国劳动力市场的就业调整,不仅为清晰认识开放条件下中国劳动力市场变迁提供了全新的视角,也为贯彻落实党的十九大报告和政府工作报告中强调的协同推进全方位对外开放和就业优先战略提供了经验支持。

　　本章考虑中国加入世界贸易组织后,中美之间确立永久性的正常贸易伙伴关系,作为降低中美贸易政策不确定性的"准自然实验"。借此对贸易

① P.K.Goldberg,N.Pavcnik,"Short-term Consequences of Trade Reform for Industry Employment and Wages:Survey of Evidence from Colombia",*The World Economy*,Vol.28,No.7,2005.

② P.K.Goldberg, N.Pavcnik, "The Effects of the Colombian Trade Liberalization on Urban Poverty",*NBER Chapters*,2007.

③ P.K.Goldberg, N.Pavcnik, "The Effects of Trade Policy",*Handbook of Commercial Policy*,Vol.4,No.2,2016.

④ M.Pavcnik, "Questioning the Moral Understanding of Law",*DANUBE:Law and Economics Review*,Vol.8,No.2,2017.

⑤ 张明、陈伟宏、蓝海林:《中国企业"凭什么"完全并购境外高新技术企业——基于 94 个案例的模糊集定性比较分析(fsQCA)》,《中国工业经济》2019 年第 4 期。

政策不确定性的下降对中国地区劳动力市场就业和工资影响的考察,基于微观个体层面实证检验了贸易政策不确定对劳动力市场的异质性影响。此外,从劳动力跨地区迁移、劳动力的工作时长改变等方面考察了劳动力市场应对外部贸易政策冲击的再调整。

第一节　贸易政策不确定性影响中国劳动力市场的理论分析

一、相关研究回顾

与本章相关的一些文献是国际贸易对区域劳动力市场的影响,主要表现为国际贸易对不同地区的个人就业和收入有分配效应(Topalova,2010;Kovak 等,2013;Dix-Carneiro 和 Kovak,2017;2019)。在其中,托帕洛娃(2010)根据特定地区各个行业的就业结构的特征,将行业层面的贸易自由化构建到了区域的层面,研究了印度的贸易自由化对各个地区贫困的影响作用。调查发现,贸易开放程度高的地区,其工资增长更加缓慢并且消费增长也比较低。科瓦克(2013)在托帕洛娃(2010)研究的基础上,构造了一个包含地区经济的特定要素模型,在理论上论证了地区层面的工资变化与行业层面因贸易所导致的价格冲击之间的关系,并进一步考察了贸易自由化对巴西不同地区工资收入的影响,同样得出贸易开放对地区工资增长的抑制效应。迪克斯·卡内罗和科瓦克(2017)进一步研究发现,贸易自由化的地区就业和收入分配效应随时间而增大,长期效应大于短期效应。劳动力会在可贸易部门和不可贸易部门之间调整,在正规就业、非正规就业和未就业之间进行调整以应对贸易冲击(Dix-Carneiro 和 Kovak,2019)。戴等(Dai等,2018)[1]研究发现,进口竞争对中国地区的工资增长有负面影响,面对负面冲击,劳动力市场的调整表现为家庭中的女性会进入劳动力市场,家庭储蓄率调低以及年轻人为了节约开支更倾向于与父母同住。除了进口竞争对不同地区的就业和收入产生影响,出口市场的开放也会存在地区的就业和收入分配效应,麦凯格(McCaig,2011)[2]对越南的数据进行研究,发现越南地区的就业机会将随着出口市场的开放而增加,从而会吸引更多的外来务

---

[1]　M.Dai,W.Huang,Y.Zhang,"How Do Households Adjust to Trade Liberalization? Evidence from China's WTO Accession",*Working Paper*,2018.

[2]　B.,McCaig,"Exporting out of Poverty:Provincial Poverty in Vietnam and U.S.Market Access",*Journal of International Economics*,Vol.85,No.1,2011.

工人员并且提高了低技能工人的工资。麦凯格(McCaig,2011)进一步研究发现,出口市场的开放促进了越南制造业工人在正规部门就业的比率,同时也缩小了正规部门和非正规部门之间劳动生产率的差距。李等(Li 等,2018)①研究发现,中国出口扩张较大的地区有更高的教育机会成本,使人们倾向于进入劳动力市场而不是继续接受教育。

随着中国加入世界贸易组织经历了贸易的快速发展,很多研究都集中在中国出口对其他国家劳动力市场的影响上(Autor 等,2013;2017②)。其中中美贸易政策不确定性的下降被视为中国出口的外在影响。随着中国融入世界经济,中国自身也经历了快速的经济增长,产业结构转型,以及大规模的城市化进程,中国经济的国际地区以及进出口贸易的巨大规模使研究贸易政策不确定性下降对中国本身的影响也同等重要。目前大部分研究关注了贸易政策不确定性下降对企业出口的影响,冯等(Feng 等,2017)研究发现,中美贸易政策不确定性下降一方面会引致生产高质低价产品的企业进入出口市场,另一方面会迫使生产低质高价产品的企业退出出口市场,进而提高了中国企业间出口活动的再配置效率。刘和马(Liu 和 Ma,2017)③研究发现,贸易政策不确定性的消除使中国企业增加了对资本品的投资和增加了中间投入品的进口,进而提高了企业的创新。毛其淋和许家云(2017)④研究发现,贸易政策不确定性下降通过提高企业新产品研发力度、增加中间投入品进口以及缓解企业融资约束,进而降低了企业储蓄率。周定根等(2019)从贸易政策不确定性下降的再分配效应分析其影响出口稳定性的作用机制,发现贸易政策不确定性下降改善了核心产品的出口稳定性,加速了非核心产品的退出。中国的区域劳动力市场受户籍政策的管制使劳动力在地区之间的迁移存在较大摩擦,由于劳动力无法在地区之间进行自由流动以平滑就业和收入差异,这为相关研究考察贸易政策不确定性冲击的地区效应提供了基础。埃尔滕和雷特(Erten 和 Leight,2017)以地区不同行业的就业结构为权重,将行业层面的贸易政策不确定性加权平均到地区层面,针对贸易政策不确定性

① Li,Lu,et al.,"R & D,Financing Constraints and Export Green-sophistication in China",*China Economic Review*,Vol.47,No.2,2018.

② D.H.Autor,D.Dorn,G.H.Hanson."When Work Disappears:Manufacturing Decline and the Falling Marriage-Market Value of Men",*NBER Working Paper*,2017.

③ Q.Liu,H.Ma H.,"Trade Policy Uncertainty and Innovation:Firm Level Evidence from China's WTO Accession",*Working Paper*,2017.

④ 毛其淋、许家云:《中间品贸易自由化提高了企业加成率吗? ——来自中国的证据》,《经济学(季刊)》2017 年第 2 期。

对区域经济发展的影响考察后发现,在贸易政策不确定性显著降低的地区,经济发展规模和人均 GDP 较高,并且当地农业劳动力向制造业或服务业转移。波特洛贾和程(Potlogea 和 Cheng,2017)[1]进一步研究发现,贸易政策不确定性下降越大的地区有较快的人口、产业和经济发展,其投资和外商直接投资越大,贸易自由化驱动金融部门发展,使当地的投资需求增加。

通过上述文献不难发现,国际贸易的分配效应不仅表现在国家和行业层面,还体现在对区域劳动力市场就业和收入的影响。而利用中国与美国之间贸易政策不确定性下降作为中国的出口冲击进行的研究主要集中于制造业企业层面,而对中国区域劳动力市场的影响却鲜有研究,贸易政策的分配效应所产生的受益者或受损者在不同的国家也不一定是对称的。基于此,本章将从地区个人就业的视角分析贸易政策不确定性的地区分配效应。与本章研究主题较为相似的一篇文章是李胜旗和毛其淋(2018)的相关研究,后者考察了中国加入世界贸易组织与美国贸易政策不确定性的下降,通过企业出口和企业的就业创造渠道对企业就业产生影响,这为本章的研究提供了文献支撑和研究的可行思路,但本章从以下三个方面作出了区别和改进:首先,贸易的就业分配效应除了表现在行业层面,还体现在地区层面,尤其是中国劳动力市场面临较大的迁移摩擦使考察中国贸易发展的地区分配效应尤为重要,在本章中,我们利用地区行业的就业权重构建了地区层面的贸易政策不确定性,并检验该地区的就业效应;其次,本章的研究对象为特定地区的个人就业供给,使用人口普查(调查)数据识别出个人是否参与就业以及是否进入可贸易部门或服务业部门就业,而并不仅仅是企业层面在业工人的从业变化;最后,本章的研究部门并不仅仅是对可贸易部门的就业考察,参照波特洛贾和程(Potlogea 和 Cheng,2017)的研究思路,本章将通过识别可贸易部门向服务业部门的溢出效应来考察贸易政策不确定性对服务业部门个人就业的间接影响。同时,本章的研究也是对现有关于贸易开放的地区分配效应研究的补充。

二、理 论 分 析

当前学界对贸易政策不确定性的研究不断深入,对贸易政策不确定性的测度主要是不确定性指数和关税测量法,前者是基于新闻媒体报道的频

---

① A.Potlogea,W.Cheng,"Trade Liberalization and Economic Development:Evidence from China's WTO Accession",*Meeting Papers.Society for Economic Dynamics*,2017.

率来构建与经济、贸易、投资等政策相关的不确定性指标;而后者假设关税是贸易政策不确定性的唯一来源,以一国加入多边贸易组织,或两国之间签订双边贸易协定等历史事实为背景,分析事件发生前后贸易政策不确定性的变化(龚联梅和钱学锋,2018)。本章所考察的贸易政策不确定性是基于中国加入世界贸易组织的事实背景,采用关税测量法测度中美之间贸易政策不确定性。

在中国加入世界贸易组织之前,美国对从中国进口的商品实施最惠国待遇关税,但由于中国与美国是临时性的正常贸易关系,因此,是否享受最惠国待遇关税取决于美国国会的年度评估和审查。如果审查失败,中国对美国出口的企业将会面临惩罚性的第二栏关税(Punitive Column 2 Tariffs),即非最惠国待遇关税,它源自 1930 年美国第 31 任总统胡佛签署的斯穆特·霍利法案(Smoot-Hawley Tariff Act of 1930),其税率远高于处于正常贸易关系地位中的最优最惠国关税税率。因此,中国加入世界贸易组织之前,与美国存在贸易政策不确定性根源是中国每年是否能通过美国国会的评定和审查,1990—2001 年美国国会对来自中国进口产品是否征收最惠国待遇关税进行评定时,投反对票的概率平均为 37.9%,虽然 1993—2001 年都已通过,但反对的概率整体呈上升趋势(Pierce 和 Schott,2016a)。如果中国失去最惠国待遇地位,中国在 2000 年面临的平均关税税率会从 4%上升至31%(Handley 和 Limão,2017a)。贸易政策的不确定性会使企业推迟或取消进入新的国际市场,也会使企业对出口市场的投资减少、对关税下降响应不足,这反过来降低了贸易流量以及消费者的真实收入(Handley,2014;Handley 和 Limão,2017a)。但是,当中国在 2001 年 11 月加入世界贸易组织后,美国于 2002 年 1 月与中国正式确立了永久性的正常贸易关系,给予中国永久性的贸易最惠国待遇,消除了中国出口企业对于被美国政府征收惩罚性的非最惠国待遇关税的顾虑,并进一步促进了中国企业对美国的出口(Pierce 和 Schott,2016a)。

本部分重点从区域劳动力市场的个人就业和工资变化分析贸易政策不确定性的地区分配效应,根据经典的特定要素理论可以得到,由于要素在不同部门或不同地区之间存在流动障碍,进行国际贸易会使出口部门或地区的特定要素收入,进口部门或地区的特定要素受损,即国际贸易会对不同的行业或地区的要素产生分配效应。中国的区域劳动力市场受户籍政策的管制使劳动力在地区之间的迁移存在较大摩擦,由于劳动力无法在地区之间进行自由流动以平滑就业和收入差异,这为本章研究考察贸易政策不确定性冲击的地区效应提供了基础。

加入世界贸易组织之后,中国与美国的贸易政策的不确定性降低消除了中国出口企业被美国政府征收惩罚性的非最惠国待遇关税的可能,提高了中国对美国出口市场的预期,鼓励中国企业向美国出口。因为美国是世界主要发达国家,也是中国重要的贸易伙伴,中美贸易政策不确定性的下降也使中国整体的出口贸易快速增加。出口市场的开放以及出口需求冲击使企业进入高于企业退出,中国特定地区的企业数量整体呈上升趋势,特定地区企业数量的增加和企业出口扩张会增加对劳动力的需求,在其他条件不变的情况下,劳动力市场出清使劳动力的就业供给增加。因此,在本章中,我们预期区域贸易政策不确定性的减少,通过企业的进入和企业对劳动力的需求,促进区域内个体就业的供给。

贸易冲击除了通过地区企业进入和企业自身对劳动力的需求渠道影响该地区个人就业,不同行业之间或不同部门之间还会通过溢出效应影响个人就业和工资。产业集聚的相关研究表明,在一定的地区范围内,产业与企业的空间集聚会对该地区的企业产生外部溢出效应和竞争效应。因此,本章认为,一个地区内的不同行业之间存在经济的集聚效应或挤出效应,一方面,由于不同行业之间对稀缺资源如土地的投入,使不同行业存在竞争关系,一个部门的规模扩大会导致其他行业的退出;另一方面,行业内的企业会通过集聚,对其下游或上游行业产生正向溢出效应,即一个行业的规模扩大会导致其他行业的规模扩大。当行业之间的正向溢出效应大于负向溢出效应时,该行业的劳动力就业增加。因此,本章预期地区贸易政策不确定性下降会通过可贸易部门内不同行业之间的正溢出效应促进个人在该行业就业供给。

消除外贸政策的不确定性首先通过中国本土企业的出口直接影响当地贸易部门的就业,根据国际贸易和区域劳动力市场的相关文献进行分类整理,地区贸易政策不确定性的下降不仅会对当地可贸易部门就业产生影响,还会间接影响非贸易部门的就业。间接影响背后的原因可能是可贸易部门与非贸易部门之间也存在溢出效应,如地区内制造业企业的成立往往伴随着相关服务业企业对外提供服务,即不同制造业行业的产出中会存在对同一服务行业的服务需求,服务业部门与可贸易部门之间存在投入产出联系。同时,不同服务业部门也存在对制造业企业的产品需求。因此,本章预期地区贸易政策不确定性下降会通过可贸易部门对服务业部门的正向溢出效应间接促进个人在服务业部门的就业供给。

第二节　数据来源、变量描述与识别策略

一、数据来源

本章的数据主要来源有:一是 2000 年第五次人口普查的 0.95‰微观子样本和 2005 年 1%人口抽样调查的 20%微观子样本,两个普查数据中详细记录了受访者的年龄、性别、民族、受教育程度、居住地与户籍登记地、所从事的工作行业等个人信息。由于 2000 年普查数据中的行业代码是标准国民经济行业分类(GB/T 4757—1994)三位代码,2005 年调查数据具体到标准国民经济行业分类(GB/T 4757—2002)两位代码,本章将其统一调整到 2005 年行业分类代码。2000 年和 2005 年普查数据中行政地区代码也有差异,本章将两个数据地区代码进行统一匹配,共得到 345 个地级市(地区)。选择 2000 年和 2005 年两次人口普查(调查)数据作为本章研究地区就业供给的主要数据来源是因为普查(调查)数据中详细记录了劳动力工作的可贸易部门和服务业部门的详细行业分类,这为本章检验就业溢出效应渠道提供了数据基础。此外,本章使用 1990 年第四次人口普查数据对基准回归做了稳健性检验和模型的有效性检验。二是衡量贸易政策不确定性所使用的关税数据来自芬斯特拉等(Feenstra 等,2002)的美国进口关税数据库。该数据库记录了 1989—2001 年美国对来自其他国家进口 HS8 产品层面的非最惠国待遇关税、最惠国待遇关税等信息。三是 2000 年和 2005 年企业级的生产数据来自国家统计局的中国工业数据库,其统计调查对象为所有国有工业企业以及主营业务收入超过 200 万元规模以上的非国有企业。本章用于衡量地区企业进入和企业层面对劳动力的就业需求,以及地区层面的国有企业改革和外资管制放松等指标。四是中国 2002 年投入产出表,投入产出表中详细记录了各个行业之间的投入产出关系,本章基于此数据识别可贸易部门对服务业部门的溢出效应。五是 2000 年和 2005 年中国城市统计年鉴数据,用于构建城市特征变量以及城市层面的企业数量和企业就业。

二、变量描述

本章的研究目的是考察地区层面的贸易政策不确定降低对该地区就业的影响,以及从劳动力迁移、工人工作时长、人们对教育和就业的选择三个方面考察劳动力市场如何作出调整,因此本章的核心解释变量是地区贸易

政策不确定性指标。采用巴迪克工具变量的构建思路,参照皮尔斯和肖特(2016b),行业层面的贸易政策不确定性指标在区域层面进行加权平均,以不同区域的初始行业就业结构为权重,建立区域贸易政策的不确定性指标为:

$$NTRGap_c = \sum_j \frac{emp_{cj,2000}}{emp_{c,2000}} \times NTRGap_j \qquad (5-1)$$

其中,$NTRGap_c$ 表示地区层面所面临的总体的贸易政策不确定性,通过行业层面的贸易政策不确定性指标根据每个地区初始年份的行业就业结构加权平均得到。其中,$NTRGap_j$ 表示行业层面的贸易政策不确定性,本章参照王直等(Wang 等,2018)的方法构建行业层面的贸易政策不确定性,如式(5-2)所示①:

$$NTRGap_j = \frac{1 + Non\ NTRRate_j}{1 + NTRRate_j} - 1 \qquad (5-2)$$

本章使用芬斯特拉等(Feenstra 等,2002)②美国进口关税数据库中关于2001 年从其他国家进口的 HS8 产品层面的最惠国待遇和非最惠国待遇关税税率的信息来构建中美贸易不确定性。先简单地将 HS8 产品层面的非惠国关税率和最惠国税率与 HS6 产品层面相加,然后将 HS1996 年版对应到 HS2002 年版,在 HS6 产品层面根据式(5-1)构建贸易政策不确定性指标。图 5-1 显示了 HS6 产品层面贸易政策不确定性指标概率分布的直方图。大多数产品层面的贸易政策的不确定性在 0 到 1 之间,产品之间的指标大小存在差异。在本章中,我们将产品水平上的贸易政策不确定性指数对应到标准的两位数国民经济行业(GB/T 4757—2002),并对两位数的行业水平的贸易政策进行简单平均,获取贸易政策不确定性指数。皮尔斯和肖特(Pierce 和 Schott,2016a)研究表明,贸易政策不确定性的跨行业差异,平均值和标准差分别为 0.3 和 0.18。本章测得的两位数行业贸易政策不确定性的平均值和标准差分别为 0.43 和 0.34。产品和行业层面贸易政策不确定性指标的差异为本章进一步衡量了区域层面的贸易政策不确定性并进行衡量识别奠定了基础。

为了分析地区贸易政策不确定性与主要被解释变量之间的相关关系,本章画出了 2000—2005 年主要被解释变量的变化与中国加入世界贸易组

---

① 本章也参照皮尔斯和肖特(2016a)的方法,使用非正常贸易关税与最惠国待遇关税差值表示行业层面贸易政策不确定性,即 $NTRGap_j = NonNTRRate_j - NTRRate_j$,结果依然稳健。

② W.Feenstra,A.M.Hazevoet A M,D.H.H.K.Van,et al.,"Periodic Regional Survey on Road Safety (prov)2001,Final Report and Appendix",*Behavior*,2002.

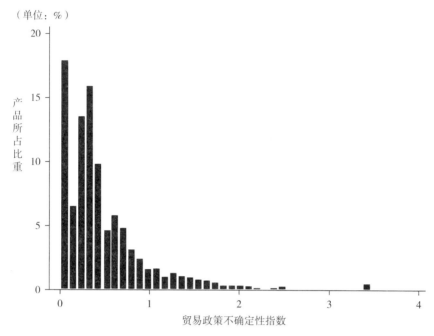

（单位：％）

产品所占比重

贸易政策不确定性指数

图 5-1　HS6 产品层面 NTR Gap 的概率分布直方图

织各个地区所面临的贸易政策不确定性改变的散点图,如图 5-2 所示,显著的相关关系表明地区贸易政策不确定性对主要被解释变量的影响。其中,图 A 和图 B 分别刻画了贸易政策不确定性与地区可贸易部门就业比率变化和地区制造业部门就业比率变化的关系,拟合线的斜率为正显示地区可贸易部门就业比率变化和地区制造业部门就业比率变化与中国加入世界贸易组织前关税差异正相关,这意味着地区可贸易部门就业比率和地区制造业部门就业比率增加对应于贸易政策不确定性的减小。拟合线的斜率表明贸易政策不确定性每下降 1%,相应地,地区可贸易部门就业比率和地区制造业部门就业比率分别增加 0.24% 和 0.28%,相关关系都在 1% 的水平上显著。

　　图 C 和图 D 显示了高技能和低技能制造业的就业的变化情况和贸易政策不确定性降低的散点图。降低的确定性显示出显著的正相关。其中,图 C 显示高技能制造业的就业率上升与区域贸易政策的不确定性降低之间存在显著的正相关关系。从拟合线的斜率可以得到贸易政策不确定性每下降 1%,对应于地区高技能制造业就业比率上升 0.29%,而图 D 的结果显示,虽然低技能制造业的就业比率变化与地区贸易政策不确定性呈现正相关关系,但相关系数的值并不显著,这一结果有待于本章实证部分的进一步

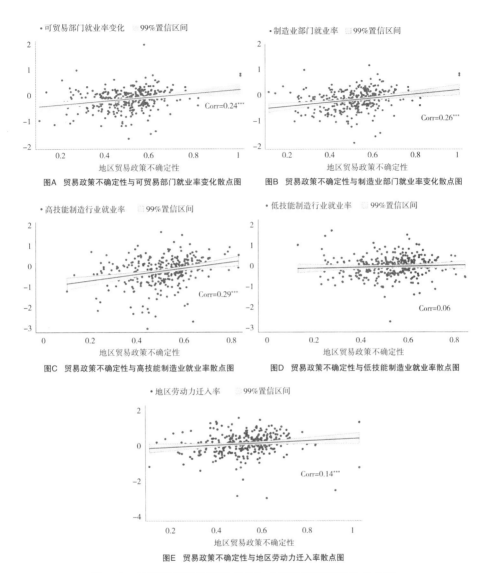

图 5-2　地区贸易政策不确定性与主要被解释变量的散点图

分析和检验。类似的思路,本章画出了劳动力市场调整方面的结果变量,如地区劳动力迁移、在业劳动力工作时长以及高中适龄人口的升学率变化与地区贸易政策不确定性的散点图(见图 E),结果表明贸易政策不确定性的下降,与地区劳动力的迁入率正相关,与在业劳动力的工作时长增加正相关,与高中适龄人口的升学率增加负相关。本章将在计量实证部分控制相关特征变量以及通过稳健性检验进一步检验贸易政策不确定性对地区就业的影响,以及劳动力市场如何作出调整。

三、识别策略与模型设定

根据前文分析,中国加入世界贸易组织之后中美之间确定永久性的正常贸易关系为本章进行地区贸易政策不确定降低对地区就业的因果识别提供了一个较为理想的准自然实验。最惠国待遇关税适用于从世界贸易组织其他成员进口的商品,其税率普遍较低,而第二栏关税源自于1930年的斯穆特·霍利法案(Smoot—Hawley Tariff Act of 1930),非最惠国待遇关税主要适用于那些尚未与美国建立正常贸易关系的国家或地区,其税率远高于处于正常贸易关系地位中的最优最惠国关税。具体而言,中国加入世界贸易组织之后,不同行业的出口企业面临的贸易政策不确定性的下降幅度存在显著差异。其中,中国加入世界贸易组织前第二栏关税税率与最惠国待遇关税税率的差异较高的行业在中国加入世界贸易组织之后所经历的贸易政策不确定性的下降幅度较大;相反,初始关税差额较低的行业在中国加入世界贸易组织之后所经历的贸易政策不确定性的下降幅度相对较小,并且两种税率的差异相对于中国区域劳动力市场而言具有很强的外生性。采用中国加入世界贸易组织之前两种关税的税率差异来衡量贸易政策不确定性的程度,其背后的原因是因为中国向美国的出口企业是否享有最惠国待遇需要每年接受美国国会的评定和审查,不同的产品或行业能否每年都享有最惠国待遇关税是不确定的,而不确定性的程度也正是体现在两种关税差异在不同产品或行业上的异质性。由于中国不同地区的行业就业率存在较大的差异,本章提供了不同地区的初始年份的行业就业结构作为衡量区域层面的贸易政策不确定性的权重,验证了贸易政策不确定性的下降幅度也存在差异,为了有效识别地区贸易政策不确定降低对该地区劳动力的就业供给以及其他结果的因果效应。本章论述了中国加入世界贸易组织后美国给予中国的永久性最惠国待遇,即将中美建立永久的正常贸易关系作为准自然实验。我们采用双重差分的方法进行实证分析,其中将贸易政策不确定性下降幅度较大的地区作为处理组,将其下降幅度较小的地区作为对照组进行实证分析。因此,基准模型设置如下:

$$EMP_{ict} = \alpha + \beta_1 TPU_{c,2000} \times Post_{02t} + \beta_2 X_{ict} + \mu_c + \lambda_t + \xi_{ict} \quad (5-3)$$

其中,下标 c 表示地区(地级市),t 表示年份,在此处为2000年和2005年,被解释变量 EMP_{ict} 表示在 t 年地区 c 劳动力的就业供给情况,使用2000年和2005年两次人口普查(调查)数据,本章将参与工作的适龄劳动力人口设为1,未工作的适龄劳动力人口设为0,在后文的分部门检验中,EMP_{ict} 表示如果在业劳动力在农业部门、非农部门、可贸易部门及服务业工作设为 1,否则设为 0,以反映当地劳动力到特定部门工作的概率。连续处理组变量 $TPU_{c,2000}$ 表示每个 2 位数行业在 2000 年的关税税率以地区 c 在 2000 年的特定行业就业人口占地区总就业人口的比率为权重加权平均到地区层面,以反映中国加入世界贸易组织之前地区 c 面临的贸易政策不确定性下降幅度。$Post_{02t}$ 表示时间虚拟变量,其中,2002 年及以后年份为 1,2002 年之前的年份为 0,在此处,即 2005 年为 1,2000 年为 0。本章重点关注的是交互项变量 $TPU_{c,2000} \times Post_{02t}$ 的估计系数 β_1,该系数表示地区贸易政策不确定性下降对该地区就业供给的因果效应。如果估计的系数 $\widehat{\beta_1} > 0$,表明相较于关税税率差异较低的地区,关税税率差异较高的地区人们就业的概率更高,即贸易政策不确定性下降促进了该地区的就业供给,改善了就业环境,如果 $\widehat{\beta_1} < 0$,则表明贸易政策不确定性下降抑制了该地区的就业供给。X_{ict} 表示一组个人特征变量,包括性别、民族、户籍、受教育程度等。此外,μ_c 表示地区固定效应,为了控制地区层面不随时间变化的不可观测的其他因素,λ_t 表示年份固定效应,控制如经济周期等时间冲击对地区就业产生的影响。ξ_{ict} 为随机扰动项。主要变量的描述性统计见表 5-1。

表 5-1　主要变量的描述性统计

变量名称	观测值	平均值	标准差	最小值	最大值
地区 TPU1	343	0.2741	0.0654	0.079679	0.542228
地区 TPU2	343	0.2605	0.0605	0.076863	0.488708
就业参与	2483627	0.7722	0.4194	0	1
未工作或失去工作	566314	0.1402	0.3472	0	1
无业(16—25 岁)	518353	0.1183	0.3230	0	1
农业部门就业	1917861	0.5680	0.4953	0	1
非农部门就业	1917861	0.4318	0.4953	0	1
可贸易部门就业	1917861	0.1537	0.3607	0	1
服务业部门就业	1917861	0.2780	0.4480	0	1

注:不同的变量观测值存在差异,其中人口普查(调查)数据共匹配得到 345 个地区,由于两个地区无可贸易部门,共得到 343 个地区的贸易政策不确定性;就业参与的样本限定为 16—60 岁的群体;未工作或失去工作的样本限定为未参与工作的 16—60 岁群体;分部门检验的样本限定为正在工作的 16—60 岁群体。

第三节　贸易政策不确定性影响中国劳动力市场就业的实证研究

一、基准回归结果

表5-2报告了地区贸易政策不确定性下降对该地区就业供给的基准回归结果,根据本章讨论的解释变量的数据特征,该地区适龄劳动者是否参与工作是一个二元选择变量,因此本章选择多元概率比模型(Probit模型)进行回归。在列(1)中本章只加入了被解释变量和解释变量地区贸易政策不确定性与时间虚拟变量的交互项,结果显示,地区贸易政策不确定与时间虚拟变量的交互项系数显著为正。同样地,列(2)在列(1)估计的基础上控制了地区固定效应和年份固定效应,结果显示,地区贸易政策不确定与时间虚拟变量的交互项系数显著为正,表明相对于初始低关税税率差异的地区(对应于贸易政策不确定性下降幅度较小的地区,即对照组),初始高关税税率差异地区(对应于贸易政策不确定性下降幅度较大的地区,即处理组)的适龄劳动力选择参与工作的概率在中国加入世界贸易组织之后出现了更大幅度的提高,因此地区贸易政策不确定性下降显著促进了该地区劳动力的就业供给,其中区域的贸易政策不确定性降低百分之一,会使该地区劳动力选择参与工作的概率提高约2.25%。列(3)在列(2)估计的基础上加入了个人特征变量,结果显示交互项的估计系数依然显著为正,即地区贸易政策不确定性的下降依然显著促进了该地区劳动力的就业供给。列(4)—列(5)使用最小二乘法进行回归估计,结果稳健。

表5-2　地区贸易政策不确定性下降对就业的影响

回归系数 自变量	各解释变量核心回归系数				
	(1)	(2)	(3)	(4)	(5)
估计方法	Probit 估计			OLS 估计	
$TPU_c \times Post_{02}$	0.0469*** (0.00331)	0.0225** (0.00886)	0.0227*** (0.00826)	0.0250*** (0.00845)	0.0270*** (0.00799)
年龄	—	—	0.00598*** (0.000281)	—	0.00619*** (0.000279)
性别	—	—	0.125*** (0.00335)	—	0.123*** (0.00454)

续表

回归系数 自变量	各解释变量核心回归系数				
	（1）	（2）	（3）	（4）	（5）
民族	—	—	−0.0170*** (0.00438)	—	−0.0151*** (0.00397)
户籍	—	—	0.171*** (0.00509)	—	0.186*** (0.00691)
受教育程度	—	—	−0.00814 (0.00579)	—	−0.0131* (0.00704)
地区固定效应	否	是	是	是	是
年份固定效应	否	是	是	是	是
观测值	2481285	2481285	2481282	2481285	2481282
R^2	0.0044	0.0314	0.1178	0.033	0.121

注：*、**、*** 分别表示在 10%、5%、1% 的置信水平下显著，括号内为稳健标准误差，聚类到地区层面。列（2）—列（5）回归估计中加入了地区固定效应、年份固定效应。列（1）—列（3）使用多元概率比回归模型进行回归估计，均已计算得到解释变量的平均边际效应，并且汇报了伪 R^2（Pseudo R^2）。此外，2000 年人口普查数据与 2005 年人口调查数据匹配共得到 345 个地区，贸易政策不确定指标构建后得到 343 个地区。

　　根据特定要素理论可知，一国参与国际贸易之后，由于劳动力在不同地区之间存在迁移摩擦，贸易开放对不同地区的要素价格（工资）影响存在差异，即受出口影响的地区劳动力获益，受进口影响的地区劳动力受损。本章从地区就业供给的视角验证了贸易的地区分配效应，也就是说，由于区域贸易政策的不确定性的减少，影响大的地区的就业参与率要高于出口影响小的地区。此外，包含区域经济的特定要素模型假说劳动力在不同地区之间不能完全流动，如果劳动力可以在不同地区之间完全流动，那么当贸易对不同地区产生差异化影响时，劳动力会通过跨地区的完全配置应对贸易冲击，而本章在包括流动人口样本的情况下，基准回归结果显示地区贸易政策不确定性下降对不同地区就业的影响存在差异，这一结果进一步验证了劳动力在不同地区之间存在较大的迁移摩擦，不能完全跨地区流动的假设。由于中国存在严格的户籍管制使劳动力的地区迁移受限，这符合中国的现实。

二、平行趋势和安慰剂检验

（一）事前平行趋势检验

　　本章的识别策略是基于双重差分估计，为了使本章的结果更加可信，需要进一步对双重差分模型的识别约束条件进行检验,排除处理组和对照组在贸易政策发生前存在的不同时间变化趋势的可能,如果贸易政策不确定性下降程度较高的地区和贸易政策不确定性下降程度较低的地区的就业在政策发生前的一段时期有相同的变化趋势,则本章通过双重差分法识别出的处理组和对照组的就业在贸易政策发生后的不同变化是由地区贸易政策不确定性下降导致的。基于此,本章重新对贸易政策改变前的时期就业变化对地区贸易政策不确定性进行回归估计,如果双重差分模型符合事前平行趋势变化的假设,则基于贸易政策变化之前的时期,处理组和对照组的就业变化对地区贸易政策不确定性的回归估计结果差异不显著。为了检验事前平行趋势,本章使用 1990 年和 2000 年人口普查数据重新对中国加入世界贸易组织中美之间贸易政策不确定性进行估计,分析处理组和对照组的就业变化是否存在显著差异。表 5-3 中列(1)—列(2)报告了相关结果,其中列(2)是在列(1)估计的基础上加入个人特征变量重新估计的结果,结果显示,地区贸易政策不确定性下降对 1990—2000 年处理组和对照组的就业变化影响无显著差异,表明本章使用的双重差分法符合事前平行趋势变化的假设。

表 5-3   平行趋势和安慰剂检验结果

回归系数 / 自变量	各解释变量核心回归系数			
	(1)	(2)	(3)	(4)
估计方法	事前平行趋势检验		安慰剂检验	
面板 A				
$TPU_c \times Post_{02}$	−0.00748 (0.0133)	0.000688 (0.0129)	−0.00812 (0.00830)	−0.00732 (0.00817)
地区特征变量	否	是	否	是
地区固定效应	是	是	是	是
年份固定效应	是	是	是	是
观测值	642	642	642	642
R^2	0.871	0.892	0.871	0.894
面板 B				
$TPU_c \times Post_{02}$	−0.0151 (0.0135)	−0.0125 (0.0135)	−0.00639 (0.00679)	−0.00593 (0.00675)
个体特征变量	否	是	否	是
地区固定效应	是	是	是	是
年份固定效应	是	是	是	是

续表

回归系数 自变量	各解释变量核心回归系数			
	（1）	（2）	（3）	（4）
观测值	7702304	7702304	7654826	7654826
Pseudo R^2	0.0260	0.0515	0.0261	0.0518

注：*、**、***分别表示在 10%、5%、1%的置信水平下显著，括号内为稳健标准误差，聚类到地区层面。面板 A 是对地区层面的就业参与率进行分析，所有回归估计中均加入了地区固定效应、年份固定效应。面板 B 是使用多元概率比模型进行回归估计，均计算了解释变量的平均边际效应，所有回归估计中均加入了地区固定效应、年份固定效应。

（二）安慰剂检验

为了排除地区贸易政策不确定性下降可能存在的安慰剂效应，本章参考托帕洛娃（Topalova，2010）、法奇尼等（Facchini 等，2018）的做法，改变政策发生的时间节点，以政策发生前的观测样本进行安慰剂检验。具体而言，本章使用贸易政策不确定性下降之前 1990 年和 2000 年人口普查样本数据，1990—2000 年美国国会每年都会对是否来自中国的进口产品征收最惠国待遇关税进行评定和审查，投反对票的概率平均为 37.9%，并且每年的反对票概率变化波动较大，标准差为 13.4，说明这段时期中美之间存在贸易政策不确定性。在此，本章假设这段时间中的某一年发生了贸易政策不确定性下降，具体地，本章使用 1990 年关税和最惠国待遇关税税率的第二列来构建行业层面的贸易政策不确定性指标。根据 1990 年的地区行业就业结构加权平均到地区层面，1990 年为时间虚拟变量 0，2000 年为时间虚拟变量 1，进行回归分析。如果不同地区的就业变化确实是由贸易政策不确定性所导致的，那么，安慰检验的回归结果不显著。表 5-3 中列（3）—列（4）报告了相关结果，结果显示估计系数不显著，验证了本章基准回归结果的稳健性。

三、稳健性检验

（一）其他贸易政策不确定指标

地区贸易政策不确定性下降的外生性主要来自美国对来自中国进口商品可能实施的非正常贸易关税税率，其与最惠国待遇关税税率的差异除了上文构建的简单差值之外，本章进一步参照王直等（Wang 等，2018）的方法，使用了非正常贸易关税与最惠国待遇关税的比值差异以表示行业层面的贸易政策不确定性，如下式所示：

$$TPU_j^2 = \frac{1 + Tariff_{Columm2,j}}{1 + Tariff_{MFN,j}} - 1 \qquad (5\text{-}4)$$

基于此,仍以 2000 年区域的行业就业结构作为权重来构建区域贸易政策不确定性指数。表 5-4 中的列(1)汇报了相关结果,结果稳健。

(二) 其他就业测度指标

为了更加详细地考察地区贸易政策不确定性下降对该地区就业情况的影响,除了前文采用适龄劳动力是否参与工作之外,本章从其他角度来衡量地区劳动力的就业参与情况,人口普查(调查)数据中记录了未工作受访者的具体原因,在诸多未工作原因中,本章认为其中"从未工作正在找工作"和"失去工作正在找工作"两个原因反映了地区就业情况的优劣变化①,如果减少区域贸易政策的不确定性,将有助于改善该地区的就业形势,那么可以预见到该地区未工作群体中原因是"从未工作正在找工作"和"失去工作正在找工作"的概率将会显著下降。表 5-4 中的列(2)报告了相关回归结果,在控制了个人特征变量、地区固定效应和时间固定效应之后,结果显示地区贸易政策不确定与时间虚拟变量的交互项系数显著为正,表明相对于初始低关税税率差异的地区(对应于贸易政策不确定性下降幅度较小的地区,即对照组),初始高关税税率差异地区(对应于贸易政策不确定性下降幅度较大的地区,即处理组)的适龄劳动力为工作的原因是"从未工作正在找工作"和"失去工作正在找工作"的概率在中国加入世界贸易组织之后出现了更大幅度的下降,从另一个角度来看,它反映了区域贸易政策不确定性降低对区域就业参与的积极影响。

(三) 未包含流动人口的样本

基准回归结果中包含了迁移人口数据,并且得出贸易的地区就业分配效应,为了检验地区特定要素是否会从贸易中获益,本章将样本限定为只包含本地人口的数据样本。表 5-4 中列(3)报告了相关回归结果,结果依然正向显著,表明贸易政策不确定性下降促进了地区非迁移人口的就业参与,验证了包含区域经济的特定要素理论。

(四) 进口贸易自由化

中国加入世界贸易组织,不仅仅因为贸易政策不确定的消除使企业出口扩张,同时中国也进一步消减进口关税税率以扩大进口,贸易自由化所导致的进口竞争也会对中国的当地劳动力市场产生影响(Dai 等,2018),当一个贸易自由化更大的地区恰好是一个贸易政策不确定性显著降低的地区,其对当地劳动力市场的就业状况的可能影响会对本章的结果造成干扰,为

---

① 两次人口普查(调查)数据中记录的受访者未工作原因主要有在校学生、料理家务、离退休、丧失工作能力、从未工作正在找工作、失去工作正在找工作、其他。

了消除进口竞争对本章结果可能造成的干扰,本章在基准回归结果基础上进一步控制最终品进口关税税率。进口贸易自由化使用中国加入世界贸易组织前 2001 年的行业进口关税税率通过 2000 年地区的行业就业结构为权重,构建地区层面进口关税税率,参照余(Yu,2015)[①]的构建方法,将其与2002 年交乘以衡量最终品进口贸易自由化。回归结果见表 5-4 中列(4),在控制了进口关税税率之后,结果依然稳健。

(五) 国有企业改革和外商投资管制放松

除了中国加入世界贸易组织带来的贸易自由化之外,在中国国有企业改革和放宽外资管制也将影响当地劳动力的市场。为了防止同时期国有企业改革和外资管制放松对就业的影响对本章的结果造成干扰,本章在回归估计中控制这两个因素,用地方国有企业数量的对数和外资企业数量的对数来衡量同期国有企业改革和外商直接投资放松管制放松的情况。回归结果见表 5-4 中列(5)—列(6),本章在逐步控制地区国有企业数量的对数值和外资企业数量的对数值时,结果显示贸易政策不确定性下降对当地就业的影响依然显著为正,结果稳健。列(7)汇报了同时控制地区进口关税、国有企业改革及外资管制放松之后,贸易政策不确定性下降对当地就业的影响依然显著为正,结果稳健。

表 5-4　稳健性检验

系数\变量	各解释变量核心回归系数						
	(1)	(2)	(3)	(4)	(5)	(6)	(7)
估计方式	TPU2	未工作或失去工作	剔除迁移人口	进口关税	外资进入	国企改革	全部
$TPU_c \times Post_{02}$	0.0244*** (0.00851)	-0.0355*** (0.0136)	0.0135* (0.00780)	0.0597*** (0.0139)	0.0223** (0.00919)	0.0247*** (0.00889)	0.0655*** (0.0158)
地区进口关税	—	—	—	-0.00355*** (0.00100)	—	—	-0.00408*** (0.00111)
地区外资企业数	—	—	—	—	0.00385 (0.00353)	—	0.00385 (0.00453)
地区国有企业数	—	—	—	—	—	0.00299 (0.00317)	0.00140 (0.00399)
个体特征变量	是	是	是	是	是	是	是
地区固定效应	是	是	是	是	是	是	是

---

① M.J.Yu,"Processing Trade, Tariff Reductions and Firm Productivity: Evidence from Chinese Firms",*China Economic Quarterly*,Vol.125,No.585,2015.

续表

系数 变量	各解释变量核心回归系数						
	(1)	(2)	(3)	(4)	(5)	(6)	(7)
年份固定效应	是	是	是	是	是	是	是
观测值	2481282	565693	2234738	2481282	2343199	2343199	2343199
$Pseudo\ R^2$	0.1179	0.0964	0.1268	0.1179	0.1168	0.1168	0.1168

注：*、**、*** 分别表示在 10%、5%、1% 的置信水平下显著，括号内为稳健标准误差，聚类到地区层面。所有回归估计中均加入了地区固定效应、年份固定效应。使用多元概率比回归模型进行回归估计，均计算了解释变量的平均边际效应。其中，列（1）使用其他地区贸易政策不确定性指标作为解释变量；列（2）使用其他反映劳动力市场就业变化的指标作为被解释变量；列（3）将样本限定为本地人口；列（4）—列（6）分别控制同时期地区进口关税下降、外资管制放松及国有企业改革；列（7）同时控制，地区进口关税、国有企业改革及外资管控放松。

四、分部门的异质性检验

上文中本章已详细分析了地区贸易政策不确定性下降对该地区劳动力供给的影响，为了考察劳动力就业去向的选择异质性特征，本章进一步将总样本按照不同的就业部门类别进行分组分析。

首先，本章从总样本中筛选出了各个地区已经参与工作的劳动力样本，考察当地劳动力在农业部门和非农业部门就业的选择。埃尔滕和雷特（2017）研究发现，相对于贸易政策不确定性下降较小的地区，贸易政策不确定性下降越大的地区不仅有更好的经济发展，而且当地的农业劳动力向制造业或服务业转移。本章将采用微观数据对此研究结果做验证，回归结果见表 5-5 中列（1）—列（4），结果显示，相对于贸易政策不确定性下降较小的地区，贸易政策不确定性下降越大的地区劳动力选择在农业部门工作的概率在 2001 年之后显著下降，而选择在非农业部门工作的概率显著上升，这一结果在控制个人特征变量之后依然显著，与埃尔滕和雷特（Erten 和 Leight，2017）[①] 得到了一致的结果。其次，由于地区贸易政策不确定性指标的构建是基于样本初始期地区可贸易部门就业结构对可贸易部门行业的关税税率差异加权平均得到，即地区贸易政策不确定性的下降是与可贸易部门直接发生联系的，因此，本章进一步将非农业部门划分为贸易和服务部门，分析贸易政策不确定性对当地就业影响的异质性。如果减少区域贸易政策的不确定性，可以鼓励该区域的就业参与，

---

① 埃尔滕和雷特（2017）的研究主要是基于地区宏观数据的分析，本章从人口普查（调查）数据的微观个体层面验证了该结论的稳健性。

促进非农业部门工人的就业,那么本章预期贸易政策不确定性的下降会影响劳动力到可贸易部门的就业决策,回归结果如表 5-5 中列(5)所示,结果显示,地区贸易政策不确定与时间虚拟变量的交互项显著为正,表明相对于贸易政策不确定性下降较小的地区,贸易政策不确定性下降越大的地区劳动力进入可贸易部门工作的概率在 2001 年之后显著提高,具体地,地区贸易政策不确定性下降 1 个百分点,会使该地区劳动力选择到可贸易部门工作的概率提高约 9.93%,高于该地区全部就业参与概率的平均水平。表 5-5 中列(6)报告了地区劳动力是否到服务业部门工作对地区贸易政策不确定与时间虚拟变量的交互项的回归结果,结果显示,交互项系数显著为正。这表明,降低区域贸易政策的不确定性不仅会提高可贸易部门劳动力就业的可能性,同时也会对劳动力到服务业部门的就业概率产生间接正向影响。

表 5-5 回归结果的发现说明了劳动力选择是否到可贸易部门就业和是否到服务业部门就业不仅受地区贸易政策不确定性降低的显著促进影响,同时,劳动力因为受贸易政策的影响而在两个部门的就业之间不是竞争的关系,而是存在正向溢出效应,这需要本章的进一步实证检验。此外,这一结果的发现有较强的现实意义,地区贸易政策不确定性的下降使劳动力从农业部门向非农部门的重新配置意味着地区的产业结构升级,这反映了贸易开放间接地促进了地区的经济发展和贫困削减。

表 5-5　地区贸易政策不确定性下降对不同部门就业的影响

回归系数 自变量	各解释变量核心回归系数					
	(1)	(2)	(3)	(4)	(5)	(6)
样本部门分类	农业部门		非农部门		可贸易部门	服务业部门
$TPU_c \times Post_{02}$	−0.143*** (0.0442)	−0.133*** (0.0280)	0.142*** (0.0446)	0.131*** (0.0285)	0.0993*** (0.0255)	0.0389*** (0.0138)
个体特征变量	否	是	否	是	是	是
地区固定效应	是	是	是	是	是	是
年份固定效应	是	是	是	是	是	是
观测值	1916071	1916071	1916071	1916071	1916071	1916071
R^2	0.1222	0.4169	0.1224	0.4165	0.1354	0.2560

注:*、**、***分别表示在 10%、5%、1% 的置信水平下显著,括号内为稳健标准误差,聚类到地区层面。所有回归估计中均加入了地区固定效应、年份固定效应。使用多元概率比回归模型进行回归估计,均计算了解释变量的平均边际效应。

五、地区贸易政策不确定性下降对就业的影响机制

前文的实证结果发现,整体而言,地区贸易政策不确定性下降会提高该地区就业参与的概率,并且抑制了人们因工作原因而失业的概率以及年轻人的无业状态,有利于地区就业情况的改善。并且分部门检验得到,地区贸易政策不确定性下降提高了劳动力选择到非农业部门就业的概率,具体地,到可贸易部门就业的可能性提高,并且对劳动力到服务业部门就业概率也产生了间接的正向促进作用。但是这一结果背后的影响机制需要本章的进一步实证检验,厘清地区贸易政策不确定性下降对劳动力供给背后的相关机制有助于增强既定就业目标下贸易政策制定实施的有效性。具体地,根据前文理论背景的分析,一方面"就业创造效应"带来的需求增加通过劳动力供求均衡关系影响劳动力的就业供给,另一方面"就业溢出效应"会使邻近行业,以及部门之间的投入产出关系与目标地区行业的就业发生联系,进而影响其就业供给。本章将对劳动力需求侧的"就业创造效应"和劳动力供给侧的"就业溢出效应"两个可能的影响渠道进行检验。

(一) 需求侧的就业创造效应

"就业创造效应"来源于企业对劳动力的需求,具体表现为地区企业的进入和企业层面的就业需求。当地区劳动力需求增加时,为达到劳动力市场出清,该地区劳动力供给相应地提高。本章将使用 2000 年和 2005 年的中国工业企业数据库对"就业创造效应"的影响渠道进行检验,工企数据详细记录了特定地区可贸易企业(制造业企业)的数量、登记信息、企业从业人数、企业出口交货值以及其他的企业财务信息①,为本章的机制检验提供了基础。首先,本章使用特定地区的企业数量对地区贸易政策不确定性和时间虚拟变量的交互项进行回归,结果由表5-6中列(1)所示,结果显示,贸易政策不确定性下降更大的地区,企业的数量增加更加显著。企业整体数量的变化无法识别出企业的进入和退出,为了衡量特定地区企业的净进入情况,本章将 2000 年和 2005 年两期工业企业数据按照企业名称进行匹配,将在 2000 年出现但 2005 年未出现的企业定位企业退出,将在 2000 年未出现但在 2005 年出现的企业定位企业进入,二者的差异表示地区企业净进入,回归结果如表5-6中列(2)所示,结果显示,交互项系数为正,表明地区贸易政策不确定性下降显著促进了该地区的企业进入,

---

① 本章参照聂辉华等(2012)的处理方法对工业企业数据进行了处理。

这为企业的劳动力需求提供了基本保障。

其次,本章使用企业的从业人数表示企业对劳动力的需求,对地区贸易政策不确定性和时间虚拟变量进行回归,结果如表5-6中列(3)—列(4)所示,结果显示,交互项系数显著为正,这一结果在控制了企业层面的特征变量之后依然稳健,这表明地区贸易政策不确定性下降显著促进了企业对劳动力的需求。由于中国加入世界贸易组织,中美之间贸易政策不确定性下降促进了中国的出口(Pierce 和 Schott,2016;Feng 等,2017等),因此本章将企业是否存在出口交货值表示企业是否出口,在回归估计中引入企业是否出口的交互项,以检验地区贸易政策不确定性下降对企业劳动力需求的影响在出口企业和非出口企业之间的差异,结果如表5-6中列(5)所示,结果显示,地区贸易政策不确定性下降对企业劳动力需求的影响在出口企业和非出口企业之间存在显著差异,对出口企业的影响更加明显。李胜旗和毛其淋(2018)考察了行业层面的贸易政策不确定性下降对制造业企业就业净增长和工资的影响,其结论为本章的机制检验提供了可行的思路,本章也从地区层面对企业就业的分析得到了与李胜旗和毛其淋(2018)一致的结论。此外,由于工业企业数据主要记录的是可贸易企业(制造业企业)相关信息,而前文的回归结果表明地区贸易政策不确定性下降也促进了劳动力到非贸易部门工作的概率,虽然使用工业企业数据通过对地区企业的进入和企业对劳动力的需求验证了"就业创造效应"机制的存在,但是忽略了对非贸易企业的分析。由于微观企业数据的限制,本章采用历年城市统计年鉴中的企业数量和企业就业再次进行分析①,分别表示地区企业进入和企业对劳动力需求,回归结果如表5-6中列(6)—列(7)所示,结果显示,与贸易政策不确定性降低幅度小的地区相比,贸易政策不确定性降低较大地区公司数量和年均员工人数自2001年以来显著增加,得到了与前文一致的结论。

上述结果反映了区域贸易政策不确定性的降低,通过区域企业的净进入和企业劳动力需求的参与,创造了"就业创造效应"。"就业创造效应"的存在进一步促进了该地区的就业供给。

---

① 城市统计年鉴中记录了各个地区的限额以上工业企业数和限额以上工业企业年平均从业人员数,这一记录不仅仅局限于制造业企业,为本章的分析提供了可能。

表 5-6　企业进入和劳动力需求的回归结果

回归系数 自变量	各解释变量回归系数						
	（1）	（2）	（3）	（4）	（5）	（6）	（7）
	企业数量	企业净进入	企业就业	企业就业	企业就业	全部企业数	全部企业就业
$TPU_c \times Post_{02}$	0.478*** (0.126)	0.568*** (0.170)	0.256*** (0.0945)	0.322*** (0.0635)	0.302*** (0.0643)	0.402*** (0.0973)	0.403*** (0.121)
$TPU_c \times Post_{02}$ $\times Export$	—	—	—	—	0.413*** (0.0921)	—	—
$TPU_c \times Export$	—	—	—	—	0.217 (0.361)	—	—
$Export \times Post_{02}$	—	—	—	—	0.507*** (0.105)	—	—
$Export$	—	—	—	—	0.376*** (0.111)	—	—
企业特征变量	否	否	否	是	是	否	否
地区固定效应	是	否	是	是	是	是	是
年份固定效应	是	否	是	是	是	是	是
观测值	642	301	328030	318035	318035	540	540
R^2	0.949	0.049	0.060	0.521	0.549	0.966	0.969

注：*、**、*** 分别表示在 10%、5%、1% 的置信水平下显著，括号内为稳健标准误，聚类到地区层面。所有回归估计中均加入了地区固定效应、年份固定效应。使用多元回归比概率模型进行回归估计，均计算了解释变量的平均边际效应。其中列（4）—列（5）控制了企业年龄、企业资本密集度、企业规模、企业利润率、是否为国有企业、是否为外资企业等企业层面的特征变量。

（二）供给侧的就业溢出效应

根据前文得到的结果，地区贸易政策不确定性下降会提高劳动力到非农业部门就业的概率，具体地，到可贸易部门就业的可能性提高，并且对劳动力到服务业部门就业也产生了间接的正向促进作用，并且贸易政策不确定性的异质性来自地区可贸易部门就业结果的差异和行业层面两种关税税率的差异，因此，本章将对可贸易部门内不同行业之间的溢出效应和可贸易部门向服务业部门的溢出效应分别进行检验。

1. 可贸易部门内不同行业之间的溢出效应

经济集聚的相关研究表明，行业的空间集聚会对该地区的特定行业或企业产生外部溢出效应，即地区的经济集聚不仅可以通过劳动力市场汇集、共享生产要素投入和传播知识等对该地企业的行为和绩效具有积极的溢出效应(Marshall, 1920[①]; Rosenthal 和 Strange, 2004[②]),它还加剧了当地市场的竞争并降低了产品价格。但对企业的行为和绩效产生竞争效应(Zhao等, 2012)[③]。例如,经济集聚与公司规模呈显著正相关关系。区域内企业的集中度越高,产业集聚中企业的规模越大(Holmes 和 Stevens, 2002)[④],规模大的企业比企业数量多的邻近企业对企业规模有更显著的影响(Li 等, 2012)[⑤]。因此,本章认为一个地区内的不同行业之间存在经济的集聚效应或挤出效应,一方面,由于不同行业之间对稀缺资源如土地的投入,使不同行业存在竞争关系,一个部门的规模扩大会导致其他行业的退出;另一方面,行业内的企业会通过集聚,对其下游或上游行业产生正向溢出效应,即一个行业的规模扩大会导致其他行业的规模扩大。本章将对地区可贸易部门内不同行业所面临的贸易政策不确定性冲击如何通过集聚效应或挤出效应影响行业就业情况。

为了分析可贸易部门内不同行业之间的局部溢出效应,本章将分析的对象定为特定地区—行业层面所面临的贸易政策不确定性下降冲击以及该地区内其他邻近行业所面临的贸易政策不确定性冲击。首先,本章分析了行业层面的贸易政策不确定性降低是否会影响特定地区—行业的就业,显示了贸易政策不确定性降低对行业层面的就业也起着重要作用。计量模型设定如下:

$$Y_{jct} = \alpha + \beta TPU_{j,2000} \times Post_{02t} + \mu_{jc} + \lambda_t + \xi_{jct} \qquad (5-5)$$

其中,Y_{jct} 表示特定地区可贸易部门的行业就业占地区劳动力总数的比重,$TPU_{j,2000}$ 表示特定行业所面临的贸易政策不确定性下降,μ_{jc} 表示地区—行业固定效应,λ_t 表示时间固定效应。回归结果如表5-7中列(1)—列(2)所示,其中列(1)结果显示了行业层面的贸易政策不确定性下降对地区—行业的就业有显著的正向影响,贸易政策不确定性每下降10%,地区—行业的就业比率会上升约0.7%。为了防止初始年份的地区行业就业权重对结果造成干扰,列(2)进一步控制了初始年份的就业比重,此外,也

① A.Marshall, "Principles of Economics : An Introductory Volume", *Macmillan*, 1920.

② S. S. Rosenthal, W. C. Strange, "Evidence on the Nature and Sources of Agglomeration Economies", *Handbook of Regional and Urban Economics*, Vol.4, 2004.

③ Y.Zhao, K.Chen, Y.Zhang, et al., "Take over Protection and Managerial Myopia: Evidence from Real Earnings Management", *Journal of Acounting and Public Policy*, Vol.31, No.1, 2012.

④ T.Holmes, J.Stevens, "Geographic Concentration and Establishment Scale", *Review of Economics and Statistics*, Vol.84, 2002.

⑤ D.Li, Y.Lu, M.Wu, "Industrial Agglomeration and Firm Size: Evidence From China", *Regional Science and Urban Economics*, Vol.42, No.1, 2012.

加入了相应的初始年份的城市特征向量,回归结果依然显著为正。在前述部分,本章详细分析了地区贸易政策不确定性下降对地区内的就业产生的重要影响,此外,进一步地通过地区—行业的就业比重对行业层面的贸易政策冲击进行回归估计得到了稳健的结果,这表明贸易政策不确定性下降对就业的影响在行业层面也产生了同样的重要作用,与从行业层面分析贸易政策不确定性的现有研究得到了类似的结果。

本章将进一步分析地区可贸易部门内不同行业之间的溢出效应,继续考察该行业的就业是否会受该地区内其他邻近行业面临的贸易政策不确定性降低的影响。如果回归结果显著为正,则表明可贸易部门内不同行业之间存在正向溢出效应;如果回归结果显著为负,则不同行业之间是竞争关系,存在挤出效应。计量模型设定如下:

$$y_{jct} = \alpha + \beta_1 TPU_{j,2000} \times Post_{02\,t} + \beta_2 TPU_{-j,c,2000} \times Post_{02\,t} + \mu_{jc} + \lambda_t + \xi_{jct}$$

$$(5-6)$$

本章引入同一地区内其他邻近行业所面临的贸易政策不确定性以表示可贸易部门内不同行业之间的溢出效应,原因是每一个特定的地区—行业都会与邻近的其他行业通过生产要素的供求发生联系,受到周围环境的经济影响,因此,本章预期特定地区—行业的就业会受到来自同一地区其邻近行业面临的贸易政策不确定性下降所产生的影响。衡量溢出效应的指标类似于贸易政策不确定性指标的构建,行业层面的贸易政策不确定性继续使用的是初始年份的地区—行业就业比重的加权平均来衡量,但不包括本区域行业本身面临的贸易政策不确定性。因此,同一地区内其他邻近行业所面临的贸易政策不确定性由下式表示:

$$TPU_{-j,c,2000} = \sum_{i \neq j} \frac{Emp_{i,c}}{\sum_i Emp_{i,c}} \times TPU_{i,2000} \qquad (5-7)$$

回归结果如表5-7中列(3)—列(4)所示,其中列(3)的结果显示该地区—行业的邻近行业所面临的贸易政策不确定性下降会对该地区—行业的就业有正向影响,并且结果显著为正,特定地区行业的就业会得益于该行业的周围环境经济所面临的贸易政策不确定性下降,在列(2)加入初始年份的地区行业就业权重以及与就业相关的地区特征变量之后,结果依然显著为正。这表明当同一地区内邻近行业所面临的贸易政策不确定性下降时,会对该特定行业的就业产生溢出效应,溢出效应为正则说明周围行业经济环境的改善对特定地区行业的就业更多的是表现为因集聚而产生的正向溢出效应,而不是因竞争而产生的挤出效应。同时,溢出效应的存在也表明,地区贸易政策不确定性的下降不仅会对直接发生联系的行业产生直接影响,还会通过部门内不同行业之间的溢出效应产生间接影响。

表 5-7　可贸易部门内不同行业之间的溢出效应

回归系数 自变量	各解释变量核心回归系数			
	（1）	（2）	（3）	（4）
	行业 TPU		地区内邻近行业 TPU	
行业 $TPU{\times}Post_{02}$	0.0722 *** （0.0219）	0.0815 *** （0.0236）	0.0741 *** （0.0215）	0.0832 *** （0.0238）
同地区邻近行业 $TPU{\times}Post_{02}$	—	—	0.657 *** （0.0678）	0.179 ** （0.0741）
权重和地区特征变量	否	是	否	是
地区—行业固定效应	是	是	是	是
年份固定效应	是	是	是	是
观测值	13046	11100	13046	11100
R^2	0.843	0.858	0.848	0.858

注:*、**、*** 分别表示在 10%、5%、1% 的置信水平下显著,括号内为稳健标准误差,聚类到地区层面。所有回归估计中均加入了地区—行业固定效应、年份固定效应。列(2)和列(4)分别控制了地区初始期的就业权重和地区特征变量,如地区 GDP、人口密度、企业雇佣人数。

2. 不同部门之间的溢出效应

本章将详细考察地区贸易政策不确定性下降对服务业部门影响的可能传导机制,也就是说,分析了区域服务部门的就业如何从区域贸易政策的不确定性降低中受益。贸易政策不确定性的降低是由于中国加入世界贸易组织之后中美之间确立永久性的正常贸易关系,中美之间的贸易政策不确定性通过采用参考期 2000 年美国对来自其他国家进口 HS8 产品层面的最惠国和非最惠国待遇关税税率的差异信息来构建的。这一外部不确定性的消除首先通过中国当地企业的出口直接作用于当地的可贸易部门就业,通过上述分析,本章详细地考察了降低区域贸易政策不确定性会如何影响当地可贸易部门的劳动力就业,以及通过可贸易部门内部不同行业之间的溢出效应产生影响。但是外部贸易政策不确定性的下降不会直接作用于服务业部门,而根据上文分析,降低地区贸易政策不确定性不仅会对当地可贸易部门劳动力就业产生促进作用,而且促进了当地服务业部门的就业,这一影响背后的原因可能是可贸易部门与非贸易部门之间也存在溢出效应,如地区内制造业企业的成立往往伴随相关服务业企业对外提供服务,同时服务业部门对制造业企业的产品需求,不同部门之间的溢出效应需要进一步得到实证的论证。

　　尽管相对于可贸易部门就业而言,服务业部门的数据受限,本章将借助投入产出表来建立可贸易部门与服务业部门直接的投入产出联系,来证明降低区域贸易政策的不确定性是否会通过部门之间的溢出效应对服务部门的劳动力就业产生影响。随着区域贸易政策的不确定性降低,可贸易部门的劳动力就业将受益于有利的贸易环境。同时伴随当地可贸易部门企业对服务业部门提供的服务需求,这会对服务业部门的就业产生间接的促进作用。首先,本章使用 2002 年中国投入产出表得到 43 个不同行业之间的投入产出信息①,根据某一特定的服务业行业在不同可贸易部门行业产出中的投入比重,将不同可贸易行业所面临的贸易政策不确定性加权平均到该特定服务业行业,具体如下式所示:

$$TPU_{s,2000} = \sum_{j=1} \frac{Input_{sj}}{Output_j} \times TPU_{j,2000} \qquad (5-8)$$

　　其中, $TPU_{j,2000}$ 与前文类似,表示样本初始期可贸易部门内不同行业所面临的贸易政策不确定性, $Input_{sj}$ 表示服务行业 s 在可贸易行业 j 生产中的投入, $Output_j$ 表示可贸易行业 j 的总产出。根据上式,使用服务业行业在不同可贸易行业产出中的投入比重对可贸易行业所面临的贸易政策不确定性加权平均得到服务行业所面临的贸易政策不确定性,该指标衡量可贸易部门所面临的贸易政策不确定性通过投入产出联系所产生的部门之间的溢出效应。

　　贸易政策不确定性在不同的服务业行业存在差异,这主要源于:一方面,不同的可贸易行业所面临的贸易政策不确定性下降程度不同;另一方面,特定服务行业在不同可贸易行业的总产出中的投入比重存在差异,这表明贸易政策不确定性的下降通过不同部门的投入产出联系对不同的服务业行业的溢出效应存在异质性,为本章进一步实证考察部门之间的溢出效应提供了基础。然后,本章将按照前文类似的方法,使用样本初始期 2000 年地区不同服务行业的就业比重将服务行业所面临的贸易政策不确定性加权平均到地区层面。

$$TPU_{c,2000}^{Service} = \sum_s \frac{Emp_{s,c}}{\sum_s Emp_{s,c}} \times TPU_{s,2000} \qquad (5-9)$$

---

① 2002 年中国投入产出表中共 43 个行业,其中农业部门 1 个行业、可贸易部门 21 个行业、服务业部门 20 个行业。2000 年人口普查数据中按照 2 位国民行业分类标准得到可贸易部门 36 个行业和服务业部门 54 个行业。本章将两个数据中的可贸易部门和服务业部门的行业分别进行一一对应。

值得注意的是,虽然 $TPU_{c,2000}^{Service}$ 与前文的地区贸易政策不确定性构建方法类似,但含义有所不同, $TPU_{c,2000}^{Service}$ 所体现的地区差异主要源于样本初始期不同地区的服务行业就业比重不同,以及不同服务行业所面临的贸易政策不确定性下降程度不同,该指标衡量了可贸易部门所面临的贸易政策不确定性在地区可贸易部门向服务业部门的溢出效应。理论上而言,当中国加入世界贸易组织,中美之间贸易政策不确定性的下降会使可贸易部门的生产对使用更多的其他部门所提供的服务,本章将预期当地服务业部门面临的服务需求增加,进而促进该地区服务业部门的就业。计量模型设定如下:

$$SerEmp_{ict} = \alpha + \beta_1 TPU_{c,2000}^{Service} \times Post02_t + \beta_2 X_{ict} + \mu_p + \lambda_t + \xi_{ict}$$

$$(5-10)$$

计量模型与前文类似,其中, $SerEmp_{ict}$ 表示特定地区个人在服务业就业的概率, $TPU_{c,2000}^{Service}$ 为可贸易部门所面临的贸易政策不确定性在地区可贸易部门向服务业部门的溢出效应。表 5-8 报告了贸易政策不确定性通过部门之间溢出效应对服务业部门就业的回归结果,其中列(1)中仅加入了解释变量和被解释变量,结果显著为正,这表明该地区服务业面临的贸易政策不确定性降低,增加了该地区人们在服务业劳动力就业的可能性。列(2)在列(1)的基础上加入了之前由可贸易部门行业结构构建的地区贸易政策不确定性,与表 5-5 中列(6)的估计结果比较可以发现,由可贸易部门行业结构构建的贸易政策不确定性回归系数和显著性有所下降,而由服务业部门行业结构构建的地区贸易政策不确定性回归系数依然显著为正,地区服务业部门所面临的贸易政策不确定性每下降 10 个百分点,则劳动力到服务业部门就业的概率提高约 1.48%。该研究得出的结论是,贸易政策不确定性的降低能够通过可贸易和服务业部门之间的投入产出联系对服务业部门产生积极的溢出效应,间接影响可贸易行业的劳动力就业。列(3)和列(4)分别添加了个人特征变量和地区在样本初始期的特征变量,回归系数仍显著为正,可贸易部门与服务业部门的溢出效应依然存在,结果稳健。

表 5-8　不同部门之间的溢出效应

回归系数 自变量	各解释变量核心回归系数			
	(1)	(2)	(3)	(4)
$TPU_c^{Service} \times Post_{02}$	0.143 *** (0.0299)	0.148 *** (0.0302)	0.0806 *** (0.0174)	0.0311 * (0.0178)
$TPU_c \times Post_{02}$	—	0.0347 * (0.0182)	0.0322 *** (0.0106)	0.00631 (0.0142)

续表

回归系数 自变量	各解释变量核心回归系数			
	（1）	（2）	（3）	（4）
个人特征变量	否	否	是	是
地区特征变量	否	否	否	是
地区固定效应	是	是	是	是
年份固定效应	是	是	是	是
观测值	2483627	2481285	2481282	1869714
$Pseudo\ R^2$	0.0268	0.0269	0.1533	0.1483

注：*、**、*** 分别表示在 10%、5%、1% 的置信水平下显著，括号内为稳健标准误差，聚类到地区层面。所有回归估计中均加入了地区固定效应、年份固定效应。使用多元概率比回归模型进行回归估计，均计算了解释变量的平均边际效应。

第四节　贸易政策不确定性影响中国劳动力市场工资的实证研究

除非存在完全的劳动力供给弹性，否则出口导致的劳动力引致需求冲击并不会完全体现在就业上。在劳动力供给缺乏价格弹性的情况下，对劳动力需求的增加会导致均衡工资水平的上升。因此，本章使用 2005 年的人口调查微观截面数据对地区贸易政策不确定性下降对个人收入的影响进行回归分析。正如前文所述，本章对地区贸易政策不确定性的构造方法使贸易政策不确定性相对于中国的区域劳动力市场具有较强的外生性，能够较好地避免内生性问题。

针对贸易政策不确定性对收入和工资的影响，本章估计一个扩展的明瑟（Mince）方程：

$$\ln income_{i,r} = \beta_0 + \beta_1 TPU_r + \beta_2 Age_{i,r} + \beta_3 Age_{i,r}^2 + \beta_4 Edu_{i,r} + \beta_5\ X_{i,r} + \mu_{i,r}$$

$$(5-11)$$

其中，$\ln income_{i,r}$ 表示地区 r 工人 i 的收入对数值。考虑到个人工作时间存在差异，本章根据周工作时间进一步计算了小时工资的对数值，以检验收入效应的稳健性。TPU_r 表示工人 i 所在地区面临的贸易政策不确定性下降，根据不同地区的产业结构对行业层面的贸易政策不确定性加权平均得到。年龄和年龄平方分别作为明瑟方程中工作经历和工作经历平方的代理变量，$Edu_{i,r}$ 是一组反映教育水平的虚拟变量，$X_{i,r}$ 是其他控制变量，包括个人的性别、户籍和民族，回归时还控制了省份固定效应。

表5-9报告了地区贸易政策不确定性下降对该地区个人收入的基准回归结果。在列(1)中本章只加入了被解释变量和解释变量地区贸易政策不确定性与时间虚拟变量的交互项,列(2)在列(1)的回归基础上估计了一个扩展的明瑟方程,以控制该地区的人口特征,如年龄、性别、教育程度等个体特征对个人收入的影响。结果显示,贸易政策不确定性下降比较大的地区,月收入增加越高。贸易政策不确定性的系数显著为正,月收入对贸易政策不确定性下降的弹性大约为1.3。其经济学内涵指如果当地的贸易政策不确定性降低1%,当地劳动力的月收入会增加1.3%。将贸易政策不确定性下降程度位于25分位数与75分位数的两个地区相比,这两个地区贸易政策不确定性下降的程度分别为29.57%和22.63%。这就表示着贸易政策的不确定性降幅更大的地区比降幅较小的地区职工月工资上涨约9.02个百分点。本章借鉴皮尔斯和肖特(2016)的方法,使用行业层面惩罚性的第二栏关税与最惠国待遇关税的简单差值衡量行业贸易政策不确定性,按照前文所述的方法加权平均到地区层面,进行回归得到列(3)的回归结果,结果表明,在使用其他方法构建贸易政策不确定性,结果稳健。由于同一地区不同工人的工作时间可能存在差异,本章根据周工作时间进一步计算了工人小时工资的对数值,以检验收入效应的稳健性。结果由列(4)—列(5)所示,以列(5)的结果为例,不难发现贸易政策不确定性下降较高的地区,工人的每小时工资增加越大,贸易政策不确定性降低1%,使该地区劳动人员的时薪增加约1.38%,与工人月收入效应相近,表明结果依然稳健。

表5-9　地区贸易政策不确定性下降对收入和工资的影响

回归系数　　　　自变量	各解释变量核心回归系数				
	(1)	(2)	(3)	(4)	(5)
TPU	1.412 *** (0.511)	1.297 *** (0.407)	1.137 *** (0.370)	1.519 *** (0.472)	1.376 *** (0.366)
age	—	0.0374 *** (0.00190)	0.0374 *** (0.00193)	—	0.0274 *** (0.00154)
$age2$	—	-0.000587 *** (2.08e-05)	-0.000586 *** (2.10e-05)	—	-0.000425 *** (1.80e-05)
sex	—	0.347 *** (0.00998)	0.347 *** (0.00998)	—	0.254 *** (0.00696)
$ethnic$	—	0.204 *** (0.0268)	0.204 *** (0.0268)	—	0.194 *** (0.0248)
$hktype$	—	-0.531 *** (0.0257)	-0.531 *** (0.0257)	—	-0.489 *** (0.0201)

续表

回归系数 自变量	各解释变量核心回归系数				
	（1）	（2）	（3）	（4）	（5）
jiaoyu	—	0.340*** （0.0134）	0.340*** （0.0135）	—	0.377*** （0.0147）
Constant	6.660*** （0.157）	5.348*** （0.109）	5.379*** （0.104）	1.468*** （0.143）	0.263** （0.105）
省份固定 效应	是	是	是	是	是
观测值	1274704	1274704	1274704	1249218	1249218
R^2	0.223	0.465	0.464	0.215	0.442

注：*、**、***分别表示在10%、5%、1%的置信水平下显著，括号内为稳健标准误差，聚类到地区层面。所有回归估计中均加入了省份固定效应。

本章进一步分析贸易政策不确定性对地区内性别工资差异的影响，具体地，在基准回归方程的基础上加入贸易政策不确定性与性别虚拟变量的交乘项：

$$\ln Income_{i,r} = \beta_0 + \beta_1 TPU_r + \beta_2 TPU_r \times Female_{i,r} + \beta_3 Female_{i,r}$$
$$+ \beta_4 Age_{i,r} + \beta_5 Age_{i,r}^2 + \beta_6 Edu_{i,r} + \beta_7 X_{i,r} + \mu_{i,r} \quad (5\text{-}12)$$

其中，交乘项 $TPU_r \times Female_{i,r}$ 前面的系数是本章所重点关注的。根据给定的拓展模型（5-12），两边对性别虚拟变量求偏导数可得式（5-13），即在地区贸易政策不确定性下降时，对工人月收入或每小时工资对性别的偏效应：

$$\frac{\partial \ln Inome}{\partial Female} = \beta_3 + \beta_2 TPU_r \quad (5\text{-}13)$$

由表5-10的回归结果可知，交乘项的系数 β_2 在大部分的回归中显著为正，与此同时，性别虚拟变量前的系数仍然显著为负，以列（1）的回归结果进行分析，将列（1）的回归系数代入式（5-13），可以得到，尽管女性月收入显著低于男性月收入，即月收入存在性别差异，但是贸易政策不确定性的下降会使性别收入差异显著缩小，贸易政策不确定性下降1%，会使性别工资差异缩小约0.47%。将贸易政策不确定性下降程度位于25分位数与75分位数的两个地区进行比较，这两个地区的贸易政策不确定性程度分别为29.57%和22.63%。贸易政策不确定性的减少造成了位于75分位数上的地区比分布于25分位数上的地区的性别工资差距缩小了约3.26%。表5-10中列（2）的回归结果显示了贸易政策不确定性对性别每小时工资差异的调剂效应，回归系数为正，表明贸易政策不确定性下降也同样缩小性别每小时工资差异，但统计性不显著。

表 5-10　地区贸易政策不确定性下降对性别收入差异的影响

回归系数 自变量	各解释变量核心回归系数			
	（1）	（2）	（3）	（4）
	整个地区		可贸易部门	
	月收入	每小时工资	月收入	每小时工资
TPU	1.085*** (0.402)	1.320*** (0.367)	0.0312 (0.272)	0.00607 (0.232)
Female×TPU	0.469** (0.200)	0.125 (0.133)	0.853** (0.423)	0.920*** (0.308)
female	−0.475*** (0.0566)	−0.289*** (0.0372)	−0.556*** (0.118)	−0.548*** (0.0873)
age	0.0375*** (0.00186)	0.0274*** (0.00153)	0.0318*** (0.00181)	0.0322*** (0.00199)
age2	−0.000588*** (2.04e−05)	−0.000426*** (1.80e−05)	−0.000467*** (2.26e−05)	−0.000440*** (2.71e−05)
ethnic	0.203*** (0.0268)	0.193*** (0.0248)	0.0558*** (0.0146)	0.0726*** (0.0141)
hktype	−0.530*** (0.0257)	−0.489*** (0.0202)	−0.0500** (0.0216)	−0.119*** (0.0217)
jiaoyu	0.340*** (0.0134)	0.377*** (0.0147)	0.269*** (0.0210)	0.310*** (0.0234)
Constant	5.750*** (0.110)	0.532*** (0.106)	6.101*** (0.103)	0.776*** (0.0902)
观测值	1274704	1249218	203297	201658
R^2	0.465	0.442	0.256	0.275

注：*、**、***分别表示在10%、5%、1%的置信水平下显著,括号内为稳健标准误差,聚类到地区层面。所有回归估计中均加入了省份固定效应。

　　由于本章讨论的贸易政策不确定性的下降主要是在可贸易部门发生,因此,我们进一步调查了贸易政策不确定性对区域内可贸易部门性别收入(工资)差异的影响作用。结果如表 5-10 中列(3)—列(4)所示,交乘项的系数显著为正,从月收入和每小时工资两个维度均得到降低贸易政策不确定性对可贸易部门的性别差异有显著的调节作用,也就是降低贸易政策不确定性使地区内可贸易部门的性别收入(工资)差异大大缩小,甚至出现女性收入(工资)大于男性的情况。这一结果背后的原因可能是贸易政策不确定性下降使该地区出口的广度和深度增加,企业的进入和企业的大幅出口增加了对劳动力的需要,提供了大量的就业岗位,女性工人也相应地提高,进而使性别收入差异缩小。

　　本章继续考察了贸易政策不确定性下降对性别收入（工资）差异的调节在不同组别所体现的异质性，具体地，按照个人年龄和受教育程度划分为不同年龄段和高低技能的组别进行考察。表 5-11 的面板 A 和面板 B 汇报了不同年龄组的回归结果，两个年龄组的回归结果相比较而言，不难发现贸易政策不确定性下降对性别收入差异的调节主要体现在年轻群体，无论是整个地区所有部分还是可贸易部门，贸易政策不确定性下降对性别收入差异有显著的正向调节作用。当考察对每小时工资的影响时，也得到了较为稳健的结果。

表 5-11　不同组别的异质性分析

回归系数 自变量	各解释变量核心回归系数			
	（1）	（2）	（3）	（4）
	整个地区		可贸易部门	
	月收入	每小时工资	月收入	每小时工资
面板 A　16—39 岁				
TPU	1.022 ** （0.438）	1.207 *** （0.390）	0.0764 （0.288）	0.00465 （0.235）
Female×TPU	0.796 *** （0.196）	0.403 *** （0.137）	1.179 *** （0.374）	1.255 *** （0.284）
female	−0.530 *** （0.0560）	−0.344 *** （0.0387）	−0.606 *** （0.106）	−0.608 *** （0.0811）
观测值	682326	669925	135408	134520
R^2	0.474	0.456	0.282	0.299
面板 B　40—59 岁				
TPU	1.097 *** （0.353）	1.391 *** （0.337）	0.129 （0.282）	0.152 （0.267）
Female×TPU	−0.191 （0.218）	−0.399 *** （0.153）	−0.429 （0.467）	−0.271 （0.289）
female	−0.330 *** （0.0610）	−0.163 *** （0.0415）	−0.276 ** （0.128）	−0.280 *** （0.0836）
观测值	592378	579293	67889	67138
R^2	0.463	0.434	0.236	0.251
面板 C　初中及以下				
TPU	1.012 ** （0.402）	1.301 *** （0.367）	−0.165 （0.263）	−0.198 （0.209）
Female×TPU	0.379 （0.235）	−0.0110 （0.160）	1.111 ** （0.494）	1.217 *** （0.350）

续表

回归系数 \ 自变量	各解释变量核心回归系数			
	（1）	（2）	（3）	（4）
	整个地区		可贸易部门	
	月收入	每小时工资	月收入	每小时工资
female	−0.486*** (0.0672)	−0.276*** (0.0445)	−0.663*** (0.139)	−0.666*** (0.0992)
观测值	993566	971197	145153	144049
R^2	0.333	0.289	0.170	0.152
面板 D　高中及以上				
TPU	1.677*** (0.496)	1.680*** (0.479)	0.650 (0.441)	0.661 (0.455)
Female×TPU	0.248** (0.104)	0.246** (0.0967)	0.658*** (0.226)	0.606** (0.242)
female	−0.261*** (0.0294)	−0.224*** (0.0272)	−0.436*** (0.0644)	−0.398*** (0.0688)
观测值	281138	278021	58144	57609
R^2	0.341	0.332	0.210	0.212

注：*、**、*** 分别表示在 10%、5%、1% 的置信水平下显著，括号内为稳健标准误差，聚类到地区层面。所有回归估计中均加入了省份固定效应。

　　此外，本章进一步探讨了在不同技能群体中贸易政策不确定性降低对性别劳动力收入差异的异质性。放眼整个地区，结果显示，相对于低技能群体，贸易政策不确定性对性别收入差异的正向调节作用主要体现在高技能群体。当考察可贸易部门时，其调节作用并没有在两个技能群体之间产生显著差异。

　　与前文一致，本章同样采用中国加入世界贸易组织所引致的贸易政策不确定性下降作为外生冲击，根据中国各个地区不同的产业比较优势构建地区层面的贸易政策不确定性指标，从微观个体层面详细考察地区贸易政策不确定性下降对地区就业供给的影响，得到了以下研究结论：第一，虽然在 2000—2005 年中国各个地区的平均劳动力就业参与率有所下降，区域贸易政策不确定性的降低能够显著缓解该地区劳动力就业供给的降低趋势，并且人们因工作原因而失业的概率也显著下降，从就业供给的不同角度考察均得到了不确定性的减少改善了该地区的就业条件。第二，对分部门异质性的分析得出的结论是：区域贸易政策不确定性的降低增加了非农业、可贸易和服务部门劳动力就业的可能性，本章从地区的就业供给层面间接地验证了中国的产业结构转型和贫困消减。第三,对相关机制的考察,一方面,降低区域贸易政策的不确定性,通过区域企业的进入和企业劳动力需求的增加,形成"创造就业效应",为了平衡劳动力市场的供求,使劳动力的就业结构增加;另一方面,通过可贸易部门内不同行业之间和可贸易部门向服务业部门通过产出投入联系的正向溢出效应产生"就业溢出效应",进而影响该地区特定行业或部门的劳动力就业。第四,基于工资波动的实证结果,贸易政策不确定性的降低推动了劳动力工资的增长,并显著降低了性别收入的差距。贸易政策不确定性降低 1%,会使性别工资差异缩小约 0.47%,且地区内可贸易部门的性别工资差异缩小得最为明显。本部分的研究结论不仅在理论上丰富和拓展了相关研究,同时在中美贸易谈判跌宕起伏、贸易政策不确定性风险犹存的背景下,对推进国内就业优先战略具有重要的政策内涵。

第六章 贸易政策不确定性影响中国 劳动力家庭调整的实证研究

随着中国经济由高速发展阶段转向高质量发展阶段,经济转型升级从过去对劳动力数量的依赖转变为对更高质量劳动力的需求,创新驱动发展及人才强国发展战略的实施体现了当前对人力资本投资的空前重视。而作为人力资本积累的核心内容,探究个人教育投资背后的动因对如何有效保障人力资本积累具有重要意义。进一步地,家庭作为个体生活的重要组成单位,会深刻影响个人教育投资以及女性的生育状况、宏观经济变化下的区域劳动力市场变迁;而家庭行为调整对个人教育投资、人口流动和流动人口的初婚年龄、女性生育数量也会产生影响。在上述诸多影响因素中,区域劳动力市场的就业结构及技能溢价的变化受到学界的广泛关注(Atkin,2016;Lopresti 和 Greenland,2016[1];张川川,2015[2];张军等,2018[3]),这一方面源于人力资本自身正向外部性的特性,另一方面源于劳动力市场变化在人力资本投资决策中所占有的重要地位,受教育水平是人力资本投资最主要的方式,当区域劳动力市场存在迁移摩擦时,个人的教育决策更容易受到当地就业结构和技能回报率的影响,因此从区域劳动力市场视角深入考察人力资本投资的影响因素具有重要的政策含义和现实意义。此外,区域劳动力市场的稳定使获得稳定就业的概率大幅度增加,这为流动人口的婚育行为提供了收入保障,同时提高了流动人口在婚姻市场上对异性的经济吸引力,并且就业或工作本身具备很强的婚姻市场功能,外来务工人员从农村流入城市,其社交网络的规模和社会交往的空间相应拓宽,为流动人口提供了更多的择偶机会,进而导致流动人口的初婚年龄提前,生育数量上升。然而,不容忽视的是宏观经济政策或贸易政策在其背后所扮演的重要角色,随着全球化深入发展和全球价值链的分工细化,贸易自由化进程和贸易政策不

---

① Lopresti, John, Greenland, et al., "Import Exposure and Human Capital Adjustment: Evidence from the US", *Journal of International Economics*, Vol.2, No.2, 2016.

② 张川川:《出口对就业、工资和收入不平等的影响——基于微观数据的证据》,《经济学(季刊)》2015 年第 4 期。

③ 张军、张慧慧、徐力恒:《劳动力市场分割的技能偏向如何影响家庭人力资本投资》,《中国工业经济》2018 年第 8 期。

确定性风险相伴相生,并成为影响区域劳动力市场就业、收入及消费者福利的重要推动力。

　　基于此,本章以中国加入世界贸易组织中美之间确立永久性正常贸易伙伴关系为准自然实验,全国人口普查(调查)数据、产品层面关税数据、中国流动人口动态监测调查数据以及相关地区层面的数据,考察贸易政策不确定性下降对中国区域劳动力市场上的人口流动、个体教育投资以及流动人口的初婚年龄、女性生育数量所刻画的家庭调整的影响。得到以下主要发现:第一,地区贸易政策不确定性下降对人力资本投资产生了显著的抑制作用,贸易政策不确定性下降程度较大的地区,人力资本投资增加得更加缓慢。虽然这一过程是劳动力个体在受宏观贸易政策影响下自主选择的结果,但从整个社会的角度来看,国际贸易对人力资本的积累产生了分配效应。假设大量低技能劳动力进入劳动力市场,则不利于经济社会的长期发展,那么政府在进一步推动全方位对外开放,以化解贸易政策的不确定性风险的过程中,应充分考虑某些特定群体的利益。第二,地区贸易政策不确定性下降显著提前了该地区流动人口的初婚年龄,同时对女性流动者的生育数量具有显著的促进作用。此外,地区贸易政策不确定性下降对该地区流动人口的家庭调整行为与当地户籍人口相比存在显著差异,对于该地区户籍人口的家庭调整没有明显的影响。

第一节　贸易政策不确定性影响中国劳动力家庭调整的理论分析

一、相关文献回顾

　　基于中国加入世界贸易组织后中美建立永久性正常贸易伙伴关系的背景,本章考察了贸易政策不确定性降低对中国各个地区教育投资、生育行为等家庭调整的影响,并进一步地从区域劳动力市场的视角分析了贸易政策不确定性下降对家庭调整的影响机制。从理论上讲,贸易政策不确定性对区域劳动力市场主要产生以下影响:一方面,贸易政策不确定性降低令中国的企业出口成本下降,更多的企业选择进入出口市场,对当地劳动力需求增加,提供更多的就业岗位,并且贸易政策不确定性下降会在不同地区之间产生相对效应,下降程度更高的地区,就业需求增加相对更多;另一方面,基于中国企业的出口模式,贸易政策不确定性会改变地区技能溢价,中国企业的出口更多地集中于劳动密集型行业,对低技能劳动力需求相对更大,如果贸易政策不确定性下降更多地改善了低技能劳动力的就业和收入,那么地区技能溢价会下降,进而导致高技能与低技能工人的收入差距缩小。这两方面的改变构成了影响教育投资的两个重要渠道:一是教育的机会成本渠道;二是教育的预期收益渠道。

学界对教育投资及人力资本发展的相关研究主要是从家庭层面进行考察的,如代际传递(李宏彬等,2012)[1]、婚姻市场变化(Han 和 Shi,2019)[2],另一些研究则从历史文化、制度等方面考察中国长期人力资本发展的原因(冯晨等,2019[3];夏怡然和陆铭,2019[4])。从国际贸易等宏观经济层面考察中国人力资本投资的相关研究还比较有限,也有部分相关文献为本章的研究提供了有益思路和借鉴,如李坤望等(2014)[5]、张川川(2015)。

另一类与本章相关的研究主要是考察贸易政策不确定性变动及其对家庭调整的影响效应(Handley 和 Limão,2015;Pierce 和 Schott,2016a;李胜旗和毛其淋,2018;毛其淋和许家云,2018;周定根等,2019)。随着研究的深入,学者们基于地区行业的就业结构,将行业层面贸易政策的不确定性进行加权平均到地区层面,并从多个角度研究地区贸易政策不确定性降低所带来的经济效应。例如,埃尔滕和雷特(2017)基于中国微观数据进行的经验研究表明,贸易政策不确定性降幅较大的地区经济发展规模和人均 GDP 会更高,同时贸易政策不确定性会促使劳动力从当地农业部门向制造业或服务业部门转移。除此之外,部分学者从健康(Pierce 和 Schott,2016b)、消费者福利(Handley 和 Limão,2017a)等对贸易政策不确定性变动对家庭调整所带来的影响进行了探讨。

二、贸易政策不确定性影响教育投资的理论分析

本节首先从区域劳动力市场的视角分析贸易政策不确定性下降对教育投资的影响机制。贸易政策不确定性下降使企业出口扩张,新的出口机遇

---

① 李宏彬、孟岭生、施新政等:《父母的政治资本如何影响大学生在劳动力市场中的表现?——基于中国高校应届毕业生就业调查的经验研究》,《经济学(季刊)》2012 年第 11 期。

② L. Han, X. Shi, " How does Intergenerational Investment Respond to Changes in the Marriage Market? Evidence from China", *Journal of Development Economics*, Vol.3, No.2, 2019.

③ 冯晨、陈舒、白彩全:《长期人力资本积累的历史根源:制度差异、儒家文化传播与国家能力塑造》,《经济研究》2019 年第 5 期。

④ 夏怡然、陆铭:《跨越世纪的城市人力资本足迹——历史遗产、政策冲击和劳动力流动》,《经济研究》2019 年第 1 期。

⑤ 李坤望、陈维涛、王永进:《对外贸易、劳动力市场分割与中国人力资本投资》,《世界经济》2014 年第 3 期。

会使区域劳动力市场就业条件改善,企业愿意为员工支付更高的工资(Feng 等,2017;李胜旗和毛其淋,2018),劳动力市场的变化会通过两个渠道对教育投资产生影响:一是教育投资的机会成本渠道,当新的企业进入出口市场或者处于出口市场中的企业扩大出口时,企业对劳动力的需求增加,学生在面临就业机会增加的同时,也会慎重考虑继续接受教育所需要承担的机会成本,当选择直接进入社会参加工作的收益大于留在学校继续接受教育的收益时,学生则会倾向于选择先完成义务教育阶段并成为工作适龄人口后再离开学校进入劳动力市场;二是教育投资的预期收益渠道,如果学生相信工作机会总是存在,并且这些工作职位会给高技能的劳动力带来更高的利益时,那么人们将会选择留在学校继续接受教育,以提高他们未来进入劳动力市场的技能。接下来,本章基于科瓦克(2013)和阿特金(2016)建立一个人力资本调整的分析框架。

（一）个体效用函数

在特定的地区,年轻人在结束某个教育阶段时会作出选择:一是继续留在学校接受更高水平的教育,提升自己的技能;二是以当前的教育水平离开学校进入劳动力市场。假设留在学校,则效用表示为 $U(\overline{w})$,假设离开学校进入劳动力市场,则效用为 $U(w_{s,p,t})$,具体如下式所示:

$$U(w_{s,p,t}) = \ln(w_{s,p,t}) = \alpha S + \beta(t-p) + \theta_{s,i} \tag{6-1}$$

此时,效用是工资的对数函数,其中 s 表示受教育阶段,包括初中、高中或大学,p 表示离开学校进入劳动力市场的时间,$(t-p)$ 表示工作经验,$\theta_{s,i}$ 表示其他影响工资的因素。

由此可计算得到,留在学校接受 $s+1$ 阶段的教育水平,并且在 $p+1$ 期时进入劳动力市场,则预期收益 RS 可表示为:

$$RS = U(w_{s+1,p+1,t}) - U(w_{s,p,t}) = \alpha + \theta_{s+1,i+1} - \beta - \theta_{s,i} \tag{6-2}$$

而机会成本 C 可表示为:

$$C = U(w_{s,p,p}) - U(\overline{w}) = \alpha + \theta_{s,i} - \ln(\overline{w}) \tag{6-3}$$

（二）工资与价格冲击关系

根据科瓦克(2013)的研究,在一个包含区域特征的特定要素模型的框架下,从理论上论证了地区工资与行业价格变化的关系①。由于 $\theta_{s,i}$ 表示除受教育水平、工作经验以外的其他影响工资的因素,因此可得到 $\theta_{s,i}$ 与各产业价格冲击类似的关系式:

---

① 科瓦克(2013)假定各行业的价格变化相对于区域劳动力市场而言外生给定,在开放贸易条件下,价格变化由贸易成本决定。

$$\widehat{\theta_{s,i}} = \varphi_{s,i} \sum_{j} \lambda_{j,r} \widehat{\tau_j} \qquad (6\text{-}4)$$

把式(6-4)分别代入式(6-2)和式(6-3),可得到教育的预期收益和教育的机会成本是贸易成本的函数。

(三) 教育决策条件

进一步地可得到个体选择接受 S 阶段的教育,并在 p 时期离开学校进入劳动力市场的均衡条件:

$$\frac{C}{RS} = \frac{\alpha + \theta_{s,i} - \ln(\bar{w})}{\alpha + \theta_{s+1,i+1} - \beta - \theta_{s,i}} > 1 \qquad (6\text{-}5)$$

可知,当教育的机会成本大于预期收益,个体会选择离开学校进入劳动力市场;反之,留在学校继续接受教育。对此,本章的实证部分将详细考察贸易对人力资本投资的影响,以及如何通过教育的预期收益和教育的机会成本两个渠道影响人力资本投资。

三、贸易政策不确定性影响家庭调整的理论分析

在上述家庭教育投资理论分析基础上,接下来我们将继续从劳动力市场的就业供求及迁移摩擦的影响路径来阐述地区贸易政策不确定性对婚姻、生育等家庭调整的影响。

一是贸易政策不确定性下降通过劳动力市场供求机制影响家庭调整。从理论上看,贸易自由化的推进有利于扩大出口开放并且会对劳动力市场上的性别就业供给产生影响,也可能会通过重新配置行业生产要素和资源来影响劳动力性别结构,进而对劳动参与率和劳动力市场供求产生影响。而以中国加入世界贸易组织为契机的中美关税削减和贸易政策不确定性的下降,刺激了出口贸易发展,并创造了更多的就业机会和提升了平均工资水平;而这又会进一步吸引劳动力流入并为其婚育行为提供收入保障。考虑到流入劳动力的社会经济条件、工作流动性、年龄及配偶是否随迁等个人和社会特征,贸易政策不确定性的下降通过就业和收入保障,改善了其在婚姻市场上的经济条件,有利于提前流入劳动力的初婚年龄,并通过改善就业、收入条件提升其生育数量。但也有部分学者的研究得出相反的结论,即扩大贸易开放有利于增加女性的就业机会,也提升了其家庭地位和社会地位,进而增加了女性生育的机会成本,并会降低家庭生育率(Galor 和 Weil,1996[1];钱

---

① O. Galor, D. N. Weil, "The Gender Gap, Fertility and Growth", *American Economic Review*, Vol.86, 1996.

学锋和魏朝美,2014①;熊永莲和谢建国,2016②)。因此,从理论和实证研究的结论看,学者们并未就贸易政策不确定性下降通过劳动力市场供求机制对婚姻、生育等家庭调整的影响效应达成一致;本章的实证研究部分也将就此展开更为细致的检验。

二是贸易政策不确定性下降通过迁移摩擦的机制会影响家庭调整。通常贸易政策不确定性下降会带动出口部门的市场扩张和就业提升,并促进劳动力流动;但正如前文分析,劳动力在不同地区流动是存在迁移摩擦的,劳动力的迁移决策需要在迁移收益和迁移成本间权衡。不仅如此,落户限制、迁移距离、劳动力流动的社会经济条件、工作流动性等迁移摩擦因素也会影响劳动力的家庭调整。那么,总体来看,贸易政策不确定性下降通过提升该地区平均工资水平和改善城市舒适度水平、城市友好程度、户籍管制等城市包容性来有效缓解迁移摩擦,进而对迁移劳动力的婚姻、生育等家庭调整施加影响。由于迁移摩擦主要影响流动人口的迁移决策及其行为,所以贸易政策不确定性下降对该地区流动人口的家庭调整与当地户籍人口相比存在显著差异,且对前者家庭调整的影响要比后者更为明显。

第二节　数据说明与变量描述

一、数　据　来　源

本章的数据主要包括全国人口普查(调查)数据、产品层面关税数据、中国流动人口动态监测调查数据以及相关地区层面的数据等。除地区层面数据来自历年《中国城市统计年鉴》《全国分县市人口统计资料》《全国暂住人口资料汇编》外,其余主要的微观数据集包括:

(一)全国人口普查(调查)数据

本章所使用的人力资本投资数据来自 1990 年第四次全国人口普查、2000 年第五次全国人口普查的 0.95‰微观子样本和 2005 年全国 1%人口抽样调查的 20%微观子样本。数据包含了中国所有省份的信息,详细记录了受访者的年龄、性别、民族、受教育程度、居住地与户籍登记地、所从事的职业、行业等个人信息。本章将三次人口普查(调查)数据中的行业分类代

① 钱学锋、魏朝美:《出口与女性的劳动参与率——基于中国工业企业数据的研究》,《北京师范大学学报(社会科学版)》2014 年第 6 期。
② 熊永莲、谢建国:《贸易开放、女性劳动收入与中国的生育率》,《财经科学》2016 年第 4 期。

码、行政区划代码统一到 2005 年。在具体衡量人力资本投资时,本章将数据限定为 13—15 岁的初中适龄群体、16—18 岁的高中(中专)适龄群体以及 19—22 岁大学(大专)适龄群体。此外,三次人口普查(调查)数据包含了较为详细的细分行业的产业结构信息,其中 2000 年普查数据中的行业代码是标准国民经济行业分类(GB/T 4757—1994)三位代码,本章将数据加总得到每个地区—行业层面的就业人数,用于计算地区层面贸易政策不确定性指标中的就业权重。

(二) 产品层面的关税数据

行业层面的贸易政策不确定性数据来自芬斯特拉等(Feenstra,2002)的美国进口产品最惠国待遇关税和第二栏关税。原始数据中产品分类标准为 HS8 位码,本章将产品分类标准匹配到四位数标准国民经济行业得到行业的贸易政策不确定性指标。贸易伙伴对来自中国的进口产品关税以及中国的进口产品关税数据来自世界综合贸易方案(World Integrated Trade Solution WITS)中的关税数据库,同样将原始数据与标准国民经济行业做了匹配。

(三) 中国流动人口动态监测调查数据

考虑到数据匹配及研究需要,本章主要采用 2011 年中国流动人口动态监测调查数据(China Migrants Dynamic Survey,CMDS)。该数据来源于国家卫生健康委员会自 2009 年以来的年度大规模全国性流动人口抽样调查数据,其中大规模调查始于 2011 年,覆盖全国 31 个省(自治区、直辖市)和新疆生产建设兵团中外来流动人口相对集中的流入地区,年度样本量接近 20 万户,调查内容包括流动人口及其家庭人员基本信息、流动范围和趋势、就业和社会保障、收入支出与居住、基本公共卫生服务、婚育与计划生育服务管理、子女迁移与教育、心理文化等基本信息。本章使用的调查数据调查对象为 16—59 岁的流动人口;2000 年和 2005 年人口普查(调查)数据中只涉及了女性的生育子女数,同时 2000 年的生育子女数的填报对象为 15—50 岁的妇女,2005 年为 15—55 岁的妇女。为了统一口径,本章家庭调整部分因变量分别为 16—59 岁流动人口的初婚年龄以及 16—50 岁女性流动者的生育数量。

二、主要变量的统计性描述

除了与上节构建的地区贸易政策不确定性指标以及相关的控制变量外,本节继续构建进口关税水平以及出口关税水平等指标。其中,$Import_{ct}$ 为在 t 年地区 c 的中国进口关税水平,其构造方法为:首先,把 HS6 位码产品的中国进口关税指标与国民经济和行业 2 位标准(GB/T 4757—2002)相对应,并通过简单平均得到两位数行业层面的中国进口关税指标。接下来,将不同地区样本初始期可贸易部门行业的就业结构作为权重,把两位数行业层面的进口关税指标进行加权到地区层面,得到地区层面的中国进口关税指标。接下来,$Export_{ct}$ 表示在 t 年地区 c 的出口关税水平,具体构建方法参照法奇尼等(Facchini 等,2018)的方法,将中国加入世界贸易组织前出口额最大的 10 个目的地(国)HS6 位码产品的进口关税通过 2000 年海关进出口数据库得出的目的地(国)—产品层面出口份额加总到 HS6 位码产品层面,再将 HS6 位码产品的出口关税进行简单平均得到两位数行业层面,最后将不同地区样本初始期可贸易部门行业的就业结构作为权重,并将其加权到地区层面,从而得到地区层面的中国出口关税指标。

除此之外,本章研究的另外一个主要变量是教育投资,其两种主要测度方式包括教育支出、受教育水平。教育支出主要指家庭用于子女教育的直接现金支出,但实际生活中教育的投资或成本还包含了父母在子女教育方面花费的大量时间成本,以及子女本人的时间或机会成本,因此使用受教育水平测量人力资本投资优于教育支出(李宏彬和张俊森,2006)。本书考察的人力资本投资也是基于受教育水平的测度,采用地区特定群体的实际升学率来衡量,具体表示为当地 16—18 岁高中适龄群体中高中实际入学人口的比率,以及 19—22 岁大学(大专)适龄群体中大学(大专)实际入学人口的比率。

为了方便结果分析,本书使用每一年所有地区的平均高中或大学入学率对数据处理得到的高中和大学实际入学率进行标准化,并计算得到这一标准化入学率在 2000—2005 年的差分值,得到地区层面的高中或大学实际入学率的变化值:

$$\Delta Enroll_{r,2005-2000} = (Enroll_{r,2005} - \overline{Enroll_{2005}}) - (Enroll_{r,2000} - \overline{Enroll_{2000}})$$

$$(6-6)$$

需要说明的是,通过这一方法构建出的被解释变量 $\Delta Enroll_{r,2005-2000}$ 表示的是某个地区的入学率相对于所有地区入学率的离散程度,而不是该地区入学率的绝对入学变化率[①]。

接下来,图 6-1 描述了贸易政策不确定性与地区入学率相关性的统计分析,从中可以看出,地区贸易政策不确定性降低对教育投资具有显著的抑

[①] 通过标准化并进行差分处理的构建方法常见于国际贸易对区域劳动力市场的相关研究,如科瓦克(2013)、迪克斯·卡内罗和科瓦克(2017)。

制作用,贸易政策不确定性降幅较大的地区,教育投资增加得更加缓慢。具体地,贸易政策不确定性下降 1 个百分点,地区高中实际入学率下降 1.6%。如果将贸易政策不确定性下降程度位于 10 分位数与 90 分位数的两个地区进行比较,则贸易政策不确定性下降使前者的高中入学变化率比后者在 2000—2005 年的六年间累计下降了约 5.1%。对于 19—22 岁大学适龄群体的实际入学情况而言,贸易政策不确定性前面的估计系数同样显著为负,贸易政策不确定性降低 1%,则会令地区大学入学率下降 0.65%。

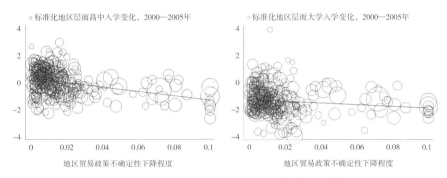

图 6-1　贸易政策不确定性与地区入学率相关性分析

第三节　贸易政策不确定性影响中国家庭教育
　　　　　投资的实证研究

　　本章在上述部分详细考察了地区贸易政策不确定性下降对该地区就业变动的影响,已经检验了贸易政策不确定性下降通过企业的出口扩张和企业对劳动力的需求增加这一途径,进而对当地劳动力市场的就业产生影响。贸易政策不确定性下降这一外生冲击所导致的地区出口扩张,使当地对劳动力需求增加,为了达到新的市场均衡,劳动力供给会作出相应的调整。现有研究关注了贸易政策不确定性与就业的关系(Pierce 和 Schott,2016a)以及使当地农业劳动力向制造业或服务业转移(Erten 和 Leight,2017)。但是贸易政策不确定性降低带来的就业岗位的增加,当地劳动力市场如何对这一劳动力需求增加的状况作出调整却鲜有研究。本章将在此基础上,通过地区贸易政策不确定性下降与教育投资的关系这一分析视角,考察当地劳动力市场面对劳动力需求增加在教育投资方面作出的调整。

　　贸易政策不确定性降低引致企业出口扩张,新的出口机遇所引起的就业岗位增加会对教育投资产生两个相反的作用:一方面是教育的机会成本渠道：当新的企业进入出口市场或者处于出口市场中的企业扩大出口时，企业对劳动力的需求增加，学生在面临就业机会增加的同时，也会慎重考虑继续接受教育所需要承担的机会成本，当选择直接进入社会参加工作的收益大于留在学校继续接受教育的收益时，学生则会倾向于选择先完成义务教育阶段并成为工作适龄人口后再离开学校进入劳动力市场；另一方面是教育的投资回报渠道，如果学生相信工作机会总是存在的，并且这些工作职位会给高技能的劳动力带来更高的利益时，那么人们将会选择留在学校继续接受教育，以提高他们未来进入劳动力市场的技能禀赋。当某个地区面临贸易政策不确定性下降所导致的劳动力需求增加时，哪一种渠道会对教育投资产生更大的效应，需要进一步检验。

本章在此基础上进一步考察地区贸易政策不确定性降低对该地区教育投资的影响，计量模型设定如下：

$$Educ_{ct} = \alpha_0 + \beta_1 NTRGap_c \times Post_{02t} + \gamma X'_{ct} + \mu_c + \lambda_t + \varepsilon_{ct} \quad (6-7)$$

其中，$Educ_{ct}$ 表示地区的教育投资，由进入高中接受教育的人口占该地区高中学历适龄（16—18 岁）总人口的比重来衡量。由于中国 1986 年开始实施 9 年义务教育，在分析贸易政策不确定性下降对地区教育投资的影响时，本章将 16—18 年龄段的人口看作接受高中教育的适龄人口。然后，在此基础上通过分析这一人群中人口是留在学校接受高中教育还是选择离开学校去参加工作，以反映该地区的教育投资情况。$NTRGap_c \times Post_{02t}$ 与前文一样，由中国加入世界贸易组织之前地区 c 面临的贸易政策不确定性下降幅度 $NTRGap_c$ 与时间虚拟变量 $Post_{02t}$ 交互得到。X'_{ct} 为地区层面影响教育投资的其他因素：男生比率、汉族人口比重、平均年龄。μ_c 和 λ_t 分别为城市固定效应和时间固定效应。

表 6-1 汇报了地区贸易政策不确定性降低对教育投资的回归结果，其中在列（1）中回归模型只加入了城市固定效应和年份固定效应，回归结果显示，交互项的估计系数显著为负，说明地区贸易政策不确定性降低会对该地区的教育投资产生显著抑制作用，即面临贸易政策不确定性下降幅度较大的地区，人们会倾向于选择去工作，而不是留在学校继续接受教育。列（2）在此基础上加入了地区层面的其他可能影响教育投资的特征变量，交互项的估计系数依然显著为负。为了使地区贸易政策不确定性 $NTRGap_c$ 随机化，防止地区 c 初始年份的行业就业权重可能会因为与教育投资的其他因素相关，进而造成估计偏误，本章在列（3）中进一步控制地区初始年份的就业权重，结果依然稳健。列（4）中，本章使用皮尔斯和肖特（2016）的方法，重新构建地区贸易政策不确定性指标，结果依然显著为负。列（6）中，

本章采用多元概率比回归的方法直接估计地区贸易政策不确定性对个人教育选择的影响,结果依然显著为负。这说明在控制了其他影响因素、更换解释变量以及更换其他估计方法之后,贸易政策不确定性下降对地区的教育投资依然具有显著的抑制作用。

表 6-1　地区贸易政策不确定性降低对教育投资的影响

回归系数　　自变量	各解释变量核心回归系数							
	（1）	（2）	（3）	（4）	（5）	（6）	（7）	（8）
分组标准	城市层面入学率				个人 16 岁时是否选择入学			
$t_{01}post_{02}$	-0.810** (0.387)	-0.651*** (0.250)	-0.626** (0.252)	-0.432** (0.202)	-0.639*** (0.193)	-0.631*** (0.193)	-0.747*** (0.227)	-0.576*** (0.170)
$weightpost_{02}$	—	-1.283 (1.000)	-1.450 (0.990)	-1.406 (0.977)	—	-0.182 (0.290)	-0.525 (0.390)	-0.479 (0.390)
$boylv$	—	—	-0.343 (0.371)	-0.352 (0.371)	—	—	—	—
$hanlv$	—	—	2.039*** (0.455)	2.040*** (0.454)	—	—	—	—
$ave\_nianling$	—	—	0.376 (0.244)	0.389 (0.244)	—	—	—	—
sex	—	—	—	—	—	—	0.0626*** (0.0120)	0.0626*** (0.0120)
$ethnic$	—	—	—	—	—	—	0.200*** (0.0287)	0.200*** (0.0287)
$hktype$	—	—	—	—	—	—	-1.385*** (0.0285)	-1.386*** (0.0285)
b	—	—	—	—	—	—	-0.318*** (0.0304)	-0.318*** (0.0303)
地区固定效应	是	是	是	是	是	是	是	是
年份固定效应	是	是	是	是	是	是	是	是
观测值	670	670	670	670	428185	428185	428185	428185
R^2	0.820	0.829	0.858	0.857	—	—	—	—

注:*、**、*** 分别表示在10%、5%、1%的置信水平下显著,括号内为稳健标准误差,聚类到地区层面。

地区贸易政策不确定降低对个人 16 岁时教育决策的影响,可以表示为:

$$Y_{ict} = \alpha_0 + \beta_1 NTRGap_c^H \times Post_{02t} + \beta_2 NTRGap_c^L \times Post_{02t} + \beta_3 X'_{ic}$$
$$+ \mu_c + \lambda_t + \varepsilon_{ict} \tag{6-8}$$

其中，Y_{ict} 为地区 c 的个人 i 在 16 岁时选择是否进入高中继续教育，X'_{ic} 为个人性别、民族等特征变量，μ_c 表示城市层面的固定效应，λ_t 表示时间固定效应，ε_{ict} 表示随机扰动项。

本章在上述部分详细论证了地区贸易政策不确定性下降促进了地区就业增长，面对劳动力需求增加，人们会相应地作出调整，即就业岗位增加提高了人们进行教育投资的机会成本，此时人们会选择去工作而不是留在学校接受教育。同时我们也根据前文分析得到，地区贸易政策不确定性下降更加显著地提高了当地低技能就业岗位的增加，同时就业影响教育有机会成本和教育回报两种渠道，所以当低技能劳动力面临贸易政策不确定性下降时，会促进教育投资。在此基础上，本章将进一步根据地区初始年份不同行业的技能强度，重新构建不同技能水平地区的贸易政策不确定性指标，考察其对教育投资的影响。表 6-1 报告了地区贸易政策不确定性降低对教育投资的影响，总体来看，贸易政策不确定性下降对地区的教育投资具有显著的抑制作用，即面临贸易政策不确定性下降幅度较大的地区，人们会更倾向于选择工作而非继续接受教育。

为了进一步地构建出高技能劳动力和低技能劳动力所面临的贸易政策不确定性，本章在总体地区贸易政策不确定性指标的基础上引入地区初始年份特定行业的高低技能权重[1]，具体为：

$$NTRGap_c^H = \sum_j \frac{H_{cj,2000}}{emp_{cj,2000}} \frac{emp_{cj,2000}}{emp_{j,2000}} \times \frac{NTRGap_j}{H_{c,2000}} \qquad (6-9)$$

$$NTRGap_c^L = \sum_j \frac{L_{cj,2000}}{emp_{cj,2000}} \frac{emp_{cj,2000}}{emp_{j,2000}} \times \frac{NTRGap_j}{L_{c,2000}} \qquad (6-10)$$

其中，$NTRGap_c^L$ 和 $NTR\ Gap_c^H$ 分别表示低技能劳动力所面临的地区贸易政策不确定性降低的冲击和高技能劳动力所面临的地区贸易政策性不确定降低的冲击，他们分别通过运用初始年份的特定行业中的要素技能强度和地区的特定行业就业人口强度，进一步地将行业—年份层面的贸易政策不确定性下降的冲击构建到地区层面，进而利用特定地区的低技能就业人数和高技能就业人数将其标准化。通过构建，$NTRGap_c^L$ 表示每一个低技能劳动者所面临的地区贸易政策不确定性降低的冲击，$NTRGap_c^H$ 表示每一个高技能劳动者所面临的地区贸易政策不确定性降低的冲击。由于每个地区

---

[1]　在本章的稳健性检验中，为了缓解地区特定行业的不同技能强度可能与观测不同的其他影响地区教育的因素相关所造成的内生性问题，本章进一步采用全国范围内特定行业的不同技能强度重新构建权重，结果稳健。

的产业比较优势和每个行业的技能强度存在极大的差异性,因此由贸易政策不确定性下降的冲击所引致的技能需求在不同的地区也会存在一定的差异。

$$Educ_{ct} = \alpha_0 + \beta_1 NTRGap_c^H \times Post_{02t} + \beta_2 NTRGap_c^l \times Post_{02t}$$
$$+ \mu_c + \lambda_t + \varepsilon_{ct} \qquad (6-11)$$

与前文地区总体贸易政策不确定性冲击的外生性分析相似,地区层面不同技能的贸易政策不确定性冲击的外生性则主要依赖于特定地区初始年份的行业就业结构、初始年份的行业技能强度、全国性行业层面的贸易政策不确定性冲击,而与其他的影响被解释变量的随时间变化或特定地区的其他影响因素无关。为了缓解地区行业就业结构和特定行业的技能强度两个权重指标对模型估计可能造成的遗漏变量偏误所引起的内生性,本章在上述计量识别中进一步在模型中引入这两个权重进行回归,以缓解内生性问题。

表6-2和表6-3报告了贸易政策不确定性下降的地区和个人异质性分析结果。研究结果显示,从整体来看,对低技能劳动力而言,地区贸易政策不确定性对城市层面入学率具有显著的抑制作用,而对高技能劳动力则具有显著的正向促进作用,来自个人层面和16岁以上群体的研究也与此类似。进一步地,基于农村和城镇劳动力的研究也发现,整体上,地区贸易政策不确定性对城镇劳动力有显著的负向冲击,而农村地区则不显著。而细分技能类型的研究发现,无论是农村还是城镇劳动力,地区贸易政策不确定性对低技能劳动力呈现显著的负向冲击,而高技能劳动力则不显著。上述结论表明,在贸易政策不确定性下降的过程中,中国企业出口成本下降,企业对劳动力需求的增加使中国区域劳动力市场条件改善,进而使一部分人选择留在学校继续接受教育,而另一部分人选择离开学校进入劳动力市场。这种影响通过"教育机会成本"和"教育预期收益"效应,使不同技能劳动力受到贸易政策不确定性冲击时的反应十分迥异。

表6-2　不同技能水平的地区贸易政策不确定性降低对教育投资的影响

系数 \ 自变量	各解释变量核心回归系数							
	(1)	(2)	(3)	(4)	(5)	(6)	(7)	(8)
	城市层面入学率				个人16岁		个人层面	
$lt_{01}post_{02}$	-2.185*	-2.997**	-2.931**	-2.060**	-0.195*	0.725	-0.797*	-1.498**
	(1.218)	(1.519)	(1.421)	(0.978)	(0.106)	(0.865)	(0.480)	(0.639)
$ht_{01}post_{02}$	15.36	16.30	11.20**	9.092**	8.243**	8.121**	13.30***	9.944***
	(10.67)	(10.99)	(5.281)	(4.226)	(3.505)	(4.112)	(4.140)	(3.825)

续表

系数 / 自变量	各解释变量核心回归系数							
	（1）	（2）	（3）	（4）	（5）	（6）	（7）	（8）
	城市层面入学率				个人 16 岁		个人层面	
H	—	-7.001* (3.725)	-5.569 (3.472)	-5.428 (3.455)	—	-10.15** (3.988)	—	-5.314 (3.612)
D	—	0.826 (0.855)	0.577 (0.748)	0.613 (0.733)	—	-0.938 (0.823)	—	0.506 (0.474)
$boylv$	—	—	-0.295 (0.380)	-0.288 (0.381)	—	—	—	—
$hanlv$	—	—	1.855*** (0.361)	1.887*** (0.371)	—	—	—	—
$ave\_nianling$	—	—	0.496** (0.249)	0.492** (0.247)	—	—	—	—
Sex	—	—	—	—	—	0.0631*** (0.0121)	—	0.0343*** (0.0125)
$ethnic$	—	—	—	—	—	0.198*** (0.0286)	—	0.190*** (0.0292)
$hktype$	—	—	—	—	—	-1.384*** (0.0287)	—	-1.171*** (0.0213)
$b/nianling$	—	—	—	—	—	-0.320*** (0.0305)	—	0.361*** (0.0128)
观测值	670	670	670	670	428185	428185	200470	200470
R^2	0.841	0.842	0.868	0.868	—	—	—	—

注：*、**、*** 分别表示在10%、5%、1%的置信水平下显著，括号内为稳健标准误差，聚类到地区层面。

表6-3　地区贸易政策不确定降低对教育投资的异质性分析

系数 / 自变量	各解释变量核心回归系数							
	（1）	（2）	（3）	（4）	（5）	（6）	（7）	（8）
$t_{01}post_{02}$	-0.121** (0.0614)	—	-0.121* (0.0683)	—	-0.007 (0.0487)	—	-0.255*** (0.0960)	—
$lt_{01}post_{02}$	—	-0.184 (0.144)	—	-0.468*** (0.121)	—	-0.159*** (0.0312)	—	-1.068*** (0.361)
$ht_{01}post_{02}$	—	1.334 (1.456)	—	1.260 (1.948)	—	-1.289 (0.893)	—	3.816 (3.278)
$hanlv$	0.247** (0.106)	0.251*** (0.0854)	0.582*** (0.123)	0.559*** (0.135)	0.0638 (0.0865)	0.0687 (0.0749)	0.142 (0.140)	0.141 (0.135)

续表

系数 自变量	各解释变量核心回归系数							
	（1）	（2）	（3）	（4）	（5）	（6）	（7）	（8）
ave_nianling	0.106 *** （0.0360）	0.100 *** （0.0343）	0.190 *** （0.0577）	0.206 *** （0.0578）	0.0880 * （0.0479）	0.0937 * （0.0479）	0.185 *** （0.0564）	0.208 *** （0.0573）
H	—	−0.554 （1.021）	—	−0.0362 （1.285）	—	—	—	−1.906 （1.214）
D	—	0.114 （0.105）	—	0.231 ** （0.107）	—	—	—	0.689 ** （0.347）
weight	0.0605 （0.0627）	—	0.00579 （0.0791）	—	−0.0559 （0.0540）	—	0.0689 （0.278）	—
boylv	—	—	—	—	—	−0.00164 （0.0829）	—	−0.151 * （0.0832）
观测值	686	686	686	686	684	684	676	676
R^2	0.860	0.858	0.818	0.820	0.853	0.855	0.718	0.732

注：*、**、***分别表示在10%、5%、1%的置信水平下显著，括号内为稳健标准误差，聚类到地区层面。

第四节　贸易政策不确定性影响中国劳动力 家庭调整的实证研究

根据前文的实证结果发现，地区贸易政策不确定性下降对该地区的人口流动具有显著的促进作用，同时地区收入水平、户籍和政府立法管制状况及舒适度均与地区贸易政策不确定性下降对该地区外来移民流入的影响相关。在拓展分析部分，本章试图进一步探究在个人选择迁移后，贸易政策不确定性对其家庭调整的影响，即流动人口的初婚年龄和女性生育数量。现有研究多认为外出务工经历会导致流动人口的初婚年龄和初育年龄显著推迟（郑真真，2002[①]；Pearson 等，2006[②]；刘厚莲，2014[③]；刘利鸽等，2019[④]）。相对于户籍人口，居住在相同城市的流动人口的初婚年龄更早，家庭生育

[①]　郑真真：《外出经历对农村妇女初婚年龄的影响》，《中国人口科学》2002 年第 2 期。

[②]　E.Pearson，S.Punpuing，A.Jampaklay，"Underpaid，Overworked and Overlooked：The Realities of Young Migrants in Thailand"，*International Labour Office*，2006.

[③]　刘厚莲：《新生代流动人口初婚年龄及其影响因素分析——基于全国流动人口动态监测调查数据》，《人口与发展》2014 年第 5 期。

[④]　刘利鸽、刘红升、靳小怡：《外出务工如何影响农村流动人口的初婚年龄？》，《人口与经济》2019 年第 3 期。

"二孩"的间隔更短(杨雪和徐嘉树,2018)[1]。本章利用 2000 年第五次人口普查的 0.95% 微观子样本、2005 年 1% 人口抽样调查的 20% 微观子样本和 2011 年流动人口动态监测调查数据,研究地区贸易政策不确定性下降对流动人口家庭调整的影响[2],本章拓展部分的回归模型构建如下:

$$Mariage_{ct} = \alpha + \beta_1 TPU_{c,2000} \times Post_{02} + \beta_2 Import\ tariff_{ct} + \beta_3 Export\ tariff_{ct} + \delta X'_{ct} + \mu_c + \lambda_t + \xi_{ct} \tag{6-12}$$

$$birthnum_{ct} = \alpha + \beta_1 TPU_{c,2000} \times Post_{02} + \beta_2 Import tariff_{ct} + \beta_3 Export\ tariff_{ct} + \delta X'_{ct} + \mu_c + \lambda_t + \xi_{ct} \tag{6-13}$$

其中,$Mariage_{ct}$ 表示地区 c 在 t 期流动人口的平均初婚年龄,$birthnum_{ct}$ 表示地区 c 在 t 期女性流动者的平均生育数量,其余变量的含义与前式相同。表 6-4 中列(1)和列(2)分别报告了上式估计结果,列(1)中交互项的估计系数显著为负,表明地区贸易政策不确定性下降会导致该地区流动人口的初婚年龄提前;列(2)中 $TPU_{c,2000} \times Post_{02}$ 的估计系数在 1% 的水平上显著为正,可以看出地区贸易政策不确定性下降对该地区女性流动者的生育行为具有显著的促进作用。造成上述现象可能的原因在于:第一,相对于贸易政策不确定性下降幅度较小的地区,贸易政策不确定性下降幅度较大的地区在中国加入世界贸易组织后就业机会和平均工资显著上升,进而导致该地区流动人口的收入水平显著提高,获得稳定就业的概率大幅度增加,这为流动人口的婚育行为提供了收入保障,同时提高了流动人口在婚姻市场上对异性的经济吸引力,使原本由于收入较低而不敢选择结婚以及生育的流动人口相应减少;第二,基于奥本海默的婚姻搜寻理论,就业或工作本身具备很强的婚姻市场功能,外来务工人员从农村流入城市,其社交网络的规模和社会交往的空间相应拓宽,为流动人口提供了更多的择偶机会,进而导致流动人口的初婚年龄提前,生育数量上升。

---

① 杨雪、徐嘉树:《城市流动人口婚育行为的实证研究》,《人口学刊》2018 年第 4 期。

② 2011 年流动人口动态监测调查数据的调查对象为 16—59 岁的流动人口;2000 年和 2005 年人口普查(调查)数据中只涉及了女性的生育子女数,同时 2000 年的生育子女数的填报对象为 15—50 岁的妇女,2005 年为 15—55 岁的妇女。为了统一口径,本章拓展分析部分的因变量分别为 16—59 岁流动人口的初婚年龄以及 16—50 岁女性流动者的生育数量。

表6-4　劳动力家庭调整的估计结果

回归系数 自变量	各解释变量核心回归系数					
	(1)	(2)	(3)	(4)	(5)	(6)
	流动人口		流动人口		户籍人口	
	初婚年龄	女性生育数量	初婚年龄	女性生育数量	初婚年龄	女性生育数量
$TPU_c \times Post_{02}$	-0.0172** (0.00667)	0.0984*** (0.0350)	-0.0136* (0.00788)	0.111*** (0.0396)	-0.00400 (0.00392)	0.00508 (0.0205)
$Import\ Tariff$	-0.0181 (0.0228)	0.0807 (0.117)	-0.0216 (0.0276)	0.219 (0.144)	-0.00590 (0.0289)	0.0104 (0.127)
$Export\ Tariff$	-0.0872*** (0.0328)	0.161 (0.158)	-0.0765* (0.0427)	0.156 (0.187)	-0.00449 (0.0256)	-0.0323 (0.112)
$Prefecture\ Controls$	是	是	是	是	是	是
$Prefecture\ FE$	是	是	是	是	是	是
$Time\ FE$	是	是	是	是	是	是
观测值	840	840	603	603	603	603
R^2	0.693	0.734	0.866	0.887	0.954	0.974

注：*、**、***分别表示在10%、5%、1%的置信水平下显著，括号内为稳健标准误差，聚类到地区层面。

为了进一步检验地区贸易政策不确定性下降对流动人口和当地户籍人口的家庭调整是否具有显著差异性，本章使用2000年和2005年的人口普查（调查）数据，对上式进行估计，回归结果见表6-4中列（3）和列（4）。同时，将式（6-9）和式（6-10）的因变量分别改为地区c在t期户籍人口的平均初婚年龄和女性生育数量。表6-4中列（5）和列（6）分别报告了以地区户籍人口平均初婚年龄和女性户籍人口的生育数量。从列（3）和列（5）可以看出，地区贸易政策不确定性下降对流动人口和当地户籍人口的初婚年龄影响具有异质性，地区贸易政策不确定性下降会促使流动人口相对较早地完成初婚，但对户籍人口没有影响，这再次印证了收入保障和婚姻匹配的存在。由于中国的流动人口大多来自收入较低的农村，相比于当地户籍人口，贸易政策不确定性下降对流动人口的收入增长幅度更大，社交网络拓宽得更为明显，同时这部分人更大程度地保有农村的传统婚育习俗，倾向于尽早结婚、组建家庭（刘利鸽等，2019）。表6-4中列（4）和列（6）的回归结果显示，地区贸易政策不确定性下降对流动人口的生育行为与当地户籍人口相比存在显著差异。地区贸易政策不确定性下降显著提高了流动人口中女性的生育数量，但对当地户籍人口中女性的生育数量没有影响。除了收入保障原因以外,这一结果还可能与流动人口和当地户籍人口的女性婚姻观念有关。来自农村的女性流动者更愿意通过生育为家庭尽快增加劳动力,期望繁衍后代、养儿防老等,较少使用避孕措施,一旦发现怀孕就会选择继续妊娠。然而,当贸易政策不确定性下降导致就业机会增加时,由于劳动力市场的性别歧视和女性城市人口不同的婚育观,户籍人口中的女性可能更愿意继续留在劳动力市场工作,而不是选择生儿育女,因此她们可能有意识地采取避孕措施或是终止妊娠等行为。

综上所述,地区贸易政策不确定性下降显著提前了该地区流动人口的初婚年龄,同时对女性流动者的生育数量具有显著的促进作用。此外,地区贸易政策不确定性下降对该地区流动人口的家庭调整行为与当地户籍人口相比存在显著差异,对于该地区户籍人口的家庭调整没有明显的影响。

前文的分析探讨了贸易政策不确定性与劳动力区域迁移、就业和工资调整的关系以及劳动力的部门间转移;但是面对贸易政策不确定性下降,当地劳动力市场如何对劳动力需求变化状况作出调整进而引起家庭调整的研究,却较为鲜见。基于此,本章在系统梳理贸易政策不确定性影响劳动力教育投资和家庭生育行为的理论机制基础上,利用 2000 年、2005 年人口普查的抽样数据和 2011 年中国流动人口动态监测调查数据,利用合成工具变量法和双重差分模型,实证检验了地区贸易政策不确定性对家庭教育投资和家庭调整的影响,并区分城乡、年龄、户籍人口与流动人口等不同组别进行了拓展分析。通过城市—个体层面数据匹配与双重差分模型的实证结果发现,贸易政策不确定性下降对地区的教育投资具有显著的抑制作用,即面临贸易政策不确定性下降幅度较大的地区,人们会更倾向于选择工作而非继续接受教育。从家庭调整来看,地区贸易政策不确定性下降显著提前了流动人口的初婚年龄,并对女性生育数量具有显著的提升作用。此外,地区贸易政策不确定性下降对该地区流动人口的家庭调整行为与当地户籍人口相比存在显著差异,对于该地区户籍人口的家庭调整则没有明显的影响。本章的研究为我们清晰认识贸易政策不确定性下外贸转型升级影响劳动力市场变革提供了来自家庭层面的微观视角,并为劳动力个体及家庭应对贸易政策不确定性冲击提供了经验支持。

第七章 贸易政策不确定性、出口升级与劳动力市场的技能偏向

前文的研究分别探讨了贸易政策不确定性、外贸转型升级对劳动力市场的影响,而事实上贸易政策不确定性下降不仅对企业绩效及其出口升级产生影响,还会根据不同地区产业就业结构对区域劳动力市场的就业技能偏向和人力资本积累产生影响,并且这一影响因不同地区行业层面的出口升级强度而存在差异。基于此,接下来本书将基于当地劳动力技能结构优化的视角,采用2000—2015年全国人口普查(抽样调查)微观数据分析贸易政策不确定性下降、出口升级对当地劳动力市场技能偏向的影响效应。

第一节 贸易政策不确定性与劳动力技能偏向的特征事实

关于国际贸易劳动力市场效应的经典研究,都证实了贸易政策不确定性冲击是影响劳动力市场就业和工资调整的重要推动力。通常贸易开放对区域劳动力市场的就业和工资造成冲击的同时,劳动力也会相应地在劳动力市场内部或者不同区域之间进行重新配置,而贸易开放对区域劳动力的影响存在一定的持续性,即贸易冲击可以影响区域劳动力存在的动态变化(Dix-Carneiro 和 Kovak,2017;Caliendo 等,2015)。其中,迪克斯·卡内罗和科瓦克(Dix-Carneiro,2017)的研究发现,巴西的贸易开放导致了地区间持续的动态差异,贸易开放之后20年以后关税变化对地区收入的影响大约是贸易开放10年以后影响的3倍。迪克斯·卡内罗和科瓦克(Dix-Carneiro 和 Kovak,2019)的研究也发现,来自中国的进口对美国区域劳动力上的总体福利存在动态演变的过程,其制造业就业、非制造业就业在2000—2007年之前存在动态调整的过程,并在2012年及以后趋于收敛状态。按照这一逻辑,如果区域劳动力市场上的就业和工资因贸易冲击而存在动态调整效应,那么劳动力就业技能结构在面临中间品关税削减的冲击时也会存在类似的动态演变过程。本书将进一步借助2005年和2010年人口普查(抽样调查)数据对不同时间地区层面的劳动力技能结构面临贸易冲击时的动态演变效应进行检验。

　　地区出口结构升级往往会增加对高技能劳动力的需求,进而促进当地的劳动力就业技能结构改善,区域劳动力市场就业技能禀赋得以提升。此外,贸易政策不确定性的下降往往对企业出口的结构升级也存在不容忽视的提升效应,那么出口的结构升级在贸易政策不确定性下降影响区域劳动力市场的过程中发挥怎样的作用呢? 出口升级涉及不同出口产业间的互相关联,从出口产品复杂度衡量的出口结构升级对贸易政策不确定性下降影响区域劳动力市场技能偏向的调节效应进行分析。

　　经典的劳动经济学理论证实,劳动者的工资与其就业技能水平存在较强的正向关系,其就业技能水平越高,劳动者的工资就越高。而随着劳动者就业技能的提升,高低技能劳动者之间的工资差距会不断缩小,因此,当地劳动者的工资水平在一定程度上可以表征劳动力的就业技能结构变化(周茂等,2018)。本书最后考察贸易政策不确定性降低对区域劳动力市场工资的影响,以反映劳动力的福利变化。为了体现劳动力就业技能偏向在不同地区之间的差异,表 7-1 列举了 2000—2015 年劳动力市场就业技能偏向变化最大的 5 个地区和最小的 5 个地区。[①] 其中,以高中及以上学历人口占初中及以下学历人口比率衡量的劳动力就业技能偏向变化最大的城市在2000—2015 年增长了 152%,而劳动力就业技能偏向变化最小的城市在2000—2015 年下降了 22%;同理,以大专及以上学历人口占高中及以下学历人口比率衡量的劳动力就业技能偏向变化最大的城市在 2000—2015 年增长了 68%,而劳动力就业技能偏向变化最小的城市在 2000—2015 年下降了 2%。

表 7-1　2000—2015 年劳动力就业技能偏向变化的地区分布

地区代码	2000 年	2015 年	变化率	地区代码	2000 年	2015 年	变化率
高中及以上占比变化最大的 5 个地区				大专及以上占比变化最大的 5 个地区			
3201	0.59	2.11	1.52	1101	0.30	0.99	0.68
1101	1.10	2.37	1.27	3201	0.14	0.77	0.63
4201	0.64	1.62	0.98	6501	0.28	0.76	0.49
4401	0.56	1.48	0.92	1401	0.22	0.68	0.46
1401	0.78	1.65	0.88	3101	0.19	0.62	0.43
高中及以上占比变化最小的 5 个地区				大专及以上占比变化最小的 5 个地区			
6202	1.20	0.98	-0.22	4601	0.30	0.28	-0.02

---

①　地区代码参见国家统计局网站,http://www.stats.gov.cn/tjsj/tjbz/tjyqhdmhcxhfdm/。

地区代码	2000 年	2015 年	变化率	地区代码	2000 年	2015 年	变化率
4601	1.02	0.80	-0.22	2204	0.08	0.07	-0.01
2204	0.25	0.21	-0.05	2312	0.03	0.04	0.01
6325	0.19	0.14	-0.04	4117	0.03	0.04	0.01
2311	0.35	0.32	-0.03	3416	0.02	0.03	0.02

第二节 贸易政策不确定性影响劳动力技能偏向的实证设计

一、计量模型设定

首先,中国加入世界贸易组织之后中美之间确定永久性的正常贸易关系,为本书考察贸易政策不确定性下降对中国区域人力资本投资的因果识别提供了一个较为理想的准自然实验。为了考察贸易政策不确定性下降这一政策冲击对中国区域劳动力市场就业技能偏向的影响,本书接下来估计以下长差分(Long-Difference)形式的回归方程:

$$\Delta d\_skill_{r,2000-2015} = \alpha + \beta TPU_r + \gamma X' + \mu_P + \xi_r \qquad (7-1)$$

上式中,被解释变量 $\Delta d\_skill_{r,2000-2015}$ 为地区 r 劳动力就业技能偏向在2000—2015 年的变化,具体而言,本书采用地级市层面就业劳动力群体高中及以上学历与初中及以下学历人口占比、大专及以上学历与高中及以下学历人口占比来衡量劳动力的就业技能偏向。核心解释变量 TPU_r 为中国加入世界贸易组织之后中美之间确立永久性的正常贸易关系所导致的贸易政策不确定性在地级市层面的下降幅度。区域劳动力市场的就业技能偏向还会受到除贸易政策不确定性下降以外的其他诸多因素影响,本书尽可能地控制这些因素对结果的干扰,其中 X' 表示地级市层面的诸多控制变量,如当地的男女性别比率、当地的就业劳动力群体平均年龄、已婚群体比率等人口特征变量。此外,在稳健性检验中,本书进一步控制了同时期的其他政策或经济冲击,如贸易自由化导致的进口关税下降、非关税壁垒下降、外资管制放松等。回归方程(7-1)中的核心解释变量前面的估计系数 β 预期为正,其经济学含义为贸易政策不确定性下降促进当地劳动力就业的技能偏向。

需要说明的是,本书在基准回归中采用长差分形式的回归方程以分析贸易政策不确定性下降对区域劳动力市场就业技能偏向在 2000—2015 年的长期影响。通常而言,劳动力市场需要一定的时间才会对国际贸易冲击作出反应,进而在就业技能结构变化等方面作出调整,而长差分形式的模型设定在贸易与劳动力市场中的应用可参见科瓦克(Kovak,2013)、迪克斯·卡内罗和科瓦克(Dix-Carneiro 和 Kovak,2017)等。在后面的实证分析中本书将 2005 年和 2010 年的区域劳动力市场就业技能偏向纳入分析框架,考察贸易政策不确定性对区域劳动力市场就业技能偏向的动态演变效应。此外,地区所在省份层面的宏观因素可能会对回归结果造成干扰,为了排除这种影响,本书在回归中加入了省份固定效应 μ_P,并在实际回归中将标准误差在地级市层面进行聚类。

二、核心指标构建

（一）地区贸易政策不确定性下降程度

中美贸易政策不确定性的存在源于中国加入世界贸易组织之前中美之间临时性的正常贸易关系,中国对美国的出口产品是否享有最惠国待遇关税取决于每年能否通过美国国会的评定和审查。当中国加入世界贸易组织后,中美两国于 2002 年 1 月正式确立永久性的正常贸易关系,美国给予中国永久性的贸易最惠国待遇,两国贸易政策不确定性随之下降(Pierce 和 Schott,2016a;Handley 和 Limão,2017a;龚联梅和钱学锋,2018)。本书所考察的贸易政策不确定性是基于中国加入世界贸易组织的事实背景,参照皮尔斯和肖特(Pierce 和 Schott,2016a)的方法,采用关税测量法测度中美之间贸易政策不确定性。具体构建方法如下:首先,计算 2000 年美国进口关税 HS6 位产品层面的第二栏关税与最惠国待遇关税的税率差,对应到 CIC2 位国民经济行业得到行业层面的中国企业所面临的贸易政策不确定性,如下式所示:

$$TPU_j = Tariff_{Columm2,j} - Tariff_{MFN,j} \tag{7-2}$$

然后,以不同地区在 2000 年的可贸易部门行业就业份额为权重,将行业层面的贸易政策不确定性加权平均到地区层面。地区贸易政策不确定性的指标构建如下式所示:

$$TPU_{r,2000} = \sum_j \frac{Emp_{j,r,2000}}{Emp_{r,2000}} \times TPU_j \tag{7-3}$$

其中, TPU_j 表示行业层面的贸易政策不确定性, $\frac{Emp_{j,r,2000}}{Emp_{r,2000}}$ 表示 j 行业在初始年份(2000 年)占 r 地区劳动力总就业的份额,通过构建, $TPU_{r,2000}$ 则表示地区层面贸易政策不确定性的下降程度。

对于贸易政策不确定性指标构建有两点说明:第一,在指标构建过程中,本书采用关税测量法测度中美之间贸易政策不确定性,直觉上讲,关税变动与贸易政策不确定性并非完全等价,关税变动还可以表示贸易自由化,而贸易政策不确定性还可以基于新闻媒体对经济、贸易、投资等政策报道的频率来测度,但是,此处关税变动之所以能衡量贸易政策不确定性是因为其背后源于中国加入世界贸易组织之后中美之间确立永久性的正常贸易关系这一政策冲击,中国加入世界贸易组织使中国对美国的出口产品享有最惠国待遇关税不再取决于每年能否通过美国国会的评定和审查,即美国对来自中国的进口产品征收的关税是最惠国待遇关税,而征收惩罚性关税的概率降为 0。因此,贸易政策不确定性的下降程度可以体现在不同行业第二栏关税与最惠国待遇关税的税率差异上(见图 7-1),这一背景事实和构建方法得到了相关领域文献的支撑,如皮尔斯和肖特(Pierce 和 Schott,2016a)、汉德利和利蒙(Handley 和 Limão,2017a)、龚联梅和钱学锋(2018)、毛其淋和许家云(2018)等。

　　第二,虽然前文理论分析部分本书指出贸易政策不确定性下降促进了出口进而影响了区域劳动力市场,并且贸易政策不确定性下降促进出口也得到了现有研究的论证(Pierce 和 Schott,2016a;Feng 等,2017),但本书采用关税测量法的贸易政策不确定性作为核心解释变量与直接采用出口额增长又有所差异,一方面,本书希望重点关注中国加入世界贸易组织之后中美之间确立永久性的正常贸易关系这一政策冲击所产生的影响;另一方面,关税可以立即反映政策变化,促使企业改变其行为以预期未来出口增长,而出口增长变化对国内企业行为可能产生更渐进的影响。

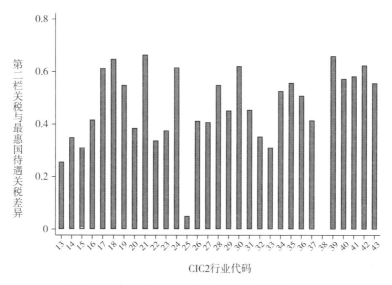

图 7-1　CIC2 行业层面贸易政策不确定性下降程度

图 7-1 绘制了中国加入世界贸易组织前 CIC2 位国民经济行业层面的贸易政策不确定性水平,根据美国进口 HS6 位产品层面的第二栏关税与最惠国待遇关税的税率差计算并简单平均得到,行业层面的贸易政策不确定性平均下降了 47%,但不同的行业贸易政策不确定性下降程度存在显著差异,其中家具制造业的下降程度为 66%,而石油加工、炼焦及核燃料加工业的下降程度仅为 5%。

（二）区域劳动力市场就业技能偏向

本书的主要考察对象是区域劳动力市场的就业技能偏向,现有文献对技能的刻画多是采用高低学历的占比,因此,本书采用地级市层面的就业劳动力群体的高低技能占比衡量劳动力的就业技能偏向,具体而言,由当地就业劳动力群体高中及以上学历人口占初中及以下学历人口的比率、大专及以上学历人口占高中及以下学历人口的比率来表示。

（三）制造业行业的出口技术复杂度

本书采用制造业行业的出口技术复杂度来考察贸易政策不确定可能导致的外贸升级对区域劳动力市场的就业技能偏向所产生的影响。本书构建 HS6 产品层面随时间变化的出口技术复杂度指标,然后简单平均到 CIC2 制造业行业层面,进而得到 2000—2015 年制造业行业层面的技术复杂度变化指标,具体如图 7-2 所示。在具体的回归中,本书根据制造业行业的出口技术复杂度均值进行 0—1 值的划分,将出口技术复杂度均值以上的行业标为 1,否则为 0。

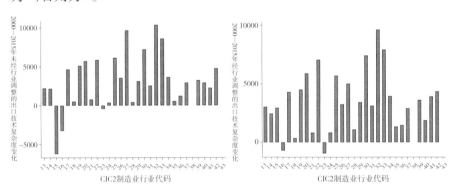

图 7-2　2000—2015 年 CIC2 制造业行业层面的出口技术复杂度变化

三、数 据 来 源

本书实证分析所使用的数据主要来源于以下两个数据库:第一,本书构建的区域劳动力市场就业技能偏向来自 2000 年、2005 年、2010 年和 2015

年全国人口普查(调查)数据,该数据提供了包括年龄、性别、就业行业、受教育程度等个人信息,本书根据数据库中的地理信息识别个人所在的地级市,以此定义区域劳动力市场,对个人所在的就业行业识别当地的不同就业部门,根据个人的受教育程度识别个人的技能高低。此外,对不同年份的数据库中的地级市代码以及就业行业代码统一对应,将样本限定为16—60岁的就业劳动力群体。最后,在构建地区层面贸易政策不确定性下降指标时所采用的地区产业就业结构,其数据也来自2000年全国人口普查数据。

第二,产品层面的关税数据:本书共使用了三种不同来源的关税信息构建实证研究所需要的变量:核心解释33变量,即行业层面的贸易政策不确定性数据来自芬斯特拉等(Feenstra等,2002)的美国进口产品最惠国待遇关税和第二栏关税。原始数据中产品分类为HS8位,本书将其匹配到CIC4位标准国民经济行业得到行业的贸易政策不确定性指标。中国出口产品在国际市场上面临的关税,即贸易伙伴对来自中国的进口产品关税(以下简称外部关税)数据来自世界综合贸易方案(World Integrated Trade Solution WITS)中的关税数据库。贸易自由化导致的最终品进口关税和中间品进口关税,即中国的进口产品关税也来自世界综合贸易方案中的关税数据库。此外,本书在构建地区层面的中国出口产品在国际市场上面临的关税时还使用了中国海关产品进出口数据。在构建制造业行业层面的出口升级指标时还使用了产品技术复杂度数据,来自世界贸易数据库。主要变量的描述性统计见表7-2。

表7-2　主要变量的描述性统计

变量名称	变量含义	平均值	标准差	10分位	50分位	90分位
d_ski	高中及以上占比	0.2459	0.2041	0.0663	0.1975	0.4869
d_ski	大专及以上占比	0.1173	0.0908	0.0418	0.0961	0.2254
$lnprody$	行业技术复杂度	7.9806	0.8925	6.3643	8.0952	9.0601
$TPU1$	贸易政策不确定1	0.4159	0.0769	0.3217	0.4145	0.5184
$TPU2$	贸易政策不确定2	0.2667	0.0638	0.1959	0.2622	0.3447
d_gender	男女性别比变化	0.1354	0.1681	−0.0608	0.1376	0.3424
d_marry	已婚占比变化	0.0262	0.0510	−0.0268	0.0191	0.0862
d_age	平均年龄变化	3.1300	1.3886	1.4512	3.0266	4.8710
d_han	汉族比率变化	−0.0050	0.0327	−0.0402	−0.0003	0.0192
r_ext	出口市场关税削减	0.0116	0.0050	0.0055	0.0126	0.0166
r_out	进口最终品关税削减	0.0740	0.0199	0.0517	0.0744	0.0958

变量名称	变量含义	平均值	标准差	10分位	50分位	90分位
r_t	进口中间品关税削减	0.0508	0.0068	0.0429	0.0507	0.0580
r_ntb	非进口关税壁垒下降	0.0339	0.0168	0.0179	0.0309	0.0526
r_fdi	外资管制放松	0.0683	0.0323	0.0329	0.0640	0.1026
pop	人口集聚(对数值)	7.4415	0.8447	6.2860	7.5616	8.4321

第三节　贸易政策不确定性影响劳动力技能偏向的实证分析

一、基准回归结果

表7-3报告了基准回归结果。由于本书采用地区层面的就业劳动力群体高中及以上学历人口占初中及以下学历人口的比率、大专及以上学历人口占高中及以下学历人口的比率来表示区域劳动力市场的就业技能偏向,因此对于回归结果,本书分别在表7-3中列(1)—列(3)和列(4)—列(6)对这两类考察主体进行回归分析。其中列(1)是地区就业劳动力群体高中及以上学历人口占初中及以下学历人口比率衡量的劳动力市场就业技能偏向对贸易政策不确定性下降的回归结果,列(2)中加入省份固定效应,以控制地区所在省份层面的其他不可观测因素对结果可能造成的影响,列(3)控制了地区层面的其他与劳动力就业技能偏向相关的因素,如地区已婚群体比率、男女性别比率、汉族人口比率、平均年龄等。列(4)是地区就业劳动力群体大专及以上学历人口占高中及以下学历人口比率衡量的劳动力市场就业技能偏向对贸易政策不确定性下降的回归结果,列(5)—列(6)分别是加入省份固定效应和其他人口特征变量的回归结果。

回归结果显示,对地区就业劳动力群体高中及以上学历人口占初中及以下学历人口比率衡量的劳动力市场就业技能偏向而言,贸易政策不确定性前面的估计系数均显著为正,以列(3)的结果为例,贸易政策不确定性下降1个百分点,会使当地就业劳动力群体高中及以上学历人口占初中及以下学历人口比率上升约0.47%。如果比较贸易政策不确定性下降分布10分位数和90分位数的两个地区,这两个地区的贸易政策不确定性下降程度分别为32.17%和51.84%,两者之间的差异是19.67个百分点,这意味着就业劳动力群体高中及以上学历人口占初中及以下学历人口比率在贸易政不确定性降低幅度较大的地区比降低幅度较小的地区在 2000—2015 年的 15 年间累计提高了约 9.24%。对于就业劳动力群体大专及以上学历人口占高中及以下学历人口比率衡量的劳动力市场就业技能偏向而言,贸易政策不确定性前面的估计系数同样均显著为正,同样以列(6)的结果为例,贸易政策不确定性下降 1 个百分点,就业劳动力群体大专及以上学历人口占高中及以下学历人口比率上升 0.17%。如果比较贸易政策不确定性下降分布 10 分位数和 90 分位数的两个地区,就业劳动力群体大专及以上学历人口占高中及以下学历人口比率在贸易政策不确定性下降较大的地区比下降较小的地区在 2000—2015 年的 15 年间累计提高了约 3.34%。本书的基准回归结果表明地区贸易政策不确定性下降对区域劳动力市场的就业技能偏向产生了显著的促进作用,贸易政策不确定性下降程度较大的地区,当地劳动力的就业技能偏向增加的幅度更大。

表 7-3　基准回归结果

回归系数 自变量	各解释变量核心回归系数					
	(1)	(2)	(3)	(4)	(5)	(6)
	高中及以上学历占比			大专及以上学历占比		
贸易政策不确定性下降	0.9011*** (0.1543)	0.5414*** (0.1606)	0.4713*** (0.1444)	0.2163*** (0.0605)	0.1633** (0.0680)	0.1674** (0.0675)
男女性别比变化			-0.1506** (0.0671)			-0.0863*** (0.0325)
已婚人口占比变化			-0.0680 (0.2111)			-0.0019 (0.1296)
平均年龄变化			-0.0015 (0.0088)			0.0017 (0.0050)
汉族比率变化			0.5909** (0.2657)			0.0837 (0.1526)
省份固定效应	否	是	是	否	是	是
观测值	338	338	338	338	338	338
R^2	0.1153	0.4372	0.5140	0.0336	0.3658	0.3830

需要说明的是,本书的实证策略识别的是贸易政策不确定性下降对区域劳动力市场就业技能偏向变化的相对效应,而非绝对效应。整体而言,地区层面的就业劳动力群体高中及以上学历人口占初中及以下学历人口比率由 2000 年的 0.249 上升到 2015 年的 0.496,增加幅度约为 24.7 个百分点;同样地,地区层面的就业劳动力群体大专及以上学历人口占高中及以下学

历人口比率由 2000 年的 0.055 上升到 2015 年的 0.172,增加幅度约为 11.7 个百分点。基准回归结果的估计系数均显著为正,表明贸易政策不确定性下降对不同地区的就业劳动力群体的技能结构产生了差异化影响,具体来说,相对于贸易政策不确定性降低程度较小的地区,贸易政策不确定性降低程度较大的地区劳动力就业技能结构改善更加明显。本书从区域劳动力市场的就业技能结构角度得到了贸易政策不确定性下降的地区相对效应,与之前分析的就业促进效应类似,贸易政策不确定性的下降对区域劳动力市场的就业技能结构改善也存在显著的促进效应,这对理解当前中美贸易往来中的不确定性所产生的后期经济社会影响提供了有益的经验证据。

二、稳健性检验

劳动力市场就业技能偏向的变化可能受到除贸易政策不确定性以外的其他政策和经济冲击的影响;接下来,本书将控制其他影响区域劳动力就业技能偏向的宏观经济与政策进行稳健性检验。具体而言,本书进一步考虑了以下四个其他影响因素:贸易自由化导致的出口市场外部关税削减、最终品进口关税削减、中间品进口关税削减、非进口关税壁垒取消、外商投资管制放松、地区期初的人口集聚。

(一)出口市场外部关税削减

中国加入世界贸易组织之后,除中美之间确立永久性的正常贸易关系之外,中国的其他贸易伙伴也对来自中国进口的产品实施了关税削减,对来自中国的进口产品征收的关税税率从 1990 年的 8.4% 下降到 2005 年的 3.5%(Li 等,2018),出口市场外部关税削减使中国的出口企业面临的国际贸易环境更加开放。为了控制这一因素对结果可能造成的偏误,本书使用中国主要贸易伙伴对中国征收的产品关税信息构建中国地区层面的外部关税指标。首先,使用某个国家在某个行业从中国进口值占中国在该行业的总出口值的比重为权重,将该国在该行业对中国的关税加权平均到行业层面;其次,使用不同地区在初始年份的可贸易部门行业就业份额为权重,将行业层面的外部关税加权平均到地区层面;最后,对地区层面的出口市场外部关税在 1997—2005 年取差分。回归结果见表 7-4 中的列(1),总体而言,中国出口产品在国际市场上面临的关税削减对区域劳动力市场的就业技能偏向影响为正,其中对地区层面的大专及以上学历人口占高中及以下学历人口比率的影响在 5% 的统计水平上显著为正。在控制这一因素后,贸易政策不确定性下降对区域劳动力市场的就业技能偏向影响依然显著为正。

表7-4　控制其他政策因素的稳健性检验

回归系数 / 自变量	各解释变量核心回归系数					
	高中及以上学历占比					
	（1）	（2）	（3）	（4）	（5）	（6）
贸易政策不确定性下降	0.4936*** (0.1746)	0.6389*** (0.1679)	0.6983*** (0.1625)	0.8121*** (0.1820)	0.8443*** (0.1799)	0.7714*** (0.1754)
出口市场外部关税削减	1.3650 (1.8438)	3.0570 (2.0352)	3.5872* (2.0889)	1.6804 (2.4180)	0.8374 (2.2447)	0.6407 (2.1070)
最终品进口关税削减	—	−1.8786*** (0.5119)	−1.0167** (0.4859)	−1.1589** (0.5039)	−1.1277** (0.5145)	−1.1621** (0.5329)
中间品进口关税削减	—	—	−4.2179*** (1.5504)	−4.4131*** (1.5016)	−2.8695** (1.4387)	−2.8002** (1.3756)
非进口关税壁垒取消	—	—	—	1.0070 (0.6232)	0.4713 (0.5535)	0.2236 (0.5149)
外资管制放松	—	—	—	—	1.2468*** (0.2739)	1.2186*** (0.2505)
期初劳动力市场集聚	—	—	—	—	—	0.0421** (0.0172)
观测值	338	338	338	338	338	338
R^2	0.4509	0.4698	0.4771	0.4804	0.5089	0.5217

回归系数 / 自变量	各解释变量核心回归系数					
	大专及以上学历占比					
	（1）	（2）	（3）	（4）	（5）	（6）
贸易政策不确定性下降	0.1094 (0.0708)	0.1835** (0.0737)	0.2158*** (0.0741)	0.2793*** (0.0866)	0.2921*** (0.0855)	0.2735*** (0.0863)
出口市场外部关税削减	1.8687** (0.8668)	2.7413*** (0.9182)	3.0280*** (0.9053)	1.9384* (1.0390)	1.6280 (1.0059)	1.5746 (1.0074)
最终品进口关税削减	—	−1.1768*** (0.2922)	−0.6330** (0.3000)	−0.7428** (0.3171)	−0.7657** (0.3234)	−0.7839** (0.3312)
中间品进口关税削减	—	—	−2.2271*** (0.6877)	−2.2807*** (0.6890)	−1.6564** (0.6932)	−1.6217** (0.7171)
非进口关税壁垒取消	—	—	—	0.5707* (0.3059)	0.3794 (0.2736)	0.3170 (0.2698)
外资管制放松	—	—	—	—	0.4570*** (0.1112)	0.4499*** (0.1098)
期初劳动力市场集聚	—	—	—	—	—	0.0109 (0.0082)
观测值	338	338	338	338	338	338
R^2	0.3889	0.4214	0.4303	0.4356	0.4550	0.4593

注:所有回归均加入了人口特征变量和省份固定效应。

（二）贸易自由化导致的进口关税削减

加入世界贸易组织之后，中国实施进口关税削减以主动扩大进口，最终品和中间品进口快速增长，由此引致的进口竞争也会对区域劳动力市场产生影响，如果进口关税削减更大的地区恰好也是贸易政策不确定性下降更大的地区，其对当地劳动力市场的就业状况的可能影响会对本书的结果造成干扰。本书基于地区贸易政策不确定性下降指标的构建思路，采用地区产业就业结构将行业层面的进口关税加权平均到地区层面，然后在世界贸易组织前后不同年份取差分值，得到地区层面的最终品关税削减指标和中间品关税削减指标。控制进口关税削减的回归结果如表7-4中列（2）—列（3）所示，无论是对地区层面的高中及以上学历人口占初中及以下学历人口比率的影响，还是对大专及以上学历人口占高中及以下学历人口比率的影响，地区进口关税削减的系数显著为负，意味着进口关税削减而导致的贸易自由化倾向于抑制区域劳动力市场就业技能结构的改善。控制地区进口关税削减并未对贸易政策不确定性下降的效果造成明显影响，贸易政策不确定性下降对区域劳动力市场的就业技能偏向影响依然显著为正。

（三）非进口关税壁垒

随着中国加入世界贸易组织，一系列非关税壁垒也被取消，为了控制这一政策的影响，本书构建了地区层面的非关税壁垒放松的指标。参照戴觅等（2019）[①]的方法，首先将商务部《进口许可证管理货物目录》中受到进口许可证管理的商品清单与CIC4位行业进行匹配，计算出每个CIC2位行业中受到进口许可证管理的商品的比重，用于衡量行业层面的非关税壁垒的放松程度，然后采用与地区关税削减类似的方法将行业非关税壁垒取消的指标加权平均到地区层面。回归结果见表7-4中的列（4），控制地区非关税壁垒之后，贸易政策不确定性下降对区域劳动力市场的就业技能偏向影响依然显著为正。

（四）外资管制放松

中国加入世界贸易组织还导致了对外商直接投资管制的逐步放松，外资管制放松导致外商直接投资的快速增长。为了排除同时期外资进入增加对人力资本投资可能的影响，本书构建地区层面的外资管制放松政策冲击，具体构建如下：将1997年、2002年、2007年商务部《外商投资产业指导目录》中被列为"限制"或"禁止"的条目对应到CIC4位行业，CIC2位行业层

---

① 戴觅、张轶凡、黄炜：《贸易自由化如何影响中国区域劳动力市场？》，《管理世界》2019年第6期。

面计算受到外资限制的 CIC4 行业的比率,取世界贸易组织前后不同年份的差分值,然后采用与地区关税削减类似的方法将行业外资管制放松指标加权平均到地区层面。回归结果如表 7-4 中列(5)所示,地区层面的外资管制放松对当地的高中及以上学历人口占初中及以下学历人口比率、大专及以上学历人口占高中及以下学历人口比率均存在显著的促进效应,即外资管制放松有助于提升区域劳动力市场的就业技能偏向。在控制这一因素后,贸易政策不确定性下降对区域劳动力市场的就业技能偏向影响依然显著为正。

(五)　劳动力市场的区域差异

本书从区域劳动力市场的视角分析地区贸易政策不确定性与当地劳动力就业技能偏向的因果关系;但是同时期内,除贸易政策不确定性冲击外,还存在并非一些因贸易而导致的劳动力市场变化,如经济的集聚溢出能够通过投入产出联系、技术共享等,对其他部门产生效应,进而影响当地劳动力的就业技能偏向。因此,本书将进一步在表 7-4 中列(6)控制样本考察初始期的总人口对数值,以排除因经济集聚可能引起的劳动力市场变化对本书结果造成的干扰。结果显示,在控制这一因素后,贸易政策不确定性降低对区域劳动力市场的就业技能偏向影响依然显著为正,结果稳健。

第四节　贸易政策不确定性影响劳动力技能偏向的拓展分析

一、区域劳动力市场就业技能偏向的动态演变

上述部分主要基于 2000—2015 年的数据样本,从长期视角考察了贸易政策不确定性下降对中国区域劳动力市场就业技能偏向的影响,然后贸易开放条件下,劳动力就业技能偏向随时间的动态演变并没有体现出来,长期效应与短期效应之间的差异有待于进一步检验。接下来,本书进一步借助 2005 年和 2010 年的全国人口普查(抽样调查)数据库构建 2000—2005 年以及 2000—2010 年的区域劳动力市场就业技能偏向变化的指标,对区域劳动力市场的动态演变进行实证分析,以此来检验在中国加入世界贸易组织之后贸易政策不确定性下降的外生冲击下,中国区域劳动力市场的就业技能结构在 2000—2005 年、2000—2010 年以及 2000—2015 年长短期不同时间段内的动态变化情况。

回归结果如表 7-5 所示,其中列(1)—列(3)是贸易政策不确定性降低对当地就业劳动力高中及以上学历占初中及以下学历比率的回归结果,

列(4)—列(6)是贸易政策不确定性下降对当地就业劳动力大专及以上学历占高中及以下学历比率的回归结果。结果显示,不同时间段内,贸易政策不确定性降低对区域劳动力市场就业技能偏向产生了差异化的影响。表7-5中列(1)的结果表明,贸易政策不确定性下降1%,当地就业劳动力高中及以上学历占初中及以下学历比率在2000—2005年仅上升了0.23%。列(2)结果显示,当地就业劳动力高中及以上学历占初中及以下学历比率在2000—2010年的上升幅度提高到了0.34%。列(3)结果显示,当地就业劳动力高中及以上学历占初中及以下学历比率在2000—2015年的上升幅度提高到了0.77%。由此不难发现,贸易政策不确定性降低对劳动力就业技能偏向的长期(2000—2015年)促进效应远大于短期(2000—2005年)效应,前者是短期的3.35倍。此外,表7-5中列(4)结果表明,贸易政策不确定性下降1%,当地就业劳动力大专及以上学历占高中及以下学历比率在2000—2005年仅上升了0.08%,并且在统计水平上不显著。列(5)结果显示,当地就业劳动力大专及以上学历占高中及以下学历比率在2000—2010年的上升幅度提高到了0.13%。列(6)结果显示,当地就业劳动力大专及以上学历占高中及以下学历比率在2000—2015年的上升幅度提高到了0.27%,并且在1%的统计水平上显著。这表明以就业劳动力大专及以上学历占高中及以下学历占比衡量的技能偏向在贸易政策不确定性下降的冲击下,在长期(2000—2015年)才会显现效应,而短期(2000—2005年)内无显著效应。表7-5回归结果表明,贸易政策不确定性降低对区域劳动力市场的就业技能偏向的长期影响大于短期影响,区域劳动力市场的就业技能偏向存在动态演变的特征。

表7-5 区域劳动力市场就业技能偏向的动态演变

样本分组\回归系数\自变量	各解释变量核心回归系数					
	(1)	(2)	(3)	(4)	(5)	(6)
	高中及以上学历占比			大专及以上学历占比		
	2000—2005年	2000—2010年	2000—2015年	2000—2005年	2000—2005年	2000—2015年
贸易政策不确定性下降	0.2273** (0.1035)	0.3393*** (0.0900)	0.7714*** (0.1754)	0.0756 (0.0470)	0.1334*** (0.0485)	0.2735*** (0.0863)
出口市场外部关税削减	-3.3624** (1.5175)	1.9643 (1.4634)	0.6407 (2.1070)	-0.7773 (0.6387)	1.7364*** (0.6697)	1.5746 (1.0074)
最终品进口关税削减	-0.3406 (0.3314)	-0.7609** (0.3230)	-1.1621** (0.5329)	-0.1266 (0.1484)	-0.4352*** (0.1575)	-0.7839** (0.3312)

续表

样本分组 回归系数 自变量	各解释变量核心回归系数					
	（1）	（2）	（3）	（4）	（5）	（6）
	高中及以上学历占比			大专及以上学历占比		
	2000—2005 年	2000—2010 年	2000—2015 年	2000—2005 年	2000—2005 年	2000—2015 年
中间品进口关税削减	-0.7470 (1.0182)	-2.0858** (1.0160)	-2.8002** (1.3756)	-0.6091 (0.4153)	-1.5257*** (0.4317)	-1.6217** (0.7171)
非进口关税壁垒取消	0.6332 (0.4909)	-0.0239 (0.3358)	0.2236 (0.5149)	0.3457 (0.2664)	0.1081 (0.1598)	0.3170 (0.2698)
外资管制放松	0.3258 (0.2099)	0.4393** (0.2148)	1.2186*** (0.2505)	0.0935 (0.0680)	0.1506* (0.0788)	0.4499*** (0.1098)
期初劳动力市场集聚	0.0183* (0.0098)	0.0120 (0.0091)	0.0421** (0.0172)	0.0003 (0.0039)	-0.0022 (0.0044)	0.0109 (0.0082)
省份固定效应	是	是	是	是	是	是
观测值	339	336	338	339	336	338
R^2	0.2692	0.4125	0.5217	0.3125	0.4579	0.4593

注:所有回归均加入了省份固定效应。

二、当地不同部门的就业技能偏向差异

考虑到本书主要研究对象劳动力的就业技能偏向是地级市层面,包含了当地的农业、制造业与服务业等部门,而贸易政策不确定性的外生冲击仅仅采用了可贸易部门的行业关税削减和地区产业结构,这意味着当地不同部门的劳动力就业技能偏向的变化是贸易政策不确定性下降直接和间接影响的综合结果,因此当地不同部门的劳动力就业技能的不同变化情况值得进一步检验。接下来,本书将地区总样本按照不同的就业部门类别进行分组分析。首先,考察当地劳动力在农业部门和非农业部门的就业选择。其次,由于城市贸易政策不确定性下降指标的构建是基于城市样本初始期的可贸易部门就业结构对可贸易部门行业的关税税率差异加权平均得到,即贸易政策不确定性的下降是与可贸易部门直接发生联系的,因此本书进一步将非农业部门分为可贸易部门和服务业部门对贸易政策不确定性的地区就业效应进行异质性分析。

回归结果如表 7-6 所示,每一列回归均控制到其他因素对结果可能造成的干扰。其中列(1)和列(4)结果显示,相对于贸易政策不确定性下降较小的城市,贸易政策不确定性下降越大的城市农业部门的劳动力就业技能

偏向提升得更大,其中当地农业部门高中及以上学历占初中及以下学历的比率在 5% 的统计水平上显著为正,当地农业部门大专及以上学历占高中及以下学历的比率在统计水平上不显著。表 7-6 中列(2)和列(5)汇报了贸易政策不确定性对当地制造业部门的劳动力就业技能偏向的影响,结果显示,无论是当地制造业部门高中及以上学历占初中及以下学历人口比率,还是大专及以上学历占高中及以下学历人口比率衡量的劳动力就业技能偏向,贸易政策不确定性前面的系数均显著为正,这意味着贸易政策不确定性下降对当地制造业部门的劳动力就业技能偏向具有显著的促进效应。表 7-6 中列(3)和列(6)报告了当地服务业部门的劳动力就业技能偏向的回归结果,结果显示,贸易政策不确定性下降对当地服务业高中及以上学历占初中及以下学历人口比率衡量的劳动力就业技能偏向具有显著的正向促进作用,而对当地服务业大专及以上学历占高中及以下学历人口比率衡量的劳动力就业技能偏向,虽然有正向影响但统计上并不显著。这一结果表明,贸易政策不确定性下降对当地服务业部门的劳动力就业技能偏向具有一定的正向溢出效应。

表 7-6　不同部门的劳动力就业技能偏向的差异检验

回归系数	各解释变量核心回归系数					
	(1)	(2)	(3)	(4)	(5)	(6)
	高中及以上学历占比			大专及以上学历占比		
自变量	非农业部门	制造业部门	服务业部门	非农业部门	制造业部门	服务业部门
贸易政策不确定性下降	1.6356** (0.7852)	1.4573** (0.5725)	1.5501* (0.8397)	0.2732 (0.2137)	0.2954* (0.1622)	0.2453 (0.2225)
出口市场外部关税削减	-4.0974 (7.9128)	1.5621 (9.6405)	1.3742 (8.3709)	3.6638* (1.9691)	4.7280* (2.8174)	3.2864 (2.2109)
最终品进口关税削减	-1.6335 (1.5423)	-1.7275 (1.6033)	-1.8525 (1.8728)	-0.2832 (0.5527)	0.0039 (0.7375)	-0.2367 (0.6050)
中间品进口关税削减	-13.8497** (6.0902)	-9.9193* (5.9149)	-15.8072** (7.0919)	-2.9075* (1.5927)	-5.7106** (2.4252)	-2.8546 (1.7622)
非进口关税壁垒取消	3.1846 (2.3969)	3.2137* (1.9124)	2.6355 (2.7691)	0.1467 (0.6445)	0.3785 (0.7519)	0.1832 (0.7092)
外资管制放松	1.9377** (0.7523)	-0.1383 (1.3991)	2.3359*** (0.8056)	0.7909*** (0.1957)	0.3680 (0.4777)	0.9503*** (0.2178)
期初劳动力市场集聚	0.0113 (0.0491)	-0.0455 (0.0517)	0.0470 (0.0531)	-0.0228* (0.0118)	-0.0197 (0.0141)	-0.0202 (0.0137)

续表

回归系数	各解释变量核心回归系数					
	（1）	（2）	（3）	（4）	（5）	（6）
	高中及以上学历占比			大专及以上学历占比		
自变量	非农业部门	制造业部门	服务业部门	非农业部门	制造业部门	服务业部门
省份固定效应	是	是	是	是	是	是
观测值	338	332	338	338	333	338
R^2	0.4843	0.3496	0.4487	0.5762	0.3930	0.5254

注：所有回归均设定了省份固定效应。

三、出口升级的调节效应

考虑到地区出口结构升级往往会增加对高技能劳动力的需求，进而促进当地的劳动力就业技能结构改善，区域劳动力就业技能禀赋得以提升。此外，贸易政策不确定性的下降往往对企业出口的结构升级也存在不容忽视的提升效应，那么出口的结构升级在贸易政策不确定性下降影响区域劳动力市场的过程中发挥怎样的作用呢？贸易政策不确定性是否对不同出口技术复杂度行业的就业技能偏向具有差异化影响呢？本书参照现有文献的研究思路，构造 2000—2015 年 CIC2 制造业行业层面出口升级指标，从出口产品复杂度衡量的出口结构升级对贸易政策不确定性下降影响区域劳动力市场就业技能偏向的调节效应进行分析。我们构造了包含行业层面的出口技术复杂度交互项的计量模型设定如下：

$$\Delta d - skill_{rj,2000-2015} = \alpha + \beta_1 TPU_r + \beta_2 TPU_r \times Prody_j + \beta_3 Prody_j$$
$$+ \gamma X' + \mu_P + \xi_{rj} \tag{7-4}$$

与前文的计量模型设定有所不同，此处的实证分析将进一步深入到地区—制造业行业层面；因此，$\Delta d - skill_{rj,2000-2015}$ 表示地区内部制造业行业层面的劳动力就业技能结构，根据全国人口普查（抽样调查）微观数据中的地级市在 2000 年和 2015 年同时存在制造业，得到 5000 个左右的地区—行业观测值。$TPU_r \times Prody_j$ 则表示地区层面的贸易政策不确定性下降与制造业 CIC2 行业层面的出口技术复杂度的交互项，这也表明在不同出口技术复杂度的行业，贸易政策不确定性降低所产生的效应如何。回归结果如表 7-7 所示，首先，在加入地区贸易政策不确定性下降与制造业行业出口技术复杂度的交互项之后，贸易政策不确定性对区域劳动力市场的就业技能偏向的影响依然显著为正。其次，地区贸易政策不确定性下降与制造业行业出口技术复杂度的交互项系数也显著为正,这意味着出口技术复杂度在贸易政策不确定性降低影响区域劳动力市场的就业技能偏向过程中发挥了正向调节效应;即在出口技术复杂度更高的行业,贸易政策不确定性降低对当地该行业的劳动力就业技能偏向的影响更大。

表 7-7　出口升级的调节效应

回归系数 自变量	各解释变量核心回归系数	
	（1）	（2）
$TPU_r \times Prody_j$	0.9279* (0.5515)	0.9184* (0.5532)
贸易政策不确定性下降	0.7465 (0.4740)	1.1999* (0.6110)
行业出口技术复杂度	-0.4281* (0.2560)	-0.4254* (0.2572)
控制变量	否	是
省份固定效应	是	是
观测值	5025	5025
R^2	0.0215	0.0231

注:所有回归均加入了省份固定效应。

接下来,本书将从分样本的角度重新对出口技术升级发挥的调节效应进行检验,本书根据行业层面的出口技术复杂度将行业进行划分,其中高于均值的行业为出口升级较高的行业,否则为出口升级较低的行业。对两组行业分别进行回归分析,结果如表 7-8 所示,其中列(1)—列(2)是高中及以上学历占初中及以下学历人口比率所衡量的区域劳动力市场就业技能偏向,列(1)结果显示,贸易政策不确定性下降对当地出口升级较高的行业的劳动力就业技能偏向具有显著的提升效应,而列(2)结果显示,贸易政策不确定性下降对当地出口升级较低的行业的劳动力就业技能偏向的提升效应不显著。同理,列(3)—列(4)是大专及以上学历占高中及以下学历人口比率所衡量的区域劳动力市场就业技能偏向,也得到了类似的结果,贸易政策不确定性下降对当地出口升级较高的行业的劳动力就业技能偏向才会产生显著的提升效应。表 7-8 通过分样本分析的方法间接验证了出口升级(出口技术复杂度)在贸易政策不确定性下降影响劳动力就业技能偏向的过程中所发挥的正向调节效应。

表7-8　分样本对出口升级调节效应的再检验

回归系数 自变量	各解释变量核心回归系数			
	（1）	（2）	（3）	（4）
分组标准	高中及以上学历		大专及以上学历	
	出口升级较高	出口升级较低	出口升级较高	出口升级较低
贸易政策不确定性下降	2.5453** (1.0759)	1.1167 (0.8576)	0.3798* (0.1975)	0.3003 (0.1896)
出口市场外部关税削减	2.6880 (13.4567)	-0.1984 (12.7170)	6.2384* (3.2940)	-0.0791 (3.1833)
最终品进口关税削减	-6.0934 (4.0722)	0.2781 (3.2192)	-0.0467 (1.1185)	0.3416 (0.8695)
中间品进口关税削减	1.2918 (11.0949)	-15.1400* (9.1174)	-7.1553** (3.3582)	-4.2740* (2.4993)
非进口关税壁垒取消	-0.0384 (3.9336)	5.5727 (3.4017)	0.6978 (1.1637)	0.7005 (1.1083)
外资管制放松	-0.0764 (1.9386)	0.0794 (1.4205)	0.3618 (0.4746)	0.2143 (0.3978)
期初劳动力市场集聚	0.0730 (0.0731)	0.0936 (0.0835)	0.0323* (0.0187)	0.0082 (0.0199)
省份固定效应	是	是	是	是
观测值	2030	1877	2283	1895
R^2	0.0439	0.0357	0.0635	0.0563

注：所有回归均加入了省份固定效应。

四、当地劳动力的工资促进效应检验

本书接下来考察贸易政策不确定性下降对区域劳动力市场工资的影响，以反映劳动力的福利变化。2000年、2010年以及2015年的全国人口普查（抽样调查）数据库中均未记录个人的收入信息，虽然2005年的数据库记录了个人收入信息，但仅一年的数据作截面数据分析无法得到贸易政策不确定性对劳动力工资随时间变化的影响趋势。因此，本书借助于1999—2018年《中国城市统计年鉴》数据库对贸易政策不确定性下降影响不同地区的劳动力工资的效应进行详细探讨。理论上讲，劳动者的工资与其就业技能水平存在较强的正向关系，随着劳动者就业技能的提升，高低技能劳动者之间的工资差距不断缩小，因此，当地劳动者的工资水平在一定程度上可以表征劳动力的就业技能结构变化（周茂等，2018）。《中国城市统计年鉴》记录了中国不同年份各个城市层面的在岗职工工资信息，将中国城市统计年鉴与本书之前构建的地区贸易政策不确定性下降程度指标、地区层面其

他的经济政策冲击指标进行匹配,共得到中国 261 个地级市在 1999—2018
年 20 年的非平衡面板数据,共 5107 个观测样本量。本书采用的数据所含
有的长期时间跨度特征可以采用双重差分法与事件研究法,对不同地区劳
动力工资在贸易政策不确定性下降的外生冲击下短期和长期的动态变化效
应。贸易政策不确定性下降对区域劳动力市场工资影响效应的双重差分法
计量模型设定如下:

$$\ln Wage_{r,t} = \alpha + \beta TPU_r \times Post_{2002} + \mu_r + \lambda_{p,t} + \xi_{rj} \qquad (7-5)$$

与前文的计量模型设定有所不同,本书将此处的实证分析采用双重差
分法对面板结构的数据样本进行政策效应评估,其中, $\ln Wage_{r,t}$ 表示
1999—2018 年不同地级市层面的在岗职工工资的对数值,数据来自《中国
城市统计年鉴》。TPU_r 则表示地区层面的贸易政策不确定性下降程度,
$Post_{2002}$ 表示中国加入世界贸易组织贸易政策不确定性下降的时间前后,如
果在 2002 年以前,则取 0;如果在 2002 年及以后,则取 1。$TPU_r \times Post_{2002}$ 是
本书实证分析的核心解释变量,其前面的回归系数 β 表示贸易政策不确定
性降低对区域劳动力市场工资的影响效应。此外,地级市层面存在一些不
随时间变化的不可观测因素,为了排除其对回归结果可能造成的干扰,本书
在计量模型中加入城市固定效应 μ_r;相应地,省份层面也存在随时间变化
的不可观测因素,因此本书在计量模型中加入 $\lambda_{p,t}$。在回归时,本书根据中
国城市统计年鉴进一步区分了对市辖区和全市劳动力工资的影响,控制了
同时期其他的经济政策冲击,将标准误差在城市层面进行聚类。

回归结果如表 7-9 所示,其中列(1)—列(3)是贸易政策不确定性降低
对不同地区市辖区在岗职工工资的回归结果,列(1)结果显示,贸易政策不
确定性下降对当地市辖区在职职工的工资具有显著的促进效应,列(2)和
列(3)在控制同时期其他经济政策冲击和加入省份随时间的固定效应之
后,这一促进效应依然稳健。其中,列(3)的回归系数表明中国加入世界贸
易组织,贸易政策不确定性下降 1 个单位,当地市辖区在职职工工资增加约
1.10 个百分点,根据不同分位数城市的贸易政策不确定性下降程度,贸易政
策不确定性下降程度较大的地区(位于贸易政策不确定性下降程度 75 分位
数的城市)与较小的地区(位于贸易政策不确定性下降程度 25 分位数的城
市)在中国加入世界贸易组织之后累计增加了 11.77%。同理,列(4)—列(6)
是贸易政策不确定性下降对不同地区全市区在岗职工工资的回归结果,也得
到了类似的结果,贸易政策不确定性下降对当地全市区的在职职工的工资
也具有显著的促进效应,列(6)的回归结果表明全市区的在职职工工资存
在与市辖区在岗职工工资相近的影响效应。

表 7-9　贸易政策不确定性下降对区域劳动力市场工资的回归结果

自变量 \ 回归系数	各解释变量核心回归系数					
	（1）	（2）	（3）	（4）	（5）	（6）
样本分类	在岗职工工资（市辖区）			在岗职工工资（全市）		
贸易政策不确定性下降	1.9920 *** (0.2790)	2.0054 *** (0.3252)	1.1034 *** (0.3198)	1.3680 *** (0.2508)	1.3637 *** (0.2761)	0.9477 *** (0.2560)
出口市场外部关税削减	—	−20.8799 *** (5.0373)	−14.0380 *** (5.0033)	—	−7.5839 * (3.9171)	−3.0673 (3.8992)
最终品进口关税削减	—	−0.2996 (1.8165)	1.4714 (1.9120)	—	−1.7592 (1.4865)	−1.2189 (1.3438)
中间品进口关税削减	—	12.4199 ** (5.1264)	7.8959 (5.5303)	—	10.0783 ** (4.1972)	9.1910 ** (3.8675)
非进口关税壁垒取消	—	3.1347 ** (1.4792)	2.5579 (1.7326)	—	2.5301 * (1.3791)	2.1775 (1.4896)
外资管制放松	—	−0.8922 * (0.4925)	−0.8261 (0.5013)	—	−0.7251 * (0.4354)	−0.7467 * (0.4149)
城市固定效应	是	是	是	是	是	是
年份固定效应	是	是	否	是	是	否
省份×年份固定效应	否	否	是	否	否	是
观测值	5074	5074	5059	5107	5107	5085
R^2	0.9681	0.9689	0.9785	0.9615	0.9618	0.9773

注：所有回归均加入了城市固定效应和年份固定效应。

本书的上述部分主要是基于 1999—2018 年的非平衡面板数据样本，考察了贸易政策不确定性下降对中国区域劳动力市场工资的影响，然而上述双重差分的回归结果并没有体现出贸易政策不确定性下降的外部环境下，不同地区劳动力工资随时间的动态变化情况，对工资的长期影响效应与短期效应之间的差异有待于进一步检验。接下来，本书进一步采用事件研究法检验在中国加入世界贸易组织之后贸易政策不确定性下降的外生冲击下，中国区域劳动力市场在职职工工资在每一年的动态变化情况。贸易政策不确定性下降影响地区在职职工工资的效应，所采用的事件研究法（Event Study）计量模型设定如下：

$$\ln Wage_{rt} = \sum_{i=1999, i \neq 2001}^{2018} \beta_i \cdot TPU_r \times 1(year_t = i) + \mu_r + \lambda_{pt} + \varepsilon_{rt} \quad (7-6)$$

其中，$TPU_r \times 1(year_t = i)$ 为地区贸易政策不确定性下降程度与年份虚拟变量的交乘，其前面的动态回归系数 β_i 表示 1999—2018 年每一期的效应，本书将政策发生的前一年设定为参照期(2001年)。采用与前文相同的固定效应。动态回归所得每个 $TaxCut \times 1(year_t = i)$ 系数与置信区间作图,见图7-3。

图7-3反映了贸易政策不确定性下降对不同地区市辖区在职职工工资的动态效应,图7-4反映了贸易政策不确定性下降对不同地区全市区在职职工工资的动态效应。可以看出,无论被解释变量是市辖区在职职工工资还是全市区在职职工工资,中国加入世界贸易组织之前(事前年份)估计系数均不显著且在0值附近,而在中国加入世界贸易组织之后(事后年份)系数显著为正。这表明贸易政策不确定性下降程度较大和较小地区在事前的在职职工工资变化趋势上并没有显著不同,满足实证分析所要求的事前平行趋势。此外,从图7-3和图7-4中也可以看出贸易政策不确定性降低对地区职工工资在长短期的影响效应差异;整体而言,对在职职工的长期促进效应要远大于短期促进效应,虽然第五期至第十期(2007—2012年)出现了一定程度的波动,这主要是源于2008年国际金融危机的影响,但依然不影响贸易政策不确定性下降程度较大(处理组)和程度较小(对照组)地区的工资的差异性增长趋势,贸易政策不确定性下降对中国区域劳动力市场工资有显著的促进效应,并且长期促进效应大于短期效应。

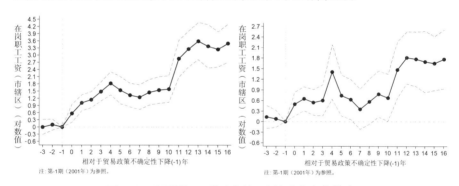

图7-3   在职职工工资(市辖区)的动态变化效应

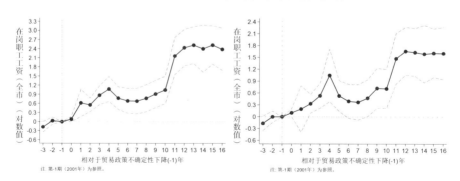

图7-4   在职职工工资(全市区)的动态变化效应

综上来看,本书利用 2000 年、2005 年、2010 年和 2015 年全国人口普查(抽样调查)微观数据,基于中国加入世界贸易组织之后中美确立永久性正常贸易关系的准自然实验,采用巴迪克方法构建地区层面贸易政策不确定性,详细考察了贸易政策不确定性下降对区域劳动力市场就业技能偏向的影响,并进一步检验了出口贸易升级在这一过程中的调节效应,得出以下结论:

第一,地区贸易政策不确定性的降低对区域劳动力市场就业技能偏向产生了显著的促进作用。具体而言,贸易政策不确定性下降 1 个百分点,会使当地就业劳动力群体高中及以上学历人口占初中及以下学历人口比率上升约 0.47%,大专及以上学历人口占高中及以下学历人口比率上升约 0.17%。如果比较贸易政策不确定性下降分布 10 分位数和 90 分位数的两个地区,高中及以上学历人口占初中及以下学历人口比率,在贸易政策不确定性下降较大的地区比下降较小的地区在 2000—2015 年累计提高了约 9.24%;而大专及以上学历人口占高中及以下学历人口比率在贸易政策不确定性降低幅度较大的地区比降低幅度较小的地区在 2000—2015 年的 15 年累计提高了约 3.34%;即贸易政策不确定性下降程度较大的地区,当地劳动力的就业技能偏向增加的幅度越大。

第二,贸易政策不确定性下降对区域劳动力市场的就业技能偏向的长期影响大于短期影响,区域劳动力市场的就业技能偏向存在动态演变的特征。同时,贸易政策不确定性对当地制造业部门的劳动力就业技能偏向的影响,并且对当地服务业部门的劳动力就业技能偏向具有一定的正向溢出效应。

第三,出口技术复杂度在贸易政策不确定性下降影响区域劳动力市场的就业技能偏向过程中发挥了正向调节效应;在出口技术复杂度更高的行业,贸易政策不确定性降低对当地该行业的劳动力就业技能偏向的影响更大。不仅如此,贸易政策不确定性下降对当地市辖区在职职工的工资具有显著的促进效应。贸易政策不确定性下降对地区职工工资在长短期的影响效应差异,整体而言,贸易政策不确定性下降对中国区域劳动力市场工资有显著的促进效应,并且长期促进效应大于短期效应。

第八章 以外贸转型升级促进中国劳动力 市场高质量发展的政策建议

基于前述理论和实证研究,本章将进一步梳理相关研究结论,明确贸易政策不确定性下外贸转型升级对劳动力市场调整的作用机理和影响效应,结合实地调研资料,深入挖掘上述结论在政府、企业和个人层面的重要政策含义,并就如何化解外部贸易风险、落实党的十九大报告提出"实现更高质量和更充分就业"和党的十九届五中全会的就业优先政策和促进劳动力市场高质量发展提出政策建议。本章拟提出协同推进以化解贸易政策不确定性风险为基础的外贸转型升级和以促进人口自由流动、劳动力优化配置为抓手的劳动力高质量发展,区域、产业和企业多方联动的政策改革建议。不仅如此,本书也试图回答全方位对外开放和劳动力高质量发展的宏观政策是否具有落地实施对象的现实条件和微观制度基础,也为尽快形成国家政策落地基层可行性和有效性的一般评估方法作出了准备。

第一节 推进以"优进优出"为特征的 外贸转型升级

在高水平对外开放和"优进优出"的外贸新形势下,本书研究的政策意义主要在于以下几个方面:

首先,从外贸发展的战略高度着力发挥"优进"对"优出"的促进作用,尤其是加强对高质量中间品进口的政策支持,积极促进出口技术升级,保持出口时间和出口伙伴关系的稳定性。对此,要深入贯彻落实国务院《关于扩大进口促进对外贸易平衡发展的意见》,着力发挥"优进"对"优出"的促进作用,尤其是加大对高质量中间品进口的支持力度,积极促进出口升级,延长企业出口持续时间,保持出口稳定性。区分一般贸易和加工贸易的不同作用机制,进一步改善一般贸易下高质量、高技术、紧缺型、实用型产品的进口,同时优化加工贸易产品进口质量和进口结构,兼顾外贸持续稳定增长的长期目标与加工贸易带动就业的短期目标的平衡。

其次,要注重进口产品质量差异化和来源国差异化对国内出口产品质量的异质性影响,除继续巩固传统贸易伙伴关系外,进一步优化同非经济合作与发展组织(OECD)国家、"一带一路"沿线国家和低收入国家的贸易结构,促进双边贸易产品质量、贸易产品种类的持续优化。同时,更为重要的是,出口企业也应采取产品多元化策略,以分散类似于英国脱欧、中美贸易摩擦等不确定性冲击带来的出口风险。同时,相关贸易鼓励措施要区别对待,支持有条件的内资企业积极出口,着力为技术密集型企业出口提供贸易便利化措施,有效引导外资企业形成出口稳定器的积极作用;尤其是充分发挥高质量中间品进口对本国内资企业和技术密集型企业带动作用,来维持出口市场的可持续性和稳定性。不仅如此,我国还要提升高质量中间投入品进口的可得性。长期以来,西方发达国家一直对我国实施技术封锁,从1949年成立巴黎统筹委员会到1996年签署《瓦森纳协定》,其核心目的均是防止在先进材料、材料处理、电子器件、计算机、电信与信息安全、船舶与海事设备等众多行业领域高技术、高质量产品的出口和技术的扩散。而这些领域是我国产业结构升级的重要组成部分,因此,我国政府应通过协商、谈判和其他必要的手段打破西方国家对我国的高技术、高质量产品出口封锁,提升高质量中间投入品进口的可得性。

再次,更加重视进出口企业的自主创新,释放企业创新能力在"优进优出"中的中介效应,在一定程度上避免对国外高质量进口产品的过度依赖。同时,应重点对不影响国计民生的垄断行业领域引入竞争机制,加快其对外开放进程,增加相关竞争性产品的进口。另外,应对加工贸易和一般贸易进口促进贸易政策分别考虑,重点鼓励一般贸易下高质量产品的进口。根据研究结论,通过一般贸易进口高质量产品对企业创新和出口产品质量的促进作用更为明显,同时对企业出口国内增加值率总体上没有显著的负向影响,对我国国企、集体企业和民企出口国内增加值率有正向影响。不仅如此,出口国内增加值率是表征中国企业参与全球价值链分工的重要尺度,本书基于出口国内增加值率的研究再次表明,提升进口质量是融入国际分工合作、有效提升供给质量的重要途径,尤其是一般贸易下进口产品质量提升对实现我国对外贸易"优进优出"的重要意义。

最后,进一步推进落实减税降费和贸易便利化措施等,使企业进口高质量中间品的同时能提升出口企业的成本加成率和市场竞争力。具体包括:进一步加快推进贸易自由化进程,简化进口产品的通关环节;加快上海、广东等自由贸易试验区建设,以点带面提升进口便利化水平;支持跨境电子商务发展,通过"互联网+"的模式,提升进口便利化。政府应通过积极参与《区域全面经济伙伴关系协定》(RCEP)等区域贸易协定、降低进口壁垒、积极组建行业进口协会等方式降低企业进口成本,增强企业进口的国际谈判能力。具体包括:积极参与区域贸易协定,特别是与发达国家的区域贸易协定,降低企业的进口门槛和成本;有针对性地降低先进新技术和关键设备、零部件的高质量中间产品的进口关税;鼓励行业协会搭建企业间进口合作平台,整合各企业的进口需求,加强我国企业进口产品的议价能力;扶植和鼓励国内同类产品的生产,通过竞争机制和技术追赶,防范外国出口厂商对向我国出口的高质量中间投入品制定高昂垄断价格。

第二节   形成以企业升级为突破口的
外贸发展方式转变

为更好地发挥外贸促进政策在推动我国企业转型升级,促进经济发展方式和贸易发展方式转变中的积极作用,政府还应从以下几个方面采取相关配套措施:

首先,在行业中帮助和扶植一部分企业成为行业内的高技术龙头企业,并通过多企业共同研发、行业协会平台技术交流、技术交易平台的建立和完善等方式,促进行业内企业间的技术溢出。根据研究结论,行业技术分布对进口产品质量与企业创新的关系具有正向调节机制,即随着行业内企业技术差距的增大,中间投入品进口质量和竞争性产品进口质量对企业创新的促进作用不断增强。这背后的经济逻辑在于技术分布波幅较大的行业内企业间存在显著的技术溢出,这种技术溢出可以帮助企业更好地跨越创新所需的技术门槛,促进企业创新。

其次,在鼓励企业进口高质量产品的同时,应注意保持进口产品来源的多元化,扩大进口产品的质量梯度。进口产品质量梯度对竞争性产品进口质量与同类产品出口质量的关系具有正向调节机制。即随着竞争性产品进口质量梯度的变大,竞争性进口产品质量对同类产品出口质量的促进作用不断增强。这背后的经济逻辑是进口产品的质量梯度较大,则质量差别较大,不同质量的进口产品可以让国内不同技术水平的企业克服技术门槛均能获得技术溢出,因此总体的学习效应较大,进而促进了出口产品质量的提升。

再次,有针对性地从我国产品主要出口目的国进口同类高质量产品,通过进口产品中特定的国别信息交流促进向该目的国出口的同类产品质量升级。来自出口目的国的竞争性产品进口质量对我国向该目的国出口的同类产品质量有显著正向影响。背后的经济逻辑是来自出口目的国的竞争性产品进口质量越高,一方面,说明出口目的国能生产出高质量的产品,要求我国向其出口的产品必须具备高质量才能赢得市场;另一方面,来自出口目的国的高质量竞争性产品会释放更多带有特定国别信息的技术溢出,比如出口目的国产品的质量要求、技术标准及消费者的偏好等,帮助向该目的国出口的国内同类产品有针对性地提升质量。所以,我国应加强从主要出口目的国进口竞争性高质量产品。

同时,鼓励企业提升吸收技术外溢的能力,着力推进企业技术升级。对于我国企业而言,吸收技术外溢被视为通过进口提升创新能力的重要着力点,因此政府应采取政策支持、创新引导和资源再配置等多种措施提升企业吸收技术外溢等能力。具体而言,大力支持高校、科研院所的基础学科领域和重大基础平台发展,为企业输送技能型人才和提供技术支持平台。同时,以国家、各省市创新园区和高新技术产业开发区建设为引领,打造区域创新平台,打破创新资源配置的区域壁垒,整合企业创新资源,实现企业吸收技术外溢后的二次外溢和共同提升。

此外,大力支持我国企业拓宽国内外市场。以中国国际进口博览会为抓手,借助国内庞大的消费市场,为企业通过进口促进创新能力提升提供契机。具体而言,要切实落实区域市场一体化,破除行业垄断,积极改善营商环境,推进国内统一大市场建设和畅通国内循环。同时,持续推进全方位对外开放,以进出口平衡发展来服务企业拓宽国内外市场,进而为推动企业创新创造市场条件。

最后,我国要实现转型升级和企业贸易发展方式的转变,不能仅依赖高质量产品的进口等外部因素的拉动,不可将大国鸿运寄托在外人之手。而应在对外开放、利用外部优质资源的同时,加大研发投入,建立高效的产学研联动机制,提升科技成果的转化效率,推动我国企业内源式的创新,重点提升上游产业的产品质量,进而实现总体出口产品质量升级和在全球价值链上的攀升,铸造贸易强国之梦。

第三节　防范应对贸易政策不确定性对劳动力
市场的不利冲击

关于贸易政策不确定性与劳动力市场的讨论,是我国建设贸易强国和劳动力高质量发展的进程中亟待解决的问题,且具有重要战略意义。一方面,基于贸易政策不确定性视角探讨劳动力市场调整的影响因素及应对策略,为落实 2019 年中央经济工作会议提出的"推动全方位对外开放"和"加快户籍制度改革落地步伐"的区域协同发展战略,提供了理论抓手。另一方面,对于政策制定者,清晰阐释贸易政策不确定性对劳动力市场的影响路径,有利于准确判断劳动力迁移在区域转移、社会保障、就业和工资调整等方面存在的问题及演变趋势,从而制定科学合理的对外开放政策,促进劳动力合理流动,优化配置并实现高质量发展。对于企业而言,阐释贸易政策不确定性冲击的形成机理及其不利影响,有利于引导企业对外贸易合理布局,有效应对外部风险,提前布局产业结构调整,降低外部风险对劳动力市场的传导。对劳动者而言,梳理贸易政策不确定性与迁移摩擦对劳动力市场变革的影响路径,有利于引导劳动力合理流动,构建更为顺畅的劳动力流动机制,有助于增强抵御外部风险能力。具体包括以下几方面:

一要提升进口产品质量,努力促进中国企业全球价值链攀升,增强抵御风险能力。一般而言,进口产品质量升级是我国贸易利得的重要来源,因而继续提升进口产品质量是我国一个重要的政策取向。2017 年,我国进一步调整了《鼓励进口技术和产品目录》,重点支持先进设备、先进技术进口,并鼓励企业引进消化吸收再创新。通过进口高质量产品,科学利用竞争机制、质量升级机制等,努力提升国内企业研发创新能力,为我国企业摆脱在全球价值链中的低端分布创造条件。

二要维持稳定的对外关税政策、签订贸易协定,寻找缓解贸易政策不确定性冲击的备选方案。但考虑到目前世界贸易组织协定中仍然有较多的不足之处,中国政府应当积极探究和参与国际规则(如《全面与进步跨太平洋伙伴关系协定》《数字经济伙伴关系协定》及世界贸易组织新一轮改革等)的制定,致力于通过签订自由贸易协定和落实"一带一路"倡议等举措来有效降低乃至消除贸易政策潜在的不确定性,充分发挥国际贸易对中国就业创造、收入再分配的带动作用。同时,坚定支持多边主义和贸易自由化,采取合作共赢原则,推动区域贸易协定达成和世界贸易组织等多边框架改革,着力打造和谐稳定的外部发展环境,降低贸易政策不确定性冲击对国内劳动力市场的影响。

三要有效利用贸易产品质量对劳动力市场变革的积极作用,并防范应对不利影响。如对于进口产品质量提升对劳动力市场产生的负面效应,尤其是对技能水平较低的女性劳动力的不利影响,我们应该更多地从劳动力素质提升上进行调整,因为高技能—高质量有机结合是摆脱进出口产品质量升级下女性收入增长难题的有效途径。我们应该坚持女性在受教育机会上的平等权利,努力提升女性的受教育水平。同时,加大对女性员工的技能培训,增强培训的针对性、专业性和实用性,通过提高女性的劳动技能来增强其在劳动力市场上的谈判力与竞争力。此外,由于进口产品质量升级对女性的不利影响主要体现在短期,长期并不明显,且产品多元化会加剧这种不利影响。因而,在稳定外贸增长的条件下,我们要更多依靠市场多元化而不是产品多元化来维护并发展现有的贸易关系。通过建立政府间多渠道合作预警机制,及时发现并妥善解决贸易关系发展过程中的各种风险,如中美战略与经济对话、上海合作组织(SCO)、中德政府磋商等双多边协调机制具有广泛的政府影响,能减少政治风险对双边贸易的不利影响;提高外贸服务的便利化水平,通过推动国际贸易单一窗口和电子口岸建设来简化通过手续,加快通关速度,并进一步完善和修订进出口收费细则,降低企业贸易成本;要进一步推进自由贸易区建设,深化多双边经贸关系。在世界经济新格局下,充分利用"一带一路"、上海自由贸易试验区等战略,通过与沿线国家共建基础设施和网络、道路互联互通来促进贸易和投资便利化。

四要在防范贸易政策不确定冲击带来劳动力市场失业等不利影响的同时,主动寻求劳动力市场调整,促进就业、工资和婚育等高质量发展。具体而言,在新型城镇化的背景下,降低地区贸易政策不确定性、推进贸易自由化改革会促进外来人口流入,为寻求解决"三个一亿人"问题提供了政策指引,因此中国应致力于签订自由贸易协定和落实"一带一路"倡议等有效降低贸易政策不确定性的负面冲击,充分发挥国际贸易对城镇化的推动作用。同时,各地区应注重公共服务的均等化以及城市便利性和环境友好性,消除户籍歧视,建设包容性城市,在实现新型城镇化的基础上倡导机会平等发展。此外,贸易政策不确定会显著促进流动人口的婚育行为,在国家鼓励生育的新时期,流动人口的医疗卫生配套服务亟待加强,要有针对性地完善流动人口的妇幼保健工作,加大健康教育的宣传力度,提高流动人口家庭的社会保障。

第四节　协同全方位对外开放与劳动力市场高质量发展

在中美贸易谈判持续深入、贸易政策不确定性风险犹存的背景下,从贸易政策不确定性和迁移摩擦切入,基于劳动力市场供求和外生价格冲击的影响路径,系统探讨影响劳动力市场调整的影响因素及应对策略,对于"推动全方位对外开放"和"加快户籍制度改革落地步伐"的区域协同发展战略,具有重要政策启示,并回应了国家战略需要和重大关切。基于双重差分法等多种实证方案的贸易政策不确定性与迁移摩擦对劳动力市场调整的反事实研究,探讨了消除上述政策冲击后劳动力市场将如何调整及影响效应,为从政策层面化解贸易政策风险和打破国内劳动力市场分割提供了可行的思路和理论依据。

一要优化劳动力供给结构,形成应对贸易政策不确定性的内在机制。从劳动力供给方面看,建设知识型、技能型、创新型劳动者大军,通过劳动力市场的供求关系,优化劳动力供给结构,引导多层次就业,从而有效应对劳动力市场调整时部分低技能劳动者面临被淘汰的压力。不仅如此,政府应加大教育经费支出,提高教育经费使用效率,优化学科布局;同时,要重视高等职业教育发展,加强复合型、技能型劳动力的培养。

二要促进全球治理体系改革和全方位对外开放,从源头防范外部风险。国际金融危机以来世界各国增长分化,"逆全球化"思潮不断显现,旧的国际治理规则亟须重塑,发达国家在新一轮国际规则制定权争夺中日趋激烈。那么基于此,中国作为全球主要经济体和贸易大国,理应积极参与全球治理,为世界贸易组织新一轮改革提供合作共赢的中国方案,促进贸易投资自由化和便利化。此举不但能彰显中国负责任大国形象,也能为深化全方位对外开放和从源头上防范贸易政策不确定性风险,提供较为丰富的政策选择。

三要以化解贸易政策不确定性风险为导向的全方位对外开放和以促进人口自由流动、劳动力优化配置为抓手的劳动力高质量发展有机协同。当前国际贸易的发展面临诸如地缘政治、贸易保护等不确定性、中美贸易摩擦等多重因素交织,对中国的经济发展和劳动力市场就业产生了不同程度的影响。为了保障和改善我国劳动力市场的发展现状,应以外贸转型为抓手,制定确保贸易政策稳定性的相关预案,积极应对贸易政策可能发生的不确定性。此外,保障和改善地区的就业状况,使各地区的经济就业良性发展,户籍制度改革是需要重点关注的环节,各个地区对户籍管理政策的调整和积极实施的各类人才引进计划,制定对不同技能类型的迁移人口友好的相关政策,也有助于当地的就业改善。此外,要注重内外开放联动、对外开放与对内改革有机协同,共同推进化解贸易政策不确定性风险与促进人口自由流动、劳动力优化配置为抓手的劳动力高质量发展,进一步为实现经济高质量发展打下坚实基础。

参 考 文 献

[1]包群、邵敏:《出口贸易与我国的工资增长:一个经验分析》,《管理世界》2010年第9期。

[2]包群、叶宁华、王艳灵:《外资竞争、产业关联与中国本土企业的市场存活》,《经济研究》2015年第7期。

[3]蔡昉:《中国经济改革效应分析——劳动力重新配置的视角》,《经济研究》2017年第7期。

[4]陈波、贺超群:《出口与工资差距:基于我国工业企业的理论与实证分析》,《管理世界》2013年第8期。

[5]陈昊、赵春明、杨立强:《户籍所在地"反向歧视之谜":基于收入补偿的一个解释》,《世界经济》2017年第5期。

[6]陈虹、徐阳:《贸易政策不确定性会增加企业就业人数吗——来自中国加入WTO的企业微观数据》,《宏观经济研究》2018年第10期。

[7]陈维涛、王永进、李坤望:《地区出口企业生产率、二元劳动力市场与中国的人力资本积累》,《经济研究》2014年第1期。

[8]陈勇兵、李燕、周世民:《中国企业出口持续时间及其决定因素》,《经济研究》2012年第7期。

[9]程进文、杨利宏:《空间关联、劳动集聚与工资分布》,《世界经济》2018年第2期。

[10]戴觅、张轶凡、黄炜:《贸易自由化如何影响中国区域劳动力市场?》,《管理世界》2019年第6期。

[11]戴觅、徐建炜、施炳展:《人民币汇率冲击与制造业就业——来自企业数据的经验证据》,《管理世界》2013年第11期。

[12]樊海潮、张丽娜:《中间品贸易与中美贸易摩擦的福利效应:基于理论与量化分析的研究》,《中国工业经济》2018年第9期。

[13]龚联梅、钱学锋:《贸易政策不确定性理论与经验研究进展》,《经济学动态》2018年第6期。

[14]韩军、刘润娟、张俊森:《对外开放对中国收入分配的影响——"南方谈话"和"入世"后效果的实证检验》,《中国社会科学》2015年第2期。

[15]黄先海、诸竹君、宋学印:《中国中间品进口企业"低加成率之谜"》,《管理世界》2016年第7期。

[16]江艇、孙鲲鹏、聂辉华:《城市级别、全要素生产率和资源错配》,《管理世界》2018年第3期。

[17]蒋灵多、陈勇兵:《出口企业的产品异质性与出口持续时间》,《世界经济》2015年第7期。

[18]李宏兵、蔡宏波、胡翔斌:《融资约束如何影响中国企业的出口持续时间》,《统计研究》2016年第6期。

[19]李坤望、陈维涛、王永进:《对外贸易、劳动力市场分割与中国人力资本投资》,《世界经济》2014年第3期。

[20]李磊、蒋殿春、王小洁:《外资进入对中国服务业性别就业及工资差距的影响》,《世界经济》2015年第10期。

[21]李蕾、韩立岩、蔡立新等:《中国出口是否降低了贸易伙伴国工资?》,《数量经济技术经济研究》2018年第4期。

[22]李胜旗、毛其淋:《关税政策不确定性如何影响就业与工资》,《世界经济》2018年第6期。

[23]梁琦、陈强远、王如玉:《户籍改革、劳动力流动与城市层级体系优化》,《中国社会科学》2013年第12期。

[24]刘灿雷、王永进、李宏兵:《出口产品质量分化与工资不平等——来自中国制造业的经验证据》,《财贸经济》2018年第1期。

[25]刘海洋、林令涛、李倩婷:《进口中间品与中国企业生存扩延》,《数量经济技术经济研究》2017年第12期。

[26]刘军、赵姝、靳婷婷:《产品质量与企业出口决定:中国表现及演变动态》,《国际贸易问题》2018年第7期。

[27]刘修岩、李松林:《房价、迁移摩擦与中国城市的规模分布——理论模型与结构式估计》,《经济研究》2017年第7期。

[28]刘竹青、佟家栋:《内外经济政策不确定对中国出口贸易及其发展边际的影响》,《经济理论与经济管理》2018年第7期。

[29]卢品亮、冯帅章:《贸易开放、劳动力流动与城镇劳动者性别工资差距——来自1992—2009年中国省际面板数据的经验证据》,《财经研究》2015年第12期。

[30]陆铭、陈钊:《分割市场的经济增长——为什么经济开放可能加剧地方保护?》,《经济研究》2009年第3期。

[31]陆益龙:《户口还起作用吗——户籍制度与社会分层和流动》,《中国社会科学》2008年第1期。

[32]马弘、乔雪、徐嫄:《中国制造业的就业创造与就业消失》,《经济研究》2013年第12期。

[33]毛其淋、许家云:《中间品贸易自由化提高了企业加成率吗?——来自中国的证据》,《经济学(季刊)》2017年第2期。

[34]毛其淋、盛斌:《贸易自由化、企业异质性与出口动态——来自中国微观企业数据的证据》,《管理世界》2013年第3期。

[35]毛其淋、许家云:《贸易政策不确定性与企业储蓄行为——基于中国加入WTO

的准自然实验》,《管理世界》2018 年第 5 期。

[36]毛日昇:《出口、外商直接投资与中国制造业就业》,《经济研究》2009 年第 11 期。

[37]倪鹏飞、颜银根、张安全:《城市化滞后之谜:基于国际贸易的解释》,《中国社会科学》2014 年第 7 期。

[38]潘士远、朱丹丹、徐恺:《中国城市过大抑或过小? ——基于劳动力配置效率的视角》,《经济研究》2018 年第 9 期。

[39]彭国华:《技术能力匹配、劳动力流动与中国地区差距》,《经济研究》2015 年第 1 期。

[40]钱学锋、龚联梅:《贸易政策不确定性、区域贸易协定与中国制造业出口》,《中国工业经济》2017 年第 10 期。

[41]钱学锋、毛海涛、徐小聪:《中国贸易利益评估的新框架——基于双重偏向型政策引致的资源误置视角》,《中国社会科学》2016 年第 12 期。

[42]盛丹、陆毅:《出口贸易是否会提高劳动者工资的集体议价能力》,《世界经济》2016 年第 5 期。

[43]施炳展、曾祥菲:《中国企业进口产品质量测算与事实》,《世界经济》2015 年第 3 期。

[44]施炳展、张夏:《中国贸易自由化的消费者福利分布效应》,《经济学(季刊)》2017 年第 4 期。

[45]史青、李平、宗庆庆:《企业出口对劳动力就业风险影响的研究》,《中国工业经济》2014 年第 7 期。

[46]苏理梅、彭冬冬、兰宜生:《贸易自由化是如何影响我国出口产品质量的? ——基于贸易政策不确定性下降的视角》,《财经研究》2016 年第 4 期。

[47]孙楚仁、田国强、章韬:《最低工资标准与中国企业的出口行为》,《经济研究》2013 年第 2 期。

[48]田巍、余淼杰:《企业出口强度与进口中间品贸易自由化:来自中国企业的实证研究》,《管理世界》2013 年第 1 期。

[49]佟家栋、李胜旗:《贸易政策不确定性对出口企业产品创新的影响研究》,《国际贸易问题》2015 年第 6 期。

[50]王孝松、施炳展、谢申祥等:《贸易壁垒如何影响了中国的出口边际? ——以反倾销为例的经验研究》,《经济研究》2014 年第 11 期。

[51]魏浩、李晓庆:《进口贸易对劳动力市场影响研究进展》,《经济学动态》2017 年第 4 期。

[52]吴开亚、张力、陈筱:《户籍改革进程的障碍:基于城市落户门槛的分析》,《中国人口科学》2010 年第 1 期。

[53]徐建炜、戴觅:《人民币汇率如何影响员工收入?》,《经济学(季刊)》2016 年第 4 期。

［54］许明、李逸飞:《中国出口低加成率之谜:竞争效应还是选择效应》,《世界经济》2018 年第 8 期。

［55］杨飞:《市场化、技能偏向性技术进步与技能溢价》,《世界经济》2017 年第 2 期。

［56］杨汝岱、李艳:《移民网络与企业出口边界动态演变》,《经济研究》2016 年第 3 期。

［57］易靖韬、蒙双:《贸易自由化、企业异质性与产品范围调整》,《世界经济》2018 年第 11 期。

［58］余淼杰、李乐融:《贸易自由化与进口中间品质量升级——来自中国海关产品层面的证据》,《经济学(季刊)》2016 年第 3 期。

［59］张川川:《出口对就业、工资和收入不平等的影响——基于微观数据的证据》,《经济学(季刊)》2015 年第 4 期。

［60］张杰、郑文平、翟福昕:《中国出口产品质量得到提升了么?》,《经济研究》2014 年第 10 期。

［61］赵春明、范雅萌、熊珍琴:《贸易政策不确定性对中国地区产业结构升级的影响》,《亚太经济》2020 年第 5 期。

［62］赵春明、谷均怡、李宏兵:《贸易政策不确定性与区域人口迁移》,《东南大学学报(哲学社会科学版)》2021 年第 1 期。

［63］赵春明、文磊、李宏兵:《进口产品质量、来源国特征与性别工资差距》,《数量经济技术经济研究》2017 年第 5 期。

［64］周定根、杨晶晶、赖明勇:《贸易政策不确定性、关税约束承诺与出口稳定性》,《世界经济》2019 年第 1 期。

［65］周茂、陆毅、李雨浓:《地区产业升级与劳动收入份额:基于合成工具变量的估计》,《经济研究》2018 年第 11 期。

［66］周文、赵方、杨飞等:《土地流转、户籍制度改革与中国城市化:理论与模拟》,《经济研究》2017 年第 6 期。

［67］诸竹君、黄先海、余骁:《进口中间品质量、自主创新与企业出口国内附加值率》,《中国工业经济》2018 年第 8 期。

［68］Acemoglu D., Autor D.H., Dorn D., Hanson G.H., Price B., "Import Competition and the Great US Employment Sag of the 2000s", *Journal of Labor Economics*, Vol. 34, No.1, 2016.

［69］Ackerberg D. A., Caves K., Frazer G., "Identification Properties of Recent Production Function Estimators", *Econometrica*, Vol.83, No.6, 2015.

［70］Ahsan R.N., Chatterjee A., "Trade Liberalization and Intergenerational Occupational Mobility in Urban India", *Journal of International Economics*, Vol.109, No.11, 2017.

［71］Amiti M., Dai M., Feenstra R.C., "How Did China's WTO Entry Benefit U.S. Consumers?", *Staff Reports*, 2017.

〔72〕AndreiPotlogea,Wenya Cheng,"Trade Liberalization and Economic Development: Evidence from China's WTO Accession",*Working Paper*,2017.

〔73〕Andrew G.,John L.,Peter M.H.,"Import Competitionand Internal Migration",*The Review of Economics and Statistics*,2018.

〔74〕Antonio Rodriguez-Lopez, Miaojie Yu, "All-Around Trade Liberalization and Firm-Level Employment:Theory andEvidence from China",*Working Paper*,2017.

〔75〕Anwar S.,Sun S.,"Trade Liberalisation,Market Competition and Wage Inequality in China's Manufacturing Sector",*Economic Modelling*,Vol.29,No.4,2012.

〔76〕 Atkin, David, " Endogenous Skill Acquisition and Export Manufacturing in Mexico",*American Economic Review*,Vol.106,No.8,2016.

〔77〕Au C.C.,Henderson J.V.,"How Migration Restrictions Limit Agglomeration and Productivity in China",*Journal of Development Economics*,Vol.80,No.2,2006.

〔78〕Audretsch D.B.,Agarwal R.,"Does Entry Size Matter? The Impact of the Life Cycle and Technology on Firm Survival",*Journal of Industrial Economics*,Vol.49,No.1,2001.

〔79〕Autor D.H.,Dorn D.,Hanson G.H.,"The China Syndrome:Local Labor Market Effects of Import Competition in the United States",*American Economic Review*, Vol. 103, No.6,2013.

〔80〕 Autor D.H., Dorn D., Hanson G.H., " When Work Disappears: Manufacturing Decline and the Falling Marriage-Market Value of Young Men",*American Economic Review: Insights*,Vol.1,No.2,2019.

〔81〕Baldwin R.E.,P.R.Krugman,"Persistent Trade Effects of Large Exchange Rate Shocks",*The Quarterly Journal of Economics*,Vol.104,No.4,1989.

〔82〕Bas M.,Strauss-Kahn V.,"Input-Trade Liberalization,Export Prices and Quality Upgrading",*Journal of International Economics*,Vol.95,No.2,2015.

〔83〕Becerra M.,"A Resource-based Analysis of the Conditions for the Emergence of Profits",*Journal of Management*,Vol.34,No.6,2008.

〔84〕Bellone F.,Musso P.,Nesta L et al.,"International Trade andFirm-Level Markups when Location and Quality Matter",*Working Papers*,Vol.16,No.1,2016.

〔85〕Besedes T.,"A Search Cost Perspective on Formation and Duration of Trade", *Review of International Economics*,Vol.16,No.5,2008.

〔86〕Besedes T.,Prusa T.J.,"Ins,Outs and The Duration of Trade",*Canadian Journal of Economics*,Vol.39,No.1,2006.

〔87〕Bond E.W.,Riezman R.G.,Wang P.,"Urbanization and Economic Development:A Tale of Two Barriers",*Social Science Electronic Publishing*,2016.

〔88〕Bosker E.M.,Brakman S.,Garretsen H.,"Relaxing Hukou:Increased Labor Mobility and China's Economic Geography",*Journal of Urban Economics*,Vol.72,No.2-3,2012.

〔89〕Bosker,E.M.,U.Deichmann,M.Roberts,"Hukou and Highways:The Impact of

China's Spatial Development Policies on Urbanization and Regional Inequality", *Social Science Electronic Publishing*, 2015.

[90] Bustos P., "Trade Liberalization, Exports, and Technology Upgrading: Evidence on the Impact of MERCOSUR on Argentinian Firms", *American Economic Review*, Vol. 101, No.1, 2011.

[91] Caliendo L., Dvorkin M.A., Parro F., "Trade and Labor Market Dynamics: General Equilibrium Analysis of the China Trade Shock", *Social Science Electronic Publishing*, 2015.

[92] Chatterjee A., Dix-Carneiro R., Vichyanond J., "Multi-product Firms and Exchange Rate Fluctuations", *American Economic Journal: Economic Policy*, Vol.5, No.2, 2013.

[93] Chen B., Yu M., Yu Z., "Measured Skill Premia and Input Trade Liberalization: Evidence from Chinese Firms", *Journal of International Economics*, Vol.109, No.9, 2017.

[94] B., Yu M., Yu Z., "Wage Inequality and Input Trade Liberalization: Firm-Level Evidence from China", *Working Paper*, 2013.

[95] Dai M., Huang W., Zhang Y., "How Do Households Adjust to Trade Liberalization? Evidence from China's WTO Accession", *Working Paper*, 2018.

[96] De.Loecker J., Warzynski F., "Markups and Firm-level Export Status", *American Economic Review*, Vol.102, No.6, 2012.

[97] Dix-Carneiro R., Kovak B.K., "Trade Liberalization and Regional Dynamics", *American Economic Review*, Vol.107, No.10, 2017.

[98] Dix-Carneiro R., Kovak B.K., "Trade Liberalization and the Skill Premium: A Local Labor Markets Approach", *American Economic Review*, Vol.105, No.5, 2015.

[99] Dix-Carneiro R., Kovak B.K., "Margins of Labor Market Adjustment to Trade", *Journal of International Economics*, Vol.117, No.3, 2019.

[100] Eaton J., and S. Kortum, "Technology, Geography, and Trade", *Econometrica*, Vol.70, No.5, 2002.

[101] Erten, B., and Leight J., "Exporting out of Agriculture: The Impact of WTO Accession on Structural Transformation in China", *Working Paper*, 2017.

[102] Facchini G., Liu M.Y., Mayda A.M., "China's 'Great Migration': The Impact of the Reduction in Trade Policy Uncertainty", *IZA Working Paper*, 2018.

[103] Feenstra R.C., Weinstein D.E., "Globalization, Competition, and US Welfare", *Journal of Political Economy*, Vol.125, No.4, 2017.

[104] Feenstra R.C., Li Z., Yu M.J., "Exports and Credit Constrains under Incomplete Information: Theory and Evidence From China", *Review of Economics and Statistics*, Vol.96, No.4, 2014.

[105] Feng L., Li Z., Swenson D.L., "Trade Policy Uncertainty and Exports: Evidence from China's WTO Accession", *Journal of International Economics*, Vol.106, 2017.

[106] Fernandes A.M., "Trade Policy, Trade Volumes and Plant-level Productivity in

Colombian Manufacturing Industries", *Journal of International Economics*, Vol.71, No.1, 2007.

[107] Freenstra R. C., Hong C., "China's Exports and Employment", *NBER Working Paper*, No.13552, 2007.

[108] Gorg H., Richard K., Balazs M., "What Makes a Successful Exporter? Evidence from Firm-product-level Data", *Canadian Journal of Economics*, Vol.45, No.4, 2012.

[109] Halpern L., Koren M., Szeidl A., "Imported Inputs and Productivity", *Cefig Working Papers*, Vol.105, No.8, 2011.

[110] Handley K., Limão N., "Policy Uncertainty, Trade, and Welfare: Theory andEvidence for China and the United States", *American Economic Review*, Vol.107, No.9, 2017.

[111] Handley K., Limão N., "Trade under TRUM.P.Policies", *in Economics and Policy in the Age of Trump*, CEPR Press, 2017.

[112] Handley K., "Exporting Under Trade Policy Uncertainty: Theory and Evidence", *Journal of International Economics*, Vol.94, 2014.

[113] Hummels D., Ishii J., Yi K.M., "The Nature and Growth of Vertical Specialization in World Trade", *Journal of International Economics*, Vol.54, No.1, 2001.

[114] Keller W., Utar H., "Globalization, Gender, andthe Family", *NBER Working Paper*, No.25247, 2018.

[115] Khandelwal A., "The Long and Short Quality Ladders", *Review of Economic Studies*, Vol.77, 2010.

[116] Kondo I.O., "Trade-Induced Displacements and Local Labor Market Adjustments in the U.S", *Journal of International Economics*, Vol.114, No.9, 2018.

[117] Kovak, Brian K., "Regional Effects of Trade Reform: What is the Correct Measure of Liberalization?", *American Economic Review*, Vol.103, No.5, 2013.

[118] Kugler M., Verhoogen E. Prices, "Plant Size and Product Quality", *Review of Economic Studies*, Vol.79, No.1, 2012.

[119] Liao P., Wang P., Wang Y., Yi p., C. K., "Educational Choice, Rural-urban Migration and Economic Development: The Role of Zhaosheng in China", *Meeting Papers*, 2017.

[120] Liqiu Zhao, Fei Wang, Zhong Zhao, "Trade Liberalization and Child Labor in China", *Working Paper*, 2018.

[121] Liu Q., Ma H., "Trade Policy Uncertainty and Innovation: Firm Level Evidence from China's WTO Accession", *Working Paper*, 2017.

[122] Melitz M., Ottaviano G., "Market Size, Trade and Productivity", *Review of Economic Studies*, Vol.75, 2008.

[123] Nenov, Plamen T., "Regional Reallocation and Housing Markets in a Model of Frictional Migration", *Review of Economic Dynamics*, Vol.18, No.4, 2015.

[124] Nitsch V., "Die Another Day: Duration in German Import Trade", *Review of World Economics*, Vol.145, No.1, 2009.

［125］Pavcnik N.，"The Impact of Trade on Inequality in Developing Countries，Social Science Electronic Publishing"，*NBER Working Paper*，2017.

［126］Pierce J. R.，Schott P. K.，"The Surprisingly Swift Decline of US Manufacturing Employment"，*American Economic Review*，Vol.106，No.7，2016.

［127］Poncet，Sandra，"Provincial Migration Dynamics in China：Borders，Costs and Economic Motivations"，*Regional Science and Urban Economics*，Vol.36，No.3，2006.

［128］Redding，Stephen J.，"Goods Trade，Factor Mobility and Welfare"，*Journal of International Economics*，Vol.101，2016.

［129］Sabuhoro，J.B.，Larue B.，Gervais Y.，"Factors Determining the Success or Failure of Canadian Establishments on Foreign Markets：A Survival Analysis Approach"，*The International Trade Journal*，Vol.20，No.1，2006.

［130］Shin W.，K.lee，W.G.Park，"When an Importer's Protection of IPR Interacts with an Exporter's Level of Technology：Comparing the Impacts on the Exports of the North and South"，*The World Economy*，Vol.39，No.6，2015.

［131］Tian Y.，"International Trade Liberalization and Domestic Institutional Reform：Effects of WTO Accession on Chinese Internal Migration Policy"，*Working Paper*，2020.

［132］Tombe T.，X.Zhu，*Trade，Migration and Productivity：A Quantitative Analysis of China*，Manuscript，University of Toronto，2015.

［133］Topalova P.，"Factor Immobility and Regional Impacts of Trade Liberalization：Evidence on Poverty and Inequality from India"，*American Economic Journal Applied Economics*，Vol.2，No.4，2010.

［134］Wang Z.，Wei S.J.，Yu X.D.，Zhu K.F.，"Re-examining the Effects of Trading with China on Local Labor Markets：A Supply Chain Perspective"，*NBER Working Paper*，No.24886，2018.

［135］Young，Alwyn，"The Razor's Edge：Distortions and Incremental Reform in the People's Republic of China"，*Quarterly Journal of Economics*，Vol.115，No.4，2000.

［136］Zahavi T.，Lavie D.，"Intra-industry Diversification and Firm Performance"，*Strategic Management Journal*，Vol.34，No.8，2013.

策划编辑:郑海燕
封面设计:姚 菲
版式设计:姚 菲
责任校对:周晓东

图书在版编目(CIP)数据

贸易政策不确定性下中国外贸转型升级的劳动力市场效应研究/
李宏兵等著. —北京:人民出版社,2024.5
(国家社科基金后期资助项目)
ISBN 978-7-01-026479-0

Ⅰ.①贸⋯ Ⅱ.①李⋯ Ⅲ.①对外贸易-经济发展-研究-中国
②劳动力市场-研究-中国 Ⅳ.①F752②F249.212

中国国家版本馆 CIP 数据核字(2024)第 072439 号

贸易政策不确定性下中国外贸转型升级的劳动力市场效应研究
MAOYI ZHENGCE BU QUEDINGXING XIA ZHONGGUO WAIMAO ZHUANXING SHENGJI DE
LAODONGLI SHICHANG XIAOYING YANJIU

李宏兵 等 著

人民出版社 出版发行
(100706 北京市东城区隆福寺街 99 号)

中煤(北京)印务有限公司印刷 新华书店经销

2024 年 5 月第 1 版 2024 年 5 月北京第 1 次印刷
开本:710 毫米×1000 毫米 1/16 印张:13
字数:250 千字

ISBN 978-7-01-026479-0 定价:78.00 元

邮购地址 100706 北京市东城区隆福寺街 99 号
人民东方图书销售中心 电话 (010)65250042 65289539